KB037985

좋은 기업
나쁜 주식
이상한 대주주

좋은 기업, 나쁜 주식, 이상한 대주주

초판 1쇄 인쇄 2020년 12월 8일
초판 1쇄 발행 2020년 12월 15일

지은이 강성부
펴낸이 김선준, 김동환

편집팀장 한보라 **마케팅** 권두리
외주 진행 편집 이성현 **디자인** 두리반

펴낸곳 페이지2북스 **출판등록** 2019년 4월 25일 제 2019-000129호
주소 서울시 강서구 양천로 551-17 한화비즈메트로 1차 1306호
전화 070) 7730-5880 **팩스** 02) 332-5856
이메일 page2books@naver.com
종이 (주)월드페이퍼 **출력 · 인쇄 · 후가공 · 제본** (주)현문

ISBN 979-11-90977-07-4 (03320)

• 책값은 뒤표지에 있습니다.
• 파본은 구입하신 서점에서 교환해드립니다.
• 이 책은 저작권법에 의하여 보호를 받는 저작물이므로 무단 전재와 복제를 금합니다.
• 이 도서의 국립중앙도서관 출판예정도서목록(CIP)은 서지정보유통지원시스템 홈페이지(http://seoji.nl.go.kr)와 국가자료종합목록 구축시스템(http://kolis-net.nl.go.kr)에서 이용하실 수 있습니다.
(CIP제어번호 : CIP2020051535)

좋은 기업
나쁜 주식
이상한 대주주

강성부 지음

page2

머리말

경남 함양 산골에서 태어나서 유년기를 보냈습니다. 가정 형편이 넉넉하지는 않았지만 다복한 집안에서 부모형제들의 과분한 사랑으로 늘 마음만은 부자였습니다. 부(富)를 이루라(成)는 할아버지의 작명을 사명으로 알고 초등학교 6학년 때부터 장사를 시작했고, 돈 버는 것에 관심이 많았습니다. 덕분에 경제학과 경영학, 주식, 채권, 부동산을 두루 섭렵했습니다. 성격상 늘 새로운 길로 다니려고 하다 보니 막다른 골목에서 되돌아 나오는 부끄러운 경험이 많습니다.

애널리스트 생활 15년, 펀드매니저 생활 6년 동안에도 비슷했습니다. 남들이 하지 않는 일에 몰두했습니다. 그렇게 기업지배구조에 관한 책을 15년째 쓰고 있습니다. 지금까지 지배구조 개선 펀드를 운용하며 운 좋게 좋은 수익률을 거두었지만 힘이 많이 듭니다.

책을 준비하면서 특이한 제목을 떠올리다 보니 '놈놈놈(영화 「좋은 놈, 나쁜 놈, 이상한 놈」에서 따온 표현)'이 되어버렸습니다. 저는 호기심이 많은 놈이지 나쁜 놈은 아닙니다. 제발 우리 기업, 주식, 대주주가 놈이 아니라 놈(Norm: 정상과 모범)이 되었으면 합니다. 이번 책은 코리아 디스카운트 해소와 바람직한 기업지배구조를 만들기 위한 법과 제도와 이론을 다룬 책이며, 추후 실전 사례를 중심으로 다룬 책을 출간할 계획입니다.

자사의 주가가 오르는 걸 싫어하는 '이상한 대주주'가 기업을 지배하는 게 우리나라의 현실입니다. 그러니 주가가 오를 리가 없고 투자자에게 한국 주식은 '나쁜 주식'이었습니다. 주식 시장은 자본 조달이라는 본래 기능을 상실했고요.

직접 만나본 우리 사회 구성원 모두가 경제가 잘 되고 나라가 잘 되길 바라고 있습니다. 각자 이해가 다르고, 해결 방법이 다를 뿐입니다. 우리에게 정말 필요한 것은 이데올로기가 아니라 가치(value)와 이해(interest)를 하나로 조정하는 것입니다. 그리고 서로를 이해하고 한 발씩 양보하는 균형적·포용적 성장을 해야 할 때입니다. 이윤 추구를 죄악시하고 배척하는 것이 아닌 오히려 자본이 순기능적으로 흐르도록 기울어진 운동장을 바로잡는 것이 중요합니다.

투자의 패러다임을 바꿔야 한다는 생각에 기꺼이 동참해주신 KCGI의 투자자들에게 진심으로 감사드립니다. 부족한 사람을 믿고 한진그룹 지배구조 개선에 동참해주시는 직원님들, 이사후보님들, 주주님들께 감사드립니다. (주)이노와이어리스 투자에 참여해주신 LIG그룹, 헬리오스PE, (주)이노와이어리스 임직원분들께도 감사합니다.

항상 저에게 고민을 털어놓지만 사실은 제가 더 많이 배우게 되는 수많은 기업인들께 감사드립니다. 회사의 반대에도 신념을 잃지 않으려 애쓰시는 기자님들, 어제보다 한걸음이라도 더 정의로운 법과 제도를 만들고 지키려 애쓰시는 공무원, 국회의원, 법관님들 모두 감사드립니다. 그리고 떠올리면 마음 한편이 무거워지는 가족들과 KCGI 직원들에게 진심으로 감사를 드립니다.

한국 주식에 대한 무한한 애정과 희망으로 진정 우리 기업의 발전을 고대하는 동학개미 투자자들께 이 책을 바칩니다.

강성부

차례

2장 한국 재벌의 역사

3장 한·중·일 재벌, 어떻게 다른가?

4장 부의 대물림

5장 장수 기업의 조건

6장 성공적 기업 승계 방법

3부

미래 먹거리를 위한 준비

1장 산업구조 변화와 한국 경제

2장 미래 기술의 현재

프롤로그

좋은 기업, 나쁜 주식, 이상한 대주주

한국 주식 시장은 무척 싸다. 산이 높으면 골이 깊다. 이 말은 반대로 골이 깊으면 산도 높다는 뜻이다. 배당 수익률이 5퍼센트가 넘는 회사, PBR(Price Bookvalue Ratio, 주가순자산비율)이 0.3배도 안 되는 회사, PER(Price Earning Ratio, 주가순이익비율)이 5배도 안 되는 회사가 발에 차인다. 그야말로 물 반, 고기 반이다. 실적 절벽이 예상되거나 회계장부가 조작되지 않은 이상 설명이 안 된다. 이론상 PBR이 1배가 안 된다는 얘기는 투자수익의 관점에서 당장 청산하는 것이 더 낫다는 의미다. 그러나 한 번 '똥주'는 영원한 '똥주'다. 저평가된 주식은 다 이유가 있다.

우리나라에서 기업들이 저평가된 이유는 기업지배구조(Corporate Governance) 문제 때문인 경우가 많다. 즉, '대주주가 다 빼먹을 거야!' 또는 '전문 경영인의 관리자적 마인드를 볼 때 지금 이익이 많이 나도 나중에는 쉽지 않아!' 이런 생각 때문이다. 함께 도매금으로 넘어가는 것이 억울한 기업도 많겠지만 어쩔 수 없다. 한번 사회 전체의 신뢰가 깨지면 회복하는 게 쉽지 않다.

기업 의사 결정의 최정점에서 이루어지는 것이 지배구조다. 또한 일반인이 대주주나 경영자를 만나기 힘들 듯 쉽게 파악하기 힘든 게 기업지배구조다. 여기에는 높은 정보 비대칭이 존재한다. 밸류크래킹(value cracking)을 하지 않으면 영원히 돌덩어리 안의 다이아몬드일 뿐이다. 성장동력을 찾기 위해 두터운 고정관념의 껍데기를 깨뜨려야 하고, 특정 대주주가 기업 가치를 훼손하거나 자신의 것으로 편취하고 있다면 그 행위를 막아야 한다.

가치투자는 가치를 찾아내는 것보다 그것을 수면 위로 끌어올리는 것이 더 중요하고 어렵다. 기존의 펀드들은 대부분 정보를 이용하는 투자(information trader)였다. 지금 대한민국에는 정보를 만들어내는 투자(information developer)가 필요하다. 가치의 발현을 막고 있는 병목을 뚫어내야 한다. 열 배는 힘이 들지만 세상에 공짜 점심은 없다. 고생한 만큼 보상이 따른다.

이제 펀드매니저는 더 이상 관리자가 아닌 공동 경영자라는 생각을 가져야 한다. 계속 감시하고, 참견하고, 새로운 아이디어를 제시해야 한다. 그것이 펀드에 투자해준 투자자들에 대한 수탁 책임(stewardship)을 다하는 것이다.

남들이 좋다는 주식만 살 것이 아니라 새로운 성장 비전을 찾아내야 한다. 국내에서 못 찾겠으면 해외에서라도 발굴해 투자자들에게 제시할 수 있어야 한다. 그것이 저성장 국가에서 펀드매니저가 할 일이다. 주식 시장이 자본의 효율적 배분 기능을 상실하면 그 사회의 성

[도표 0-1] 한국 금융 시장의 놈(norm): 대안은 균형 성장

	현실	원인	대안
 좋은 기업	• 글로벌 경쟁력 • 성장동력 확보 • 신산업 역량 강화	• 사업구조 개편 성공 (IT, BT, 5G, 배터리) • 구조조정 성공으로 최악의 위기 탈출 • 생산 기지에서 혁신 기지로	코리아 프리미엄과 금융 한류 • 기울어진 운동장 바로잡고 투자자 보호해야 • 대주주와 일반 주주에 유리한 공통 가치 추구 • 주식 시장 코리아 디스카운트 해소로 자본 조달 순기능 회복해야
 나쁜 주식	• 코리아 디스카운트 (미국 대비 PER 1/1.6, PBR 1/3.5 수준) • 20년째 박스피 • 자본 시장 기능 상실	• 아시아 꼴지 수준 지배구조 (WEF: 글로벌 138개국 109위, CLSA: 아시아 12개국 중 12위) • 부동산 자본주의/저성장 • 신뢰 부족과 패배의식 (연기금, 퇴직연금도 안 사는 한국 주식)	대주주 보호 • 배당소득세, 상속·증여세 경감 • 노동 시장 유연성 개선 소액주주 보호 • 이사의 자격 및 책임 강화 • 감사위원 분리 선임 • 전자투표 및 집중투표 의무화
 이상한 대주주	• 사적 편취(일감 몰아주기 등) • 편법 증여 • 도덕성 결여	• 유교적 장자 상속 및 승계 문화 • 과도한 상속 및 증여세 • 헐거운 규제 환경	올바른 승계 문화 정착 • 금융 자산 • 지적 자산 • 인적 자산 • 사회적 자산 균형 승계

장은 정체된다.

지난 15년 동안 한국과 글로벌 기업의 지배구조를 연구하면서 최근 5년 사이 우리나라 기업들에서 가장 큰 변화를 느끼고 있다. 조선, 기계, 건설 등 전통 산업은 뼈를 깎는 노력으로 구조조정과 변신에 성공했다. 또한 반도체, 디스플레이, 핸드셋, 자동차, 통신장비 등 우리가 본래부터 잘해왔던 산업에서는 시장 지위를 유지하면서도 2차전

지와 친환경 자동차, 5G와 인터넷, 게임, 미디어엔터, 인공지능(AI), 사물인터넷(IoT), 바이오헬스케어(BT) 등의 신성장동력의 발굴도 게을리 하지 않아 성장 잠재력도 개선되었다.

미국과 중국의 도전에 넛크래커(nut-cracker, 선진국에 비해서는 기술·품질 경쟁에서, 후발 개발도상국에 비해서는 가격 경쟁에서 밀리는 현상)를 걱정하던 삼성은 반도체와 핸드셋에 집중된 사업구조에서 바이오로직스의 바이오시밀러(CMO), SDI의 2차전지, 비메모리와 파운드리 반도체에서 새로운 성장을 일구고 있다. SK는 하이닉스 인수로 그룹의 색깔을 내수 기업에서 수출 기업으로 바꾸었고, 2차전지와 바이오테크에서 1위는 아니지만 약진하고 있다. 중국에서 고전했던 현대차는 기존 라인업의 약진과 수소차와 전기차 시장에서 글로벌 경쟁력을 확인시켜주었다. LG는 자동차용 배터리 세계 1위의 시장 점유율을 확고히 했다. 전통적 재벌 기업들 외에도 네이버, 카카오, 넷마블, 넥슨, 스마일게이트, 토스와 같은 다양한 인터넷과 게임, 온라인 기업들이 등장했다. 바이오헬스케어에서도 셀트리온, 씨젠과 같은 새로운 유니콘 기업들이 등장해 우리나라 기업의 잠재력을 확인시켜주었다.

그러나 주가는 엉망이다. 미국에 비해 주가순자산비율(PBR)을 기준으로 3.5분의 1, 이익(PER) 기준으로 1.6분의 1 수준으로 저평가되고 있다. 주가지수(KOSPI)는 20년째 박스피(BoxPI)라는 오명을 벗지 못하고 있으며, 온 국민이 주식보다는 임대 수익률이 2퍼센트도 안 되는 부동산에 매달리고 있다.

계열사 전체 지분의 3퍼센트도 가지지 못한 대주주를 우리는 오너라 부르고 있다. 그들은 경영권을 지키기 위해 주주자본주의의 근간을 흔드는 편취 행위들을 자행하고 있다. 잘되는 사업을 회사 밖의 누군가에게 밀어주고, 일부러 주가를 떨어뜨려 상속세를 절감하려 애쓴다. 회사를 찢었다, 붙였다 몇 번만 반복하면 일반 주주는 말 그대로 '봉'이 된다. 그럼에도 불구하고 우리의 법은 대주주에게만 친절해 최소한의 투자자 보호 장치도 구비되어 있지 않다. 결국 손실을 본 일반 투자자(개인, 자산운용사, 연기금, 외국인)들은 "이딴 주식을 내가 왜 샀을까?" 후회하며 떠나버린다. 이렇게 우리의 주식 시장은 코리아 디스카운트(korea discount, 우리나라 기업의 주가가 비슷한 수준의 외국 기업의 주가에 비해 낮게 형성되어 있는 현상)라는 불치병에 걸려 시름하고 있다. 기업지배구조 개선과 투자자 보호 장치 없이 개인 투자자와 연기금에 한국 주식을 사라고 하는 것은 미성년자에게 중앙분리대도 없는 고속도로에서 안전띠도 하지 않고 운전하라는 것과 같다.

다행히 삼성물산 합병 등 대형 사건이 부각되는 바람에 문제의식이 고취되어서 느리긴 해도 조금씩 법제도가 정비되고 있다. 대부분 기업 집단들이 지주회사 전환을 일단락했고, 2~3대 경영으로 형제간 지분 분산, 배당을 강제하는 세제 환경 등으로 배당을 늘릴 수밖에 없는 기업 환경이다. 스튜어드십 코드 도입, 공정경제 3법, 지배구조 개선 펀드의 등장 등 기업지배구조 개선에 긍정적인 뉴스들도 늘고 있다. 남은 과제는 패배주의 극복이다. 감시와 견제만 제대로 되었어도 이렇게까지 되지는 않았을 것이다. 2021년은 지배구조 개선을 통한 코리아 디스카운트 해소의 원년이 될 것이다.

기업지배구조와 의사 결정 체계의 관계

한 국가의 경제는 가계, 기업, 정부로 구성된다. 기업은 생산을 담당하고, 가계는 소비를 담당하며, 정부는 둘 사이를 조율한다. 더 엄밀히 말하자면 기업은 가계를 통해 투자를 받아 설비와 시스템을 만들고 노동을 소비해 재화와 서비스를 생산·공급하는 사회적 기능을 담당한다. 가계는 투자와 노동을 통해 벌어들인 돈으로 재화와 서비스를 소비해 상호 간에는 순환적 교환 관계가 존재한다. 가계는 저축과 투자를 해 기업의 자금 조달 원천이 되고, 기업은 그렇게 조달된 자본을 기술과 노하우를 통해 효율적으로 투입하고 생산함으로써 극대화된 투자수익을 가계에 돌려준다.

18세기 이후 자본주의가 공산주의를 이기게 된 이유는 개인의 사적 이윤 추구 행위가 기업이라는 경제 기구를 통해 효율적으로 이루어졌기 때문이다. 특히 주식회사(Limited)라는 유한책임 제도를 통해 기업가 정신과 창의성을 발현시킴으로써 이러한 효율성을 극대화할 수 있었던 것이 핵심이었다[1].

역설적으로 자본주의의 창시자라고 불리는 애덤 스미스는 주식회사(Ltd.) 제도의 유한책임을 반대했다. 현대적 표현으로 대리인 비용, 즉 주식회사 제도의 유한책임과 그에 따른 부작용이 크다는 이유 때

1 강성부 외, 『지배구조로 본 글로벌 기업전쟁(2017 Corporate Governance)』, 한국경제매거진 142쪽.

문이다. 그가 지적한 문제들이 사실은 현재의 자본주의가 안고 있는 문제들을 해결하는 단초일 수 있다.

기업의 효율성과 성과는 순간순간 내리는 경영 의사 결정의 결과다. 상대적으로 올바른 의사 결정을 많이 한 기업은 성공하고 그렇지 못한 기업은 실패한다. 기업지배구조가 중요한 이유는 기업지배구조가 바로 기업의 '의사 결정 체계'이기 때문이다. 따라서 지배구조를 모르고 기업을 이해하고, 그 미래를 예측하는 것은 "장님 코끼리 만지기"에 가깝다.

창업 초기에는 성장이 중요하지만 기업이 어느 정도 안정화되면 나눔의 미학이 중요해진다. 기업을 둘러싼 이해관계자 대부분을 만족시킬 수 있는 합리적인 방법으로 성공의 과실도 나눠야 하고, 권력도 나눠야 한다. 그리고 적절한 견제와 균형, 투명한 경영이 중요해진다. 이제 한국전쟁 이후 70년이 지났다. 3대 경영을 맞이하는 우리 기업들은 지배구조에서 과거와는 다른 접근이 요구되고 있다.

코리아 디스카운트,
창의성 발현을 막는 망국의 병

주식 시장은 그 사회의 창의력이 발현되는 창구다. 지난 300여 년 자본주의 역사를 보면 주식 시장이 발달한 국가가 그 시대 가장 왕성한 경제 대국이었다.

최근 홍콩은 경제적 자유와 반중국 시위로 인해 금융 허브로서 지위가 위태로워지고 있는데 지금이야말로 홍콩에서 유출되는 금융 자본을 유치해야 할 시기이며 아시아의 금융 허브로 발돋움할 수 있는 절호의 기회다.

오늘날 한국 사회를 흔히 '부동산 공화국'이라 부른다. 우리 가계의 부동산 의존도가 미국의 세 배에 육박한다. 반대로 금융 자산 비중은 3분의 1에 불과하다. 부동산 정책에 따라 정권의 지지율도 급등락한다. 서둘러 부동산 자본주의에서 금융 자본주의로 방향을 틀어야 한다.

돈이 부동산으로만 흘러가면 사회의 창의성 발현이 안 된다. 금융 자본주의로의 전환을 위해 주식 시장에 존재하는 코리아 디스카운트를 극복하고 '모험 자본'을 육성해야 한다. 활기 넘치는 금융 시장을 만들어 4차 산업혁명에 대응해 신성장동력을 발굴하고, 노동 시장을 유연하게 하며, 새로운 일자리를 창출해야 한다. 이를 위해 배당소득세와 상속·증여세는 과감하게 경감해주고, 그 대신에 기업지배구조 개선을 강제해야 한다.

한국은 지금 플라자합의 이후 일본처럼 되느냐 아니면 1980년 이후 401K의 주식 투자로 금융이 성장한 미국처럼 되느냐 하는 기로에서 있다. 국민연금이 왜 남의 나라 주식만 사느냐를 탓하지 말고 왜 그럴 수밖에 없는 구조인지 살펴보아야 한다. 국민연금(2019년 10월말 기준 2,210만 명, 712조 원)과 퇴직연금(2018년 말 기준 610만 가입자, 189조 원)의 국내 주식 투자를 장려하되 연금, 기금, 자산운용사의 스튜어드십 코드 준수를 강제하고 주주참여활동(shareholder engagement)을 장려해 수익자 및 고객의 재산권 보호에 적극적으로 나서도록 해야 한다. 삼성물산과 제일모직의 합병과 같이 더 이상 국민들의 노후자금이 일부 대주주를 위한 이기적 의사 결정의 희생양이 되지 않도록 감시와 견제 장치를 마련해야 할 것이다.

애널리스트로서 나는 국내외 수많은 펀드매니저들과 만나면서 누구나 알고 있지만 연관성을 찾지 못했던 사실에 대해 뼈저리게 깨닫게 되었다. 그것은 코리아 디스카운트의 진짜 원인이 남북 분단이 아니라 후진적인 지배구조 때문이라는 사실이다. 김정일이 죽으면서 하락한 주가가 3일 만에 원상회복했다. 남북의 화해 무드 시기였던 2018년에도 우리나라 주가수익률은 어느 때보다 낮은 수준이었다. 남북 분단에 따른 전쟁 위협은 코리아 디스카운트의 진짜 원인이 아니다.

오너 중심의 독단적 경영으로 자원이 낭비되고, 성장에 대한 희망을 심어주지 못했으며, 주주를 경시하는 경영 풍토가 근본적 원인이다. 수십 년 동안 이러한 문제가 해소되지 않고 있는 것은 대주주의 독단적 경영을 견제할 세력과 장치가 없었기 때문이며, 그들이 일반주주의 부를 편취해도 이에 제동을 걸지 못하는 법제도와 언론·여론의 방관 때문이다. 그 결과 대한민국 자본 시장에는 세계 최저 수준의 주주 환원 정책(배당 성향), 자원의 비효율적 배분, 어느 나라에서도 찾기 힘들 만큼 심각한 자본 거래와 수익 거래를 통한 일감 몰아주기(Tunneling), 계열사 지원(Propping), 편취(Expropiration)가 만연하고 있다. 이러한 행위는 일반 주주의 이익을 대주주가 빼앗는 행위로 결국 그 피해는 주주들은 물론 한국 경제 전체에 미친다.

기업의 자원이 비효율적으로 배분되고, 경영의 성과가 대주주에게만 유리하게 배분되는 근본적 원인은 무엇일까? 유독 우리나라에서만 국격에 어울리지 않게 주가의 저평가 상태가 오래 지속되는 이유가 무엇일까?

코리아 디스카운트의
해소 방안은 있는가?

나는 그 원인을 '상속 및 승계 환경(세제, 기업 문화)'과 '이사회의 독립성 상실'에서 찾고 있다.

첫 번째 주제인 상속과 승계 문제는 다시 직접적으로는 징벌적 세제와 부정에 관대한 기업 관행에서 원인을 찾을 수 있다. 세계 최고 수준의 상속·증여세와 배당소득세하에서 경영권을 쥔 대주주 입장에서는 배당을 늘릴 이유가 없고, 주가가 비싸야 할 이유가 없다. 배당보다는 자녀의 지분이 많은 회사로 일감을 몰아주어(수익 거래) 주가를 띄운 후, 합병·분할·상장 폐지와 같은 자본 거래를 통해 지분율을 늘리거나 자본이득을 취하는 것이 상속에 훨씬 유리하기 때문이다.

자녀가 지분을 많이 가진 기업에 일감을 몰아주거나, 회삿돈으로 여러 성장 사업에 투자한 후 잭팟을 터트릴 만한 사업에 대해서만 그 직전에 자녀들의 지분을 늘려주는 사례도 다수 발견할 수 있었다. 지주회사 전환이라는 미명하에 자사주를 활용해 대주주의 지배력을 강화하고, 회사를 분할하고 합병하는 작업을 몇 번만 하면 개인 투자자들은 빈털터리가 된다.

우리나라에서는 지금까지 일감 몰아주기에 대해 '적정 가격으로 거래되었나?'에 초점이 맞춰져 있었다. 부당거래법(1996)에서는 '현저히' 유리한 조건일 경우 처벌하다가 1998년 '상당히' 유리한 조건일 경우로 바뀌었을 뿐이다. 얼마나 이익을 보았나가 아니라 누가 이익을 보았나의 관점으로 규제가 이루어져야 한다.

일감 몰아주기는 사라지지 않았다. 더욱 정교해지고 교묘해졌을 뿐이다. 즉 일감 몰아주기 규제를 적용받는 기준이 되는 총수 일가 지분율이 30퍼센트를 넘지 않기 위해 20~30퍼센트 사이를 소유해 지배하거나 일감을 몰아주는 사업부를 자회사로 떼어내는 경우가 늘고 있다. 또한 일감 몰아주기 회사를 해외에 두면 막을 방법이 없다.

그렇다고 이들을 욕할 수도, 탓할 수도 없다. 불법이 아니기 때문이다. 실망한 투자자들은 '그런 주식 안 사면 그만이다'라는 생각으로 기피하게 된다. 그렇게 코리아 디스카운트가 되어 주식 시장이 쪼그라들면 경쟁력 있는 기업이 나올 확률도 줄어든다. 창의성을 기반으로 사회에 재화와 서비스와 일자리를 제공하고 글로벌 경쟁을 통해 국가 경쟁력을 강화한다는 기업 본연의 기능은 퇴색된다. 우물 안에서는 개구리밖에 나오지 않는다. 주식 시장을 바다로 키워야 고래 기업이 나온다.

법이 잘못된 것이다. "잔디를 보호합시다"라고 푯말만 써놓는다고 잔디가 보호될 리 만무하다. 철조망도 만들고 벌금도 물려야 보호가 된다. 자본 시장 질서와 신뢰는 공공재적 성격이 강하다. 자연환경처럼 지키기는 어려워도 오염되기는 쉽다. 코리아 디스카운트는 자본 시장의 환경오염이다.

빠져나갈 구멍을 만들어주면 그리로 가게 되어 있다. 악행이 분명한데도 과감한 규제를 하지 않으면 풍선 효과만 낳는다. 일감 몰아주기는 '특정 요건을 충족했을 때'처럼의 열거주의가 아니라 포괄적으로 규제해야 하며 취한 이득의 몇 배를 징벌적 세금으로 물려서라도 엄격히 단죄해야 한다.

미국은 증권거래법에서 대주주나 경영진의 이익이 결부된 사안들에 대해서는 엄격한 검증 과정을 거친다. 이사회 결의만으로 이루어진 결정에 대해서는 일반 주주들이 소송을 통해 배상 청구가 가능하며, 대주주를 제외한 일반 주주들만의 다수결(MoM: Majority of Minority)을 거친다.

합병, 분할, 상장 폐지와 같이 일반 주주의 이익이 크게 침해될 수 있는 경우만이라도 일반 주주 다수결 같은 보호 장치를 마련해야 한다. 또한 여느 선진국처럼 이사의 책임과 신의성실 의무(Duty of royalty)를 '특정 주주'가 아니라 '전체 주주'에 대해서로 확장해야 하며, '열거주의'가 아닌 '포괄주의' 규제로 전환할 필요가 있다.

상속과 가업 승계,
그리고 지배구조 개선을 위한 조건

상속과 가업 승계, 특히 기업 승계는 내게 10년 전부터 기업지배구조를 이해하는 핵심적인 주제였다. 우리나라 지배구조 관련 대부분 문제의 출발점이 거기에 있다고 믿었기 때문이다.

우리나라 재벌이 국가 성장에 엄청난 경제적 기여를 했음에도 불구하고 사회적 지탄을 받는 현실은 안타까운 일이다. 다른 선진국에서는 수세기에 걸쳐 이루기 힘든 일을 우리 경제는 1960년대 이후 반세기 만에 압축적으로 일구어냈다. 하지만 그 주체인 기업인들에 대한 신뢰는 바닥이다. 형제의 난, 자녀의 일탈, 정경유착과 뇌물 수수, 일감 몰아주기, 배임, 횡령, 성희롱과 성폭력, 갑질 등 재벌과 관련된 사회의 인식과 평가는 낙제점 수준이다. 우리 재벌이 이렇게 된 원인은 기대에 미치지 못하는 기업의 사회적 책임(CSR: Corporate Social Responsibilities) 활동과 오너 일가의 사적 이익 추구 행위에 있다. 특히 오너 일가의 사적 이익 추구는 재벌에 대한 비판과 반감의 주된 소재가 되고 있다. 일감 몰아주기, 계열사 지원, 사적 편취 행위 등의 근본적 원인은 기업을 개인의 소유물로 여기는 그릇된 생각과 왜곡된 자녀 사랑 때문이다.

상속과 승계를 위해 편법과 불법이 동원되는 현실을 개선하려면 저율로 과세되는 법인세 및 자본이득에 대한 세율(22%)과 50퍼센트 내외의 고율로 과세되는 배당 및 상속세율의 간극을 좁혀야 한다.

즉, 상속세 최고 세율을 30퍼센트 수준으로 낮추고 그 대가로 일감 몰아주기 등 기업의 편법적 상속 여지를 원천봉쇄하며, 이사와 감사의 기능을 정상화해야 한다. 그 대신 대기업의 오너는 기업의 사회적 책임과 노블리스 오블리주(Nobles Oblige)로 화답해야 한다.

거대한 도전에 직면한 한국 재벌

한국전쟁 이후 70년이 지났다. 주요 기업 집단의 역사도 60년을 넘겼다. 한 세대가 30년씩 경영한다고 생각하면 3대 경영으로 접어든다. 후진국에서 가장 빠른 속도로 선진국의 문턱까지 성장하는 과정에서 기업 집단의 역할이 중요했다는 것은 부인할 수 없다. 그러나 지금 우리나라 대기업 집단과 재벌 경영, 오너 경영은 심각한 도전에 직면해 있다.

자본이 없었던 우리나라 기업들이 압축 성장을 하려다 보니 자본과 부채의 레버리지는 불가피했고 사회도 그것을 용인해왔다. 즉 재벌들이 적은 자본으로 막대한 부를 통제하는 것에 대해 관대한 분위기였다. 다행히 외환위기를 겪으면서 과다한 부채 레버리지는 크게 개선되었다. 그러나 자본의 레버리지 문제는 여전히 풀기 어려운 숙제로 남아 있다. 오히려 상속세 50퍼센트를 내며 소유권과 경영권을 2세에서 3세로 물려주어야 하는 상황이니 오너라 불리는 대주주의 통제 지분은 더욱 적어졌고 경영권 유지는 더욱 어려워졌다. 대주주 일가가 적은 지분으로 많은 부를 통제하다 보니 사회적 타협에 어려움이 많아진다. 이에 따라 기업 오너의 경영 능력에 대한 입증 요구는 갈수록 거세지고 있다.

성장이 둔화되면서 주주, 채권자, 종업원, 사회도 분배에 대한 요구가 커졌다. 기업의 사회적 책임에 대한 요구도 커지고 있다. 삼성물산과 제일모직의 합병 과정에서 보았듯이 연기금과 기업지배구조 개선 펀드(corporate governance activist fund)의 성장도 도전이다. 배당과 지배구조 개선을 통한 기업 가치 증대라는 주주로서의 당연한 요구에 대해 주주행동주의 펀드와 연기금은 기본적인 이해가 같다. 갈수록 경영 효율성과 투명성에 대한 요구는 커질 수밖에 없으며 이러한 요구에 부합하지 못하는 경영자는 퇴출될 수밖에 없을 것이다.

시대적 요구는 변하는데 형제간 경영권 다툼, 갑질 논란, 해외 부동산 불법 매매, 일감 몰아주기를 통한 편법 상속, 배임·횡령과 같은 불법 행위로 재벌에 대한 사회적 반감은 어느 때보다 고조되고 있다.

좋은 지배구조란 무엇인가?

이렇게 다양한 고민거리들을 풀 수 있는 방법이 있다. 바로 지배구조와 사업구조를 개편하는 것이다. 지배구조를 개편해 대주주와 투자자들의 이해관계가 같아지도록 만들어야 한다. 또한 사업구조를 구경제에서 미래산업 중심으로 개편해 같은 곳을 바라볼 수 있도록 설계해야 한다. 분배보다는 성장에 대한 꿈을 함께 꿀 수 있는 구조로 바뀌어야 한다. 그래야 수익 창출, 일자리 창출이라는 기업의 사회적 기능도 잘할 수 있게 된다.

기업지배구조는 기업의 통제권과 관련된 구조, 과정, 규정 등 일련의 통제 메커니즘이다. 통제권은 법적인 소유권과 의사 결정권 두 가지로 나눌 수 있으며, 현대적 의미의 통제권은 자원과 이익의 배분과 관련된 의사 결정권을 의미한다. 즉 기업 경영 과정에서 발생하는 인사, 생산, 마케팅, 재무, 회계, 전략 등 다양한 활동에 대한 의사 결정권을 가진 사람이나 기구가 기업을 지배하고 있다고 볼 수 있다.

기업지배구조는 기업의 의사 결정을 담는 그릇이다. 좋은 지배구조는 기업과 관련한 다양한 이해관계자 간 부의 분배를 원만히 해 사회 전체로 효용을 극대화할 수 있는 의사 결정이 가능한 구조다.

오늘날 기업 의사 결정의 최종 권한은 주주에게 있으나 이를 위임받은 이사회가 대부분의 중요한 의사 결정을 수행한다. 그리고 이사회를 움직이는 것은 최대주주와 특수관계인이다.

기업지배구조 연구의 오랜 고민은 대리인 문제(Agency Problems)였다. 경영자와 주주, 주주와 채권자, 더 나아가 기업과 사회 사이에도 주인-대리인 관계가 존재한다. 주주와 채권자는 경영진에게 기업의 경영을 위임한 것이고, 사회는 '재화와 서비스의 생산'이라는 기능을 기업에 위임한 것으로 볼 수 있다.

기업 경영을 위임받은 경영진이 위탁자의 뜻과 다르게 행동하면 대리인 비용이라는 암묵적 비용이 발생한다. 좋은 지배구조는 대리인 비용을 최소화할 수 있는 지배구조다.

사회와 호흡하고 4차 산업혁명에 선제적으로 대응하라

지배구조 개선이 어려운 가장 큰 이유는 기업 집단의 소유권과 경영권의 상속이 걸려 있기 때문이다. 재벌 규제를 너무 세게 하기에는 해외로의 자본 유출이 발생할까 두렵고, 너무 약하게 하기에는 사회적 여론이 무섭다. 시간을 두고 천천히 풀어야 할 문제지만 성장의 정체로 기업의 사회적 책임과 투명성 개선에 대한 요구가 너무 빨리 증가하고 있다. 과도한 경제력 집중에 대한 국민적 반감이 형성된 상황에서 편취 행위에 대한 감시 기능 작동과 이를 제한하는 상법, 세법 개정 등 우리의 대기업 집단은 중대한 도전에 직면해 있다. 흔들릴 것 같지 않았던 굴지의 글로벌 기업들도 과거의 성장 요인이 곧 실패의 요인이 될 수도 있다는 사실을 잊지 말아야 한다. 기업의 장기적 생존 가능성을 높이는 것은 사회와 함께 호흡하는 것이다.

산업구조의 변화도 기업 집단에 위협이 되고 있다. 위기는 산업 구성의 변화를 낳는다. 외환위기는 우리나라의 노동집약적 2차 산업의 붕괴를 가속화시켰고, 금융위기는 자본집약적 2차 산업의 붕괴를 요구하고 있다. AI, AR, VR, IoT, OTO, Robotics, BT, NT 등 산업의 경계를 허무는 셀 수 없이 많은 영어 이름들이 난무하고 있다. 4차 산업혁명의 소용돌이에서 기업은 생존을 위협받고 있다.

적응 수준의 대응이 아닌 선제적·전략적 변신으로 위기를 기회로 삼아야 할 시기다. 새로운 음식을 담으려면 새로운 그릇이 필요하듯 산업 구조가 바뀜에 따라 기업의 사업 포트폴리오와 지배구조도 함께 변해야 한다. 또한 비워야 채울 수 있듯이 선제적 성장동력 발굴을 위해서는 구조조정 노력이 선행되어야 한다.

기업은 우리 경제의 희망이다. 시간이 없다. 빠른 시간 안에 사업구조와 지배구조를 개편하지 못하면 한국 경제도 희망이 없다.

1부

다시 못 올 금융 한류의 기회

1장

한국 자본 시장 무엇이 문제인가?

고질병이 된 부동산 자본주의

오늘날 우리 사회를 흔히 '부동산 공화국'이라 평한다. 주요국의 자산 포트폴리오를 비교해볼 때, 우리나라는 비금융 자산(대부분 부동산)이 64.4퍼센트를 차지하고 있다. 이는 미국(32.5%), 일본(37.5%), 영국(46.9%) 등에 비해 현저히 높은 수준이며, 그만큼 우리나라의 가계 자산이 부동산에 치우쳐 있다는 의미다. 일본의 금융 자산 비중이 높은 것은 주식보다는 국공채 투자가 많기 때문이다. 우리나라의 금융 자산도 예금, 보험, 연금이 대부분이어서 주식은 전체 가계 자산의 5.4퍼센트밖에 되지 않는다.

한국과 일본 모두 미국처럼 주식 시장을 중심으로 사회의 창의력을 발현시킬 수 있는 금융 시스템은 아니다. 최근 홍콩에서 경제적 자유 억제와 반중국 시위가 지속됨에 따라 금융 허브로서 홍콩의 지위는

[도표 1-1] 부동산 공화국 대한민국

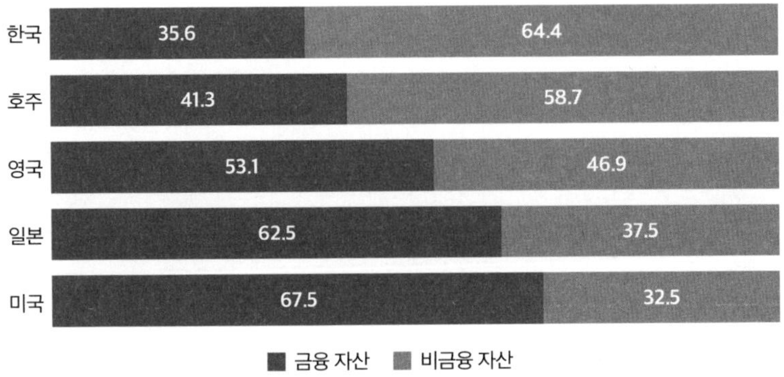

출처: OECD, 2018년 말.

점차 위태로워지고 있다. 지금이야말로 홍콩에서 유출되는 금융 자본을 유치해야 할 시기이며 아시아의 금융 허브로 발돋움할 수 있는 절호의 기회다.

2020년 3월 영국 컨설팅그룹 지옌이 내놓은 국제금융센터지수(GFCI)를 보면 도쿄, 싱가포르, 상하이, 홍콩, 베이징 등 아시아 도시들이 3위부터 7위까지 휩쓸었다. 그러나 서울은 세계 33위에 그치면서 이미 경쟁에서 멀어져 있다. 반면 일본은 아시아의 금융 허브를 홍콩에서 도쿄로 옮기기 위한 특별위원회 프로젝트 팀까지 발족하며 외국인 투자자에게 파격 혜택을 부여하고 있다. 세금을 대폭 할인해주고 영주권 취득 문턱도 낮추고 있다. 또한 기업지배구조 개선을 위해 스튜어드십 코드를 도입하고 주주행동주의(Shareholder Activism) 헤지펀드도 육성하고 있다. 파격적 혜택을 부여해 홍콩 인재들을 도쿄로 대거 유인하며, 아시아 금융 허브 유치 최대 경쟁지인 싱가포르

[도표 1-2] 2019~2020년 국제금융센터지수(GFCI) 순위

순위	2019년 9월
1	뉴욕
2	런던
3	홍콩
4	싱가포르
5	상하이
6	도쿄
	⋮
36	서울
43	부산

순위	2020년 9월
1	뉴욕
2	런던
3	도쿄
4	상하이
5	싱가포르
6	홍콩
	⋮
33	서울
51	부산

출처: 영국 컨설팅 기관 지옌(Z/YEN).

와의 경쟁에서 앞서겠다는 것이다.

아직 '부동산 자본주의'에 머물러 있는 우리나라는 이로부터 탈피해 '금융 자본주의'로 나아가야 한다. 특히 '모험 자본'을 육성하기 위해 주식 시장에 존재하는 코리아 디스카운트를 극복해야 한다. 부동산 공화국이 아니라 활기 넘치는 금융 시장을 만들어서, 신성장동력을 발굴하고, 새로운 일자리를 창출하며, 4차 산업혁명에 대응해야 한다.

우리나라는 지금 플라자합의 이후 부동산에 집중하다가 잃어버린 20년을 겪은 일본처럼 되느냐 아니면 1980년 이후 401K의 주식 투자로 금융, 특히 주식 시장이 주축이 되어 성장한 미국처럼 되느냐 하는 기로에 서 있다.

[도표 1-3] 세계 주요국의 PER

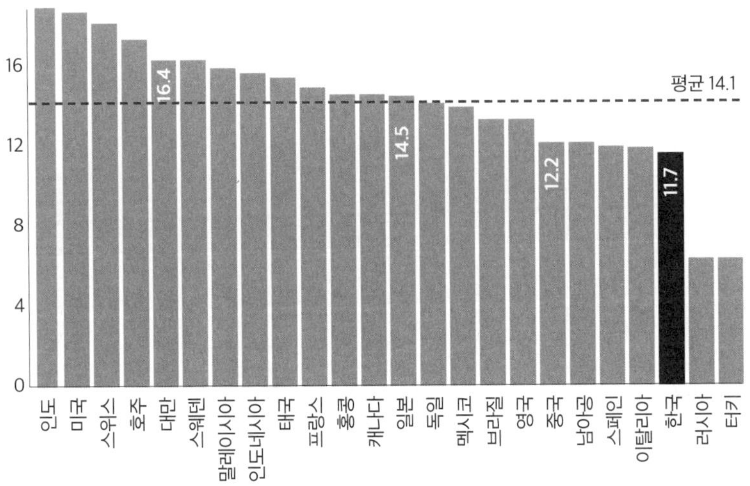

출처: Bloomberg, 2019. 12. 31.

[도표 1-4] 세계 주요국의 PBR

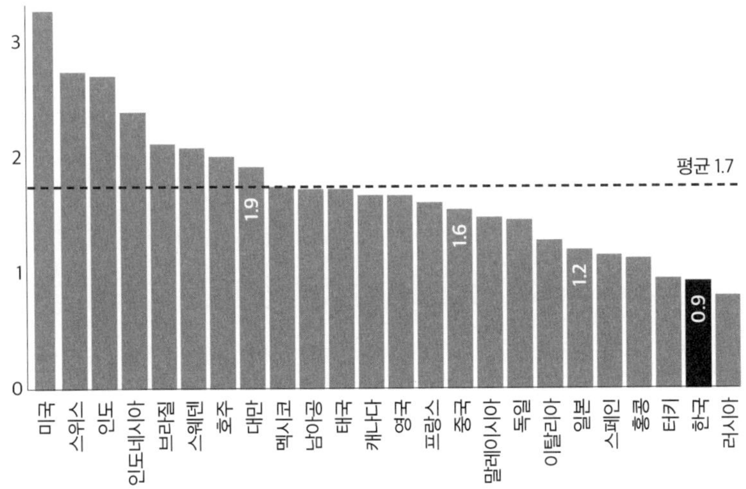

출처: Bloomberg, 2019. 12. 31.

[도표 1-5] 증가하는 국민연금의 해외 주식 투자 비중

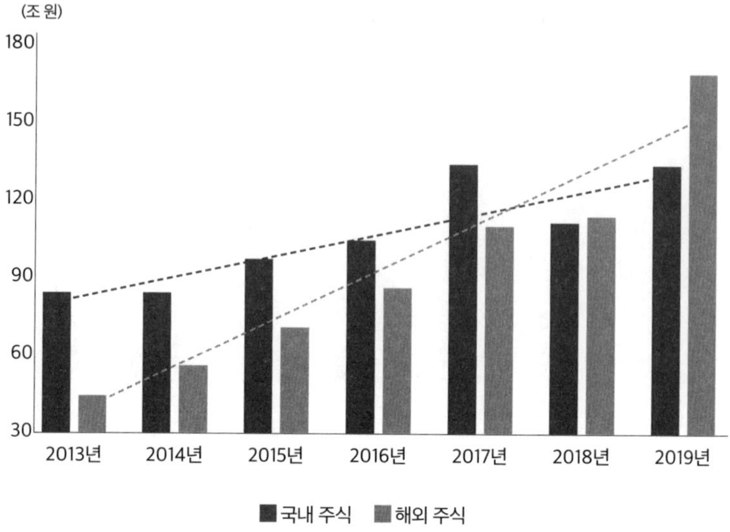

출처: 국민연금관리공단.

변화가 필요한 한국의 기업지배구조

국민연금이 왜 남의 나라 주식만 사느냐고 탓하지 말고 왜 그럴 수밖에 없는지 살펴보아야 한다. 우리나라의 주식 시장은 너무 작고 후진적 기업지배구조로 이익이 나도 일반 주주에게 돌아가지 않는 시장이다. 이에 따라 기관, 외국인, 개인 등 대주주를 제외한 모든 투자자들이 장기투자를 꺼리는 시장이 되어버렸다. 반면 경영권을 쥔 대주주는 3대, 4대를 넘어 영원히 그것을 내어놓고 싶어 하지 않는다.

[도표 1-6] 세계 여러 나라의 배당 성향과 경영권 프리미엄

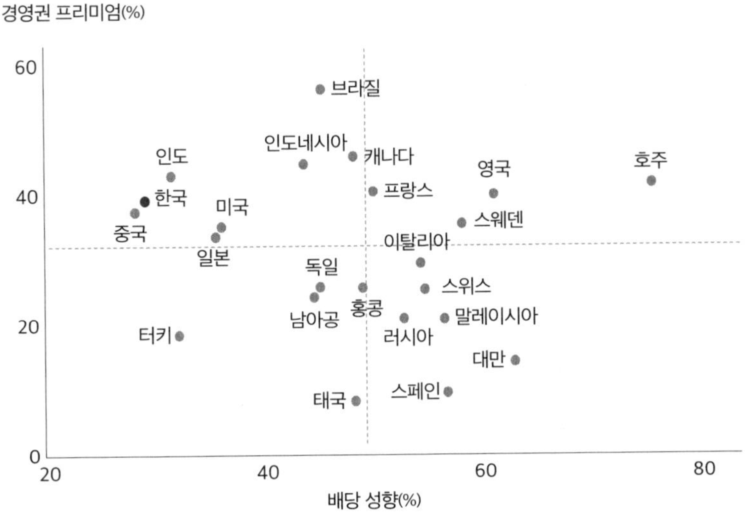

출처: 배당 성향(Bloomberg, MSCI 기준, 2019. 12. 31),
경영권 프리미엄(Capital IQ, 2013년 이후 거래 사례 평균, 거래 1일 전 시가 대비 거래 가격 프리미엄).

주식 시장에서는 영원히 코리아 디스카운트라는 악순환의 굴레에서 빠져나오지 못할 것이라는 패배감이 지배하지만 M&A 시장에서는 글로벌 대비 높은 프리미엄으로 경영권이 거래되고 있다. 대주주가 누리는 혜택이 그만큼 크다는 뜻이다. [도표 1-6]은 MSCI 지수에 편입된 기업들을 대상으로 2019년 배당 성향과 2013년 이후 M&A 시장에서 거래된 기업들의 경영권 프리미엄을 비교해본 것이다. 그림에서 보는 바와 같이 우리나라는 배당은 적게 하는데 경영권 프리미엄은 높게 거래되는 국가에 속한다. 그것도 최근에 배당을 급격히 올려서 배당 성향이 2010년대 초 10퍼센트 대에서 2019년 29퍼센트로

개선된 것이다. 그럼에도 불구하고 배당 성향은 중국을 제외하고는 제일 낮다.

2019년에 글로벌 연기금의 아시아 대표를 맡고 있는 최고투자책임자(CIO)를 만난 적이 있다. 어떻게 그렇게 오랫동안 안정적 고수익을 거두어 성공할 수 있었냐고 물었더니 한국인 앞에서 하기에는 미안한 말이지만 자기는 아시아 주식 중 한국 주식에 투자하지 않기 때문이라고 말했다. 그는 "한국은 대주주가 배당도 하지 않고, 일감 몰아주기를 하다가 회사를 떼었다 붙였다 몇 번 하면 일반 주주는 거지가 되는 시장인데 뭐하러 투자하겠습니까? 제게 한국 주식을 사야 하는 이유를 세 가지만 알려주시면 저도 한번 생각을 바꿔보겠습니다"라고 말했다. 이에 대해 내가 저렴한 가격과 스튜어드십 코드 도입으로 인한 지배구조 개선, 그리고 한국인의 우수성에 대해 강조했더니 돌아오는 말이 "순진하시군요. 저는 그런 말에 속지 않았기 때문에 여기까지 온 겁니다"였다. 부정하고 싶었지만 반박할 수가 없었다.

또 한 가지 사례가 있다. 2014년 1월 뉴욕의 대형 장기 기관투자자가 내게 문의를 해왔다. 우리나라에서 시가총액 2~5조 원 사이 기업들 가운데 신뢰할 수 있으며, 장기적으로 투자가 유망한 기업을 다섯 개만 추천해달라는 것이었다. 당시 나는 SK하이닉스, CJ, 오리온, 효성, 아모레퍼시픽을 추천했다. 그런데 내가 추천한 다섯 개의 기업 가운데 네 개 기업의 대주주가 횡령, 배임 등 사익 추구를 위한 불법적 편취 행위로 감옥에 가 있거나 다녀온 전력이 있어 문제가 된다는 응

세계 최초의 증권거래소, 뵈르스. 오른쪽에 있는 대학교 같은 건물이 신관, 왼쪽에 있는 성당 같은 건물이 구관이다.
출처: Beurs Van Berlage.

답이 돌아왔다. 순간 얼굴이 화끈거렸다. 이것이 현장에서 느끼는 코리아 디스카운트의 이유다.

1605년 세계 최초의 증권거래소인 뵈르스는 네덜란드 경제 번영의 상징이다. 17세기 이후 인류가 만든 가장 위대한 발명품 중 하나인 증권 시장과 주식회사(Ltd.) 제도는 사회의 창의력을 아웃소싱하는 가장 효율적인 수단으로 자리 잡았다. 주식 시장은 창의력의 용광로다. 용광로의 온도가 높아야 쇳물이 왕성하게 뿜어져 나오듯 증권 시장의 온도인 밸류에이션(PER, PBR 등)이 높아야 창의력이 활발하게 발현된다. 스페인, 영국, 미국, 일본 모두 증권 시장의 밸류에이션이 높았을 때가 창의성 발현이 가장 잘되던 시기였다.

기술 혁신 없이는 금융 혁신이 없고, 금융 혁신 없이는 기술 혁신도 없다. 두 가지는 선후관계처럼 보이지만 사실은 상호 보완적 관계다.

[도표 1-7] FANG vs 삼성전자의 시총, 매출액, 영업이익 비교

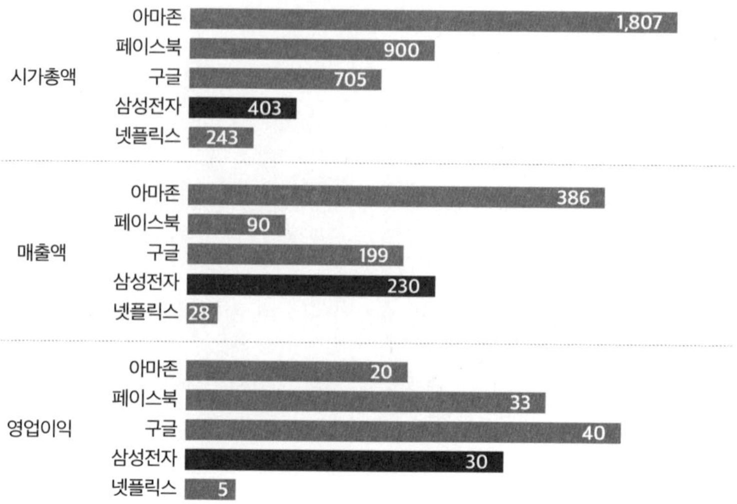

[도표 1-8] 테슬라 vs 전통 자동차 회사의 시총, 매출액, 영업이익 비교

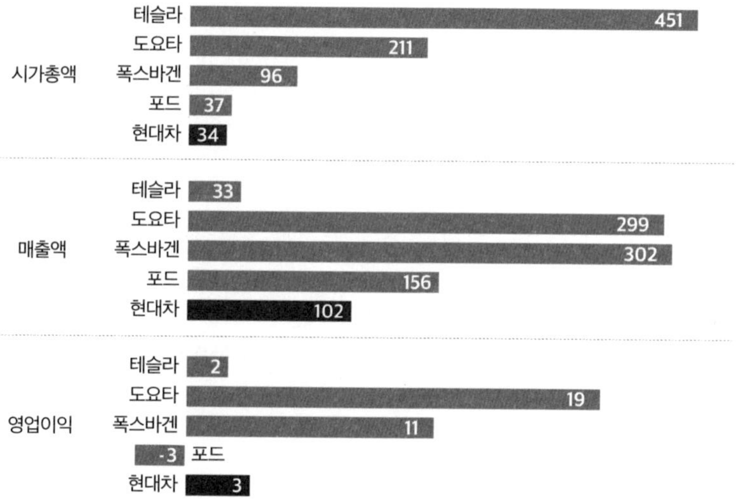

출처: Capital IQ.

주: 연결 재무제표 기준, 시가총액 및 적용 환율 2020. 10. 22 기준, 매출액과 영업이익 2020. 6. 30 이전 12개월 합산 기준 적용 환율 2020. 6. 30 기준.

자본 조달의 수월성이 보장되지 않는 사회에서는 창의력이 있어도 사장되기 쉽다. 외환위기 직후 IT 버블로 인해 지금의 수많은 유니콘 IT 기업들(네이버, 카카오, 엔씨소프트, 넥슨 등)이 등장했듯이 최근에 우리나라에서 바이오 버블이 형성되는 것을 나쁘게 볼 필요는 없다. 그 자체로 인재와 기술을 끌어모으는 힘이 있기 때문이다.

글로벌 경쟁이 가능한 우수한 기술을 가진 창의적 인재가 밸류에이션이 높은 기업을 찾는 것은 인지상정이다. 노하우와 기업 의지를 가진 창의적 기업들이 밸류에이션이 높은 나라에서 IPO를 하고 싶은 것도 당연한 자본의 논리다. 주식 시장은 국가의 창의력이 발현되는 창구이며, 그것이 우리가 살고 있는 자본주의 발전의 근간이 된 지 오래다. 더 이상 코리아 디스카운트를 강 건너 불구경하듯 내버려두어선 안 된다.

유한책임회사

18세기 산업혁명 이후 세상을 바꾼 세 글자가 있다. 바로 Ltd.이다. Ltd.는 Limited의 약자로 '주식회사'를 의미한다. 주식회사 제도는 기업지배와 경영은 물론 국가의 경쟁력, 계층 간 소득 분배, 자본과 노동의 소득 분배까지 거의 모든 것을 바꾸어놓았다. 그 가운데 특히 주식회사 제도의 가장 큰 효과는 '유한책임'을 통한 모험 자본 육성과 '증권화'를 통한 자본 조달의 수월성 증대였다. 즉 기업가들은 적은 희생으로 큰 이익을 챙길 수 있어 기업가 정신이 고취되었고, 국가는 창의력을 효과적으로 조달해 국가 경쟁력을 강화할 수 있었다. 유한책임회사가 생기기 전 16세기 유럽의 사업가들은 회사를 시작할 때 모든 위험을 감수해야 했다. 여기서 '모든 위험'은 말 그대로 모든 것이다. 남의 돈을 빌려 신대륙으로 배를 띄우면 가족들은 인질로 잡혀 있어야 했다. 그러다 일이 잘못되면 재산 몰수뿐만 아니라 사형을 당하기도 했고, 가족까지 옥살이를 해야 하는 경우도 있었다. 이러한 상황에서 누가 감히 사업을 하려고 했을까? 따라서 유한책임회사가 탄생하기 전에는 순전히 자기 돈에만 의존해야 해서 사업이라는 것이 돈 많은 사람들의 전유물이었고 기업과 국가가 성장하는 속도도 매우 더뎠다.[1]

---

1 장하준, 김희정·안세민 옮김, 『그들이 말하지 않는 23가지』 참조.

애덤 스미스 vs. 카를 마르크스

경제 체제는 시장 논리가 지배하는 '자본주의'와 국가가 모든 자원과 과실을 배분하는 '공산주의'로 대별된다. 자본주의의 아버지로 자유 시장자본주의 경제학, 즉 고전학파의 창시자인 애덤 스미스(Adam Smith)를, 공산주의의 아버지로 카를 마르크스(Karl Marx)를 들 수 있다.

재밌는 것은 애덤 스미스는 지금의 주식회사 제도의 기원이 되는 유한책임회사에 반대했고(애덤 스미스, 『국부론』 참조) 반대로 카를 마르크스는 유한책임회사의 관리자가 과도한 위험을 무릅쓰는 단점이 있지만 이 제도가 자본주의에 엄청난 물질적 진보를 가져올 것이라고 예견했다는 것이다. 자본주의의 창시자가 17세기 이후 '자본주의를 창의력의 용광로로 들끓게 해 번영을 이루게 한 핵심 무기'를 반대했던 것이다.

유한책임회사를 반대한 애덤 스미스와 찬성한 카를 마르크스

애덤 스미스의 논리는 100퍼센트 소유자가 아닌 사람이 회사를 운영하면 더 위험한 투자를 하고, 투자자도 유한책임이기 때문에 감시에 소홀할 수밖에 없다는 것이다. 아돌프 벌(Adolf Berle)과 가디너 민스(Gardiner Means)가 1932년에 쓴 책 『근대 법인과 사유 재산(The modern corporation and private property)』에서 지적한 경영자와 주주, 주주와 채권자 사이에 발생하는 정보 비대칭과 대리인 문제를 이미 간파하고 있었던 것이다.

애덤 스미스가 살아 있다면 오늘날 글로벌 주요 대기업에서 일반화된 전문 경영 체제를 두고 뭐라고 할까? 전문 경영 체제는 유한책임의 극단적인 경우인데 말이다.

증권화

주식회사 제도와 함께 자본주의의 효율성을 극대화시킨 장본인은 증권화(Securitization)다. 증권화는 '주식'과 '채권' 두 가지에서 이루어졌다.

주식이든 채권이든 유가증권을 발행해 유통시키면 자금 조달의 효율성이 극대화될 수 있다. 즉, 자금을 쉽게 모을 수 있다는 말이다. 아이디어는 있으나 자금이 없어서 사업화할 수 없던 사람에게도 증권화는 전 세계를 배경으로 사업을 확장할 수 있는 기회를 부여한다. 거북이에게 토끼를 이길 수 있는 가속 엔진을 부여하는 것이다. 자금 조달의 수월성은 사업으로부터 이익을 극대화할 수 있게 하므로 좋은 아이디어와 두뇌는 자금 조달이 용이한 곳으로 모일 수밖에 없다. 시속 160킬로미터의 속구를 던지던 박찬호 선수가 국내 프로야구에 머무르지 않고 미국 메이저리그에 진출한 것과 같은 이치다.

17~18세기 네덜란드가 번성했던 배경에도 증권화가 숨어 있다. 세계 최초의 증권거래소는 1608년 암스테르담에 세워진 뵈르스 반 베를라허다. 그 시기에 네덜란드는 세계에서 가장 용이하게 자금을 모을 수 있었고, 가장 많은 배를 신대륙과 아시아로 보낼 수 있었다. 특히 네덜란드 동인도회사의 성공에는 유한책임과 증권화가 숨어 있다. 회사의 직원들과 거래처의 성과 보수도 최종 이익이 아니라 매출액에 기반해 그때그때 지급했다고 하니 동기부여도 잘되었을 것이다.

1620년대에 네덜란드 동인도회사의 배 50척이 아시아에서 상품을 싣고 돌아왔고, 1690년대는 156척으로 늘었다. 1700년과 1750년 사이에는 그 규모가 두 배로 늘었으며, 1760년대까지도 영국의 선적 물량보다 세 배 정도 많았다.[2]

거래소가 생기기 불과 5년 전에 주식이 탄생했다. 네덜란드 동인도회사 'VOC'의 주식이다. 네덜란드 동인도회사의 주식증서는 현대적 의미의 증권이라기보다는 1603년, 1605년, 1606년, 1607년 입금된 자본금의 입금 확인증에 불과했다. 주주의 권리는 주식 발행 기록증에

2 니얼 퍼거슨, 김선영 옮김 『금융의 지배』 참조.

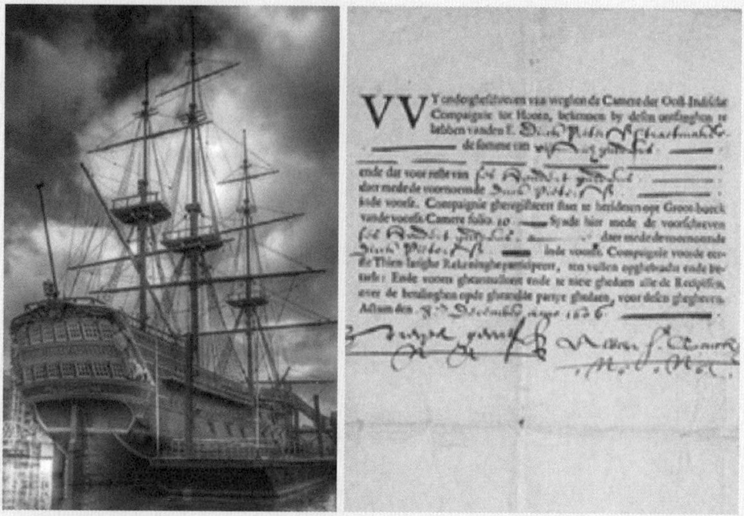

동인도회사 선박과 세계 최초의 주식증서(1606년 발행된 동인도회사 지분 영수증), 네덜란드 동인도회사 VOC의 주식증서는 돈을 냈다는 영수증(recepissen)에 불과했다.

모든 주주의 이름과 구입 시기를 기록함으로써 보호되었다. 초기에는 자본금의 5퍼센트가 넘는 이익이 생기면 배당한다고만 언급되어 손실을 감수해야 했다.

신대륙이나 아시아로 향한 배는 절반이 약간 넘는 수만 돌아왔지만 그 이익은 열 배가 넘었으므로 돈이 되는 사업이었다. 그럼에도 불구하고 초창기 동인도회사는 새로운 배를 계속 투입해야 했으므로 지독한 현금 부족에 시달렸다. 배당을 향신료로 지급하기도 했고 못 주는 경우도 많았다.

현금화가 필요한 주주들은 누군가에게 그 주식을 파는 수밖에 없었다. 따라서 증권거래소가 생기기 전 이미 주식 거래가 있었고 네덜란드 동인도회사의 주식은 회전율이 높았다. 1607년 동인도회사 주식 중 3분의 1이 원 소유주의 손을 떠났다. 게다가 회사의 매출 상황이 월별 혹은 분기별로 공개되자 회사 주식에 대한 선물 매매도 이루어졌다. 증권거래소가 열리는 정오에서 2시 사이에는 언성을 높이고 밀치는 등 활발한 거래가 이루어졌다고 한다.[3]

이 시기에 암스테르담 은행이 설립(1609)된 것은 결코 우연이 아니었다. 은행가들은 동인도회사 주식을 담보로 대출도 해주었고 이를 토대로 공매(Short Sale)도 이루어졌다. 1611~1613년, 1618년에는 배당이 이루어졌고, 주가는 계속 올랐다. 1602년에서 1733년 사이에 네덜란드 동인도회사 주식은 100에서 786으로 올랐는데 이는 안정적인 배당과 소비자물가에 기인한 바가 크다. 1650년에 총 배당금은 원 투자금의 여덟 배, 연 수익률은 27퍼센트가 되었다.

애덤 스미스는 유한책임에 기반한 사적 이익, 즉 이기심의 추구가 얼마나 '자원 배분의 효율성'을 극대화시킬지 몰랐던 것 같다.

생산의 수단을 가진 사람이 세상을 지배한다. 자본주의의 최대 생산수단은 기업이다. 증권화를 통해 오늘날 글로벌 주요 기업의 소유권은 대주주 한 사람이 아니라 펀드, 연기금 등으로 분산되어 있다. 연금까지 생각해보면 대부분의 사람들은 기업의 주인이면서 피고용자, 자본가이면서 노동자인 이중적 지위에 놓여 있다. 기업에 대한 소유권과 경영권의 분배 이슈, 즉 지배구조가 문제이지 특정 기업에

---

3 니얼 퍼거슨, 김선영 옮김 『금융의 지배』 참조.

부가 집중되는 문제나 자본소득과 노동소득의 불균등 문제가 핵심은 아니라는 것이다. 카를 마르크스나 토마 피케티(Tomas Piketty)가 주장하는 것처럼 자본의 효율성, 즉 자본소득의 비중이 극도로 증가하는 것 자체가 부의 불균등을 의미하지는 않는다. 상위 1퍼센트, 5퍼센트, 10퍼센트의 소득 점유율과 부의 점유율이 더 유의미한 지표다.[4]

---

4 강성부 외, 『지배구조로 본 글로벌 기업전쟁』 참조.

2장

금융 자본주의로의 전환

주주민주주의를 확립하고 규제와 세 부담을 완화하는 것이 주식 시장 코리아 디스카운트 해소의 핵심이다. 이를 위해 금융 시스템 전체의 획기적인 변화가 필요하며 사회적 합의가 필요하다. 사회 전체가 합의에 이르기 위해서는 어느 한쪽만을 위한 정책을 채택해서는 안 된다. 지금까지 무참히 짓밟혔던 일반 주주들(기관투자자와 소액주주)의 권익을 보호하고, 대주주와 일반 주주가 상생할 수 있는 대안의 발굴이 필요하다. 채찍만 때릴 것이 아니라 당근과 채찍이 함께 주어져야 한다.

그러나 당근을 줄 때는 조심스러워야 한다. 2007년 공정거래법 개정 때처럼 재벌이 언론과 결탁해 자신들에게 유리한 당근만 쏙 빼먹었던 과거가 있기 때문이다. 당시에 순환출자가 가속화하자 우리나라는 세계 최고 수준의 오너십 레버리지(ownership leverage)[5], 즉 '높은 소유—지배 괴리도'[6]와 의결권승수[7]가 문제가 되기 시작했다. 따라서 2007년 공정거래법 개정 당시 순환출자를 금지하는 대신 지주회사 관련 규정을 완화해주는 법안을 추진했다. 하지만 순환출자 금지는 현실에 맞지 않는다고 해 지주회사의 행위 제한 요건들만 완화되었다. 예를 들어 자회사-손자회사 사업 관련성 요건 폐지, 자회사의 손자회사 지분율 요건 10퍼센트포인트씩 완화(일반지주 30퍼센트 → 20퍼센트, 금융지주 50퍼센트 → 40퍼센트)되었다.

총수가 있는 대기업 집단 상위 55개 그룹을 분석한 최근 공정거래위원회 자료(2020. 5. 1)에 따르면 지배주주인 총수가 지배할 수 있는 계열사의 내부 지분율은 57.0퍼센트로 총수 일가가 직접 보유한 지분 3.6퍼센트(총수 자신 1.7퍼센트, 일가 친족 1.9퍼센트)에 비해 15.8배나 된다. 신규 순환출자를 법으로 금지했는데도 오너십 레버리지는 오히려 예전보다 확대된 것이다. 지주회사 전환 과정에서 '자사주의 마법'[8]이라는 전가의 보도가 있었기 때문이다. 총수 일가가 보유한 계열사 지분율은 2000년대와 비교해 절반으로 줄었다. 상위 10대 재벌로 한정하면 그 효과는 더욱 극단적인데 지난 20년간(2000~2019) 상위 10대 집단의 내부 지분율 추세를 보면 총수 지분율은 1.1퍼센트에서 0.9퍼센트로 감소한 반면 통제하는 계열사 지분율은 41.2퍼센트

---

5 지주회사 피라미드 구조를 활용해 적은 지분을 지렛대(leverage)로 높은 지배력을 갖는 것을 말한다.
6 지배주주가 직접 소유한 지분 이상으로 지배권을 행사하는 정도를 의미하며, 오너십 레버리지가 그 원인이다.
7 의결권(영향력을 행사할 수 있는 지분)을 소유권(실제 보유 지분)으로 나눈 수치.
8 자사주는 원래 의결권이 없는 주식이나, 인적 분할을 하며 분할된 회사에 자사주를 신주 배정하여 의결권이 되살아나는 것을 말함. 보통 지주회사 전환 시 지배주주의 지배력을 강화시키는 수단으로 활용된다.

에서 54.3퍼센트로 오히려 증가했다.

문제는 오너라 부르는 대주주의 지분율이 줄었는데도 이들에 대한 사회적 대접은 전혀 줄지 않았다는 것이다. 나머지 주주들의 섭섭함은 폭발 직전이지만 법도 언론도 대부분 재벌의 편이라 하소연할 곳도 없다.

"귤이 회수를 건너면 탱자가 된다"고 했다. 선진국에서 도입한 기업과 관련법들이 우리나라에서 변질되어 지금은 대주주만을 위하는, 선진국에서는 상상하기도 힘든 누더기 법체계가 되어버렸다. 영미법과 대륙법의 단점들만 골라 담은 듯하다. 큰 골격은 선진국의 조항들을 따르는 것 같지만 포괄적 규제가 아니므로 사실은 대주주 입장에서 어떻게든 빠져나갈 수 있다.

이사회 독립을 위한 단초,
이사의 선관주의 의무

대통령과 정치인은 국민들이 뽑는다. 따라서 그들은 국민들에게 신의성실을 다한다. 이사는 주주들이 뽑는데도 불구하고 우리나라의 이사는 주주에게 신의성실 의무를 다하지 않는다. 회사를 위해 최선을 다하면 된다는 것이다. 주주 간 부의 이동(도둑질)을 돕거나 눈감아도 아무런 책임을 지지 않는다.

새로운 국회에서 자본 시장 선진화를 위한 셀 수 없이 많은 법 개정 요구들이 난립하지만 그 핵심은 상법 제382조 3항(이사의 충실의무)이다. 이사의 신의성실 의무(Fiduciary Duty)를 회사에 대해서만 국한하지 말고 '회사와 전체 주주'라고 못 박아야 한다. 선진국 대부분은 이렇게 하고 있다. 미국의 경우 회사로 되어 있으나 실제 판례에서는 회사 안에 주주를 포함시킨다. 삼성물산 합병 관련 검찰 기소는 법원에 이러한 본질적 질문을 던진 것이다. 법원이 기존의 판례들을 뒤집고 정상으로 회귀할 수 있을지 관심이 간다.

충실의무의 적용 범위 확대 : "회사와 전체 주주를 위해"

現 상법 제382조의3(이사의 충실의무) 이사는 법령과 정관의 규정에 따라 회사를 위해 그 직무를 충실하게 수행해야 한다.

이것만 확립되어도 제일모직과 삼성물산의 합병과 같은 일은 다시는 일어나지 못한다. 주주들이 이사들에게 소송을 할 수 있게 되기 때문이다. 이렇게 되어야 이사는 자신의 책임을 근거로 대주주의 전횡을 막을 수 있다. 업무상 불가피성의 여부는 법원에서 재판부가 가리면 된다. 이사에게 책임이 주어지지 않으면 권한도 없다. 소유 경영이든 전문 경영이든 이사회 독립성이 우리나라 기업들에게 가장 절실하게 요구되는 항목이다. 이사들은 회사와 그 이해관계자들(직원, 주주, 채권자 등)을 위해 최선을 다하고 주주는 이사의 선임과 감시 기능을 잘하면 된다.

대주주를 위한 정책

배당소득 분리 과세

코리아 디스카운트의 가장 직접적 원인은 회사의 이익을 나누지 않고 대주주의 이익으로 돌리는 데 있다. 이들 대주주들은 주로 눈에 보이는 불법(배임과 횡령)보다는 합법적 수익 거래(일감 몰아주기, 사업 기회 유용)와 자본 거래(분할, 합병, 상장 폐지)를 통해 사익을 편취한다.

우리나라는 지난 수십 년 동안 세계 최저 수준의 배당 성향과 배당 수익률을 기록하고 있는 나라다. 국회 예산정책처에서 작성한 자료에 따르면 2008~2018년 G7 국가의 평균 배당 성향은 41.58퍼센트로, 우리나라의 평균 배당 성향인 24.82퍼센트에 비해 약 1.7배 수준이다. 또한 [도표 1-9], [도표 1-10]에서 확인하듯이 우리나라의 배당 성향 및 수익률은 선진국 및 신흥국 대비 현저히 낮다.

낮은 배당의 원인으로 과도한 배당소득세를 꼽을 수 있다. 의사 결정권자인 대주주가 배당으로 소득을 얻고자 할 경우 2,000만 원 이상의 금융소득은 종합소득과세에 포함되어 현재 46.2퍼센트, 2021년부터는 49.5퍼센트(주민세를 포함) 수준의 최고 세율을 적용받는다. 반면 주식양도세의 경우 22퍼센트(과세표준 3억 원 초과 시 27.5퍼센트) 세율을 적용받으니 대주주 입장에서는 배당을 선택할 이유가 없다. 대주주와 자녀의 지분율이 높은 회사에 일감을 몰아주어 가치를 올리게 되면 어렵지 않게 세율이 높은 배당소득을 세율이 낮은 자본이

[도표 1-9] 선진국 및 신흥국 대비 한국의 배당 성향과 배당 수익률

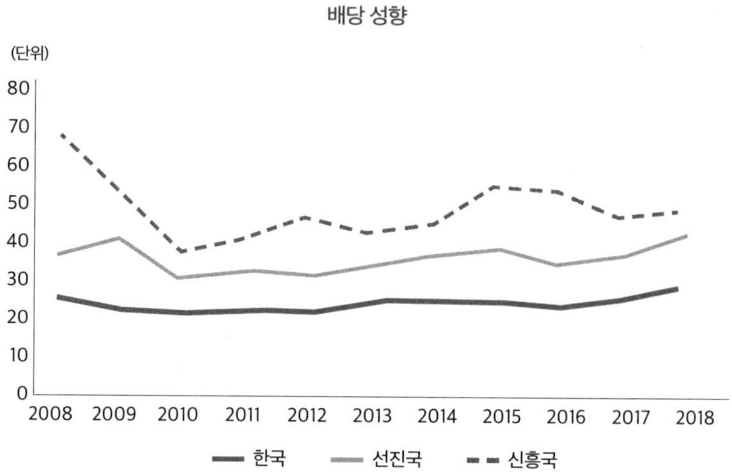

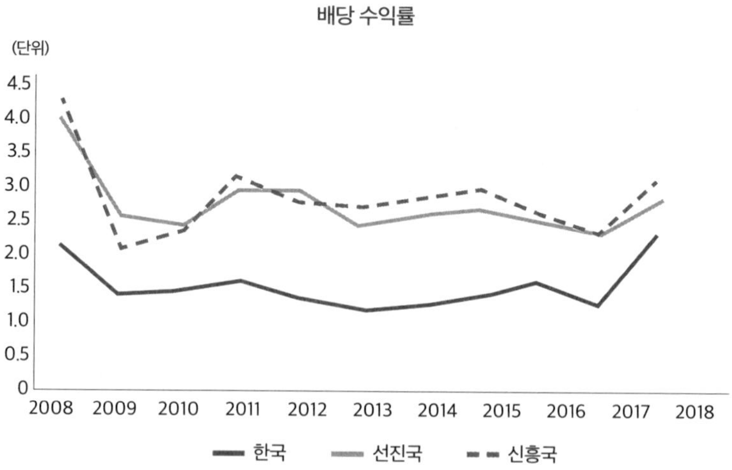

출처: 국회예산정책처, nabo 경제동향 & 이슈, 2019. 7.

[도표 1-10] 세계 최하위권인 한국의 배당 성향과 배당 수익률

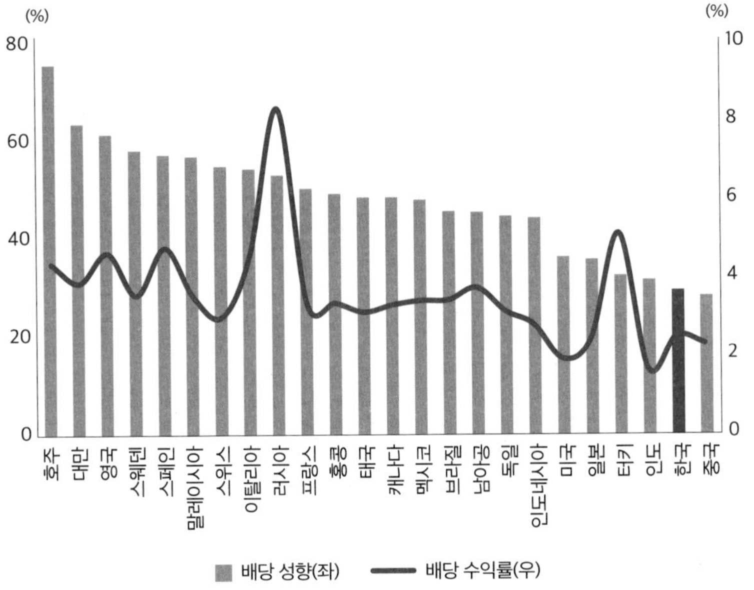

출처: Bloomberg, MSCI , 2019. 12. 31.

득으로 전환할 수 있기 때문이다. 일감 몰아주기는 기본적으로 조세 차익 거래다.

이를 해결하기 위해서 대주주가 다른 방법을 찾기보다 배당을 선택할 유인을 마련해야 한다. 배당소득에 대해서는 분리 과세를 통해 낮은 세율(15.4%)을 적용해 배당 확대 유인을 제공한다면, 우리나라의 배당 성향 및 배당 수익률은 다른 국가들 수준에 도달할 수 있다. 대주주를 위해서가 아니라 국민연금과 600만 개미투자자를 위해 그렇게 해야 한다. 그것이 진정한 기업이익의 환류이며, 소득주도성장이다.

상속·증여세율 축소와 일감 몰아주기 규제

상속과 승계 문제는 직접적으로는 징벌적 세제와 부정에 관대한 기업 관행에서 원인을 찾을 수 있다. 최대주주의 경우 60퍼센트(주식 할증 반영 시)에 해당하는 세계 최고 수준의 상속·증여세(wealth transfer tax)와 배당소득세로 인해 경영권을 쥔 대주주 입장에서 배당을 늘릴 이유가 없고, 주가가 비싸야 할 이유가 없다. 배당보다는 자녀의 지분이 많은 회사로 일감을 몰아주어 주가를 띄운 후, 합병·분할·상장 폐지와 같은 자본 거래를 통해 지분율을 늘리거나 자본이득을 취하는 것이 상속에 훨씬 유리하기 때문이다.

회삿돈으로 여러 성장 사업에 투자한 후 잭팟을 터트릴 만한 사업에 대해서만 그 직전에 자녀들의 지분을 늘려주는 사례도 다수 발견할 수 있었다. 지주회사 전환이라는 미명하에 자사주를 활용해 대주주의 지배력을 강화하고 회사를 분할·합병하는 작업을 몇 번만 하면 개인 투자자들은 빈털터리가 된다. 누가 보아도 도둑질인데 합법적 경로를 만들어놓으니 죄책감도 없다. 이런 메커니즘을 아는 사람이라면 대한민국 주식을 사고 싶지 않을 것이다. 애널리스트 활동을 할 당시 해외 투자자들을 만나면 자주 듣던 불만이었다.

그래도 열심히 잘해서 기업 가치를 높이고, 글로벌 경쟁력을 높인 기업에 대해서는 일자리 창출이라는 측면에서 사회적 면죄부를 주어 왔다. 그러나 일자리 창출과 경쟁력 강화에는 소홀하고 특권적 소비(perquisite)나 독단적이거나 외형에 집착하는 과시적 투자만 일삼는 경우는 용서받기 어려워 보인다.

창립 당시 혹은 증자나 IPO 당시에는 상법에서 보장하는 주주 평등의 원칙 또는 지분율에 비례하는 이익의 배분을 미끼로 일반 주주들에게 돈을 모았을 것이다. 대주주와 일반 주주는 일종의 동업 관계다. 모든 주주가 힘을 합쳐 만든 회사다. 그런데 경영권을 쥔 쪽에서 회사의 자산을 빼돌린다면 얼마나 배신감이 크겠는가.

대부분 상속과 승계를 위해 이런 일이 벌어지는데 총수 일가, 특히 자녀들이 지분을 많이 가진 회사가 일감 몰아주기 회사로 선택된다. 업종은 매우 다양하지만 SI, MRO, 물류, 광고, 부동산 시행사와 같이 계열사 매출 비중이 높고, 제품을 표준화하기 힘들며, 프로젝트마다 가격이 천차만별이어서 정상 가격을 알기 어려운 업종을 주로 이용한다.

오랫동안 일감 몰아주기로 자녀의 지분이 높은 회사의 가치를 키워 상장 후 주가를 높여서 지주회사나 그 역할을 하는 회사에 합병하거나 현물 출자해 자녀의 그룹 지분을 늘려주는 경우가 일반적이다. 이렇게 하면 50퍼센트에 가까운 배당소득세는 물론 60퍼센트의 상속세도 피할 수 있다.

경영권을 쥔 입장에서 주가를 올리기는 어려워도 내리기는 쉽다. 시간을 두고 합병 타이밍을 조정하거나 합병할 회사의 일시적 어닝쇼크를 만들어 주가를 낮추면 합병 법인에 대한 자녀들의 지분율을 더욱 극대화할 수 있어 일거양득이다. SK(SK C&C+SK)와 삼성물산(에버랜드+제일모직+삼성물산)을 바라보는 투자자들의 실망이 바로 이것이다.

[도표 1-11] 대주주에게 일감 몰아주기가 배당보다 더 유리한 이유

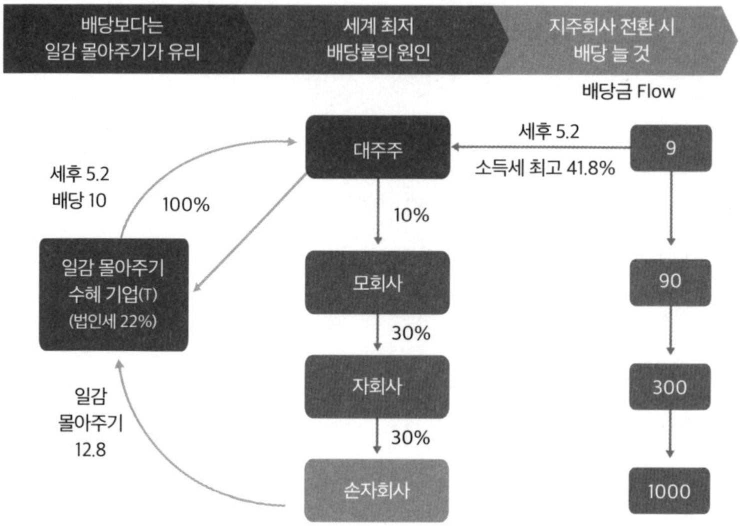

일감 몰아주기는 동업자들에 대한 배신일 뿐 아니라 (법적으로는 아닐지 몰라도) 그 본질은 횡령이고 배임이다. 배당과 상속에 대한 세금도 내지 않아 국가에 대한 배신이기도 하다. 이재용 부회장 남매들이 삼성을 물려받기 위해 얼마의 세금을 냈던가? 상속세율이 60퍼센트(주식 할증 반영 시)면 뭐하나. 실제로는 1퍼센트도 내지 않아도 되는 길이 있는데 말이다.

더 싸게 더 경쟁력 있는 물건을 만들던 중소기업의 일감을 이런 식으로 대주주 일가가 가로챘다면 중소기업을 울리는 일이요, 산업의 가치사슬(value chain)을 붕괴시키는 일이다. 또한 경쟁력 있는 강소기업들이 자랄 수 있는 환경을 파괴해 국가 경쟁력을 망치는 일이다.

지금도 일감 몰아주기는 사라지지 않았다. 더욱 정교해지고 교묘해졌을 뿐이다. 일감 몰아주기 규제를 적용받는 기준이 되는 '지분율 30퍼센트'를 넘지 않기 위해 20~30퍼센트 사이를 소유해 지배하거나 일감을 몰아주는 사업부를 자회사로 떼어내는 경우가 늘고 있다. 또한 일감 몰아주기 회사를 해외에 두면 막을 방법조차 없다.

정부는 '공정경제 3법 개정안'을 통해 일감 몰아주기 규제의 기준을 대주주 지분 30퍼센트 이상에서 20퍼센트 이상으로 확대하겠다고 한다. 중요한 것은 얼마나 이득을 보았는가가 아니라 누가 이득을 보았는가다. 배당소득과 상속·증여세율을 낮추어주는 대신 자본 거래와 수익 거래를 통해 이득을 본 자가 누구인지, 얼마만큼 이득을 취했는지에 따라 엄격하고 포괄적으로 규제해 손해에 대한 보상을 본 일반 주주에게 되돌려주어야 한다.

2019년 기준 OECD 주요국 최고 상속세율을 비교하면, 우리나라가 60퍼센트(주식 할증 반영 시)로 가장 높다. 일본(55%), 프랑스(45%), 미국(40%) 등이 비교적 높은 수준이나 우리나라에 비하면 낮다. OECD 평균이 26.5퍼센트라는 점에서 상속·증여세율을 낮출 필요가 있다. 상속·증여세율은 높지만 걷히는 건 얼마 안 된다. 2019년 한 해 동안 전체 세수에서 상속·증여세가 차지하는 비중은 1.45퍼센트밖에 되지 않는다. 세율은 높으나 역설적으로 거두어들이는 것은 미미하다는 의미다.

세율을 낮추어 탈세 동기를 줄이고 포괄적 규제로 탈세와 배임의 구멍은 막아야 한다. 피해 나갈 구멍을 송송 뚫어놓고 세율만 높으면

[도표 1-12] 일감 몰아주기 규제 현황

해당 법	규제 대상	규제 방법
상속세 및 증여세법 (제45조의 3)	① 수혜 법인의 지배주주와 특수관계에 있는 법인에 대한 매출액이 차지하는 비율이 정상거래 비율(중소: 50%, 중견: 40%, 그 외: 30%)을 초과하는 경우 ② 부당거래 요건 충족 여부 관계 없음	증여의제를 통한 증여세 부과 - 중소기업: 수혜 법인의 세후 영업이익×(특수관계법인 거래 비율-50%)× (주식 보유 비율-10%) - 중견기업: 수혜 법인의 세후 영업이익×(특수관계법인 거래 비율-20%)× (주식 보유 비율-5%) - 그 외: 수혜 법인의 세후 영업이익×(특수관계법인 거래 비율-5%)× 주식 보유 비율
공정거래법 (제23조의 2)	① 공시 대상 기업 집단 (동일인이 자연인인 기업 집단) ② 동일인 및 친족 합산 기준 발행 주식 총수의 30%(비상장 20%) 이상 소유하고 있는 계열사와의 내부거래 ③ 부당거래 요건 충족 시	① 과징금 - 매출액의 100분의 5 이내 - 매출액 없는 경우 20억 원 이내 ② 형사처벌 - 3년 이하의 징역 또는 2억 원 이하의 벌금
상법 (제398조)	① 회사의 이사 또는 주요 주주, 그들의 배우자 및 직계존비속 ② ①이 보유한 회사도 포함 ③ 회사와 거래 전 이사회 승인이 없을 시 ④ 거래 내용, 절차가 부당할 시	① 이사회 승인이 없을 시 거래 효력 상실. ② 사안에 따라, 동법 제399조에 따른 손배소 책임 부과 또는 횡령·배임으로 처벌

죽을힘을 다해서 빠져나갈 길을 찾게 되어 있다. 법을 강화해도 한 사람의 일생이 걸린 재산인데 생각만큼 징수하기가 쉽지 않다. 결국 정직한 사람들만 손해를 보는 상황이 연출된다. 최악의 경우에는 이민 찬스가 있다. 역설적이지만 부자를 위해서가 아니라 서민(개미와 연기금)을 위해서 배당과 상속에 대한 세율을 낮춰야 한다. 두 세금 모두 최소한 30퍼센트 이내로 낮추어야 22퍼센트에 불과한 자본이득세율과 형평이 맞는다.

[도표 1-13] 주요국의 상속세율 비교

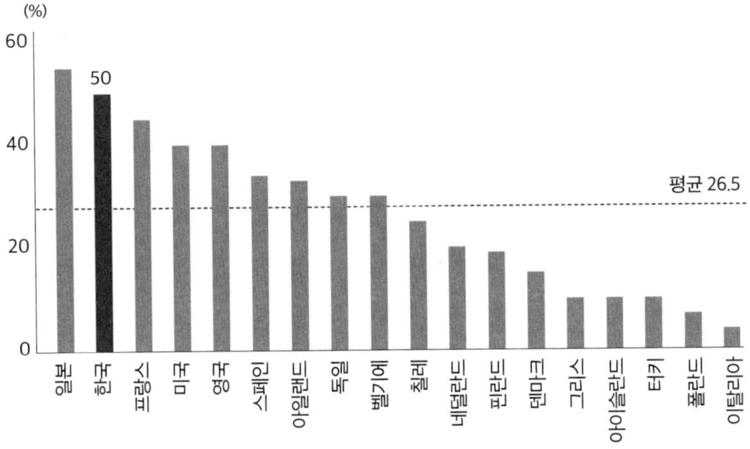

출처: EY worldwide estate and inheritance tax guide(2018) 및 한국경제연구원(2019).
주: 노르웨이, 뉴질랜드, 라트비아, 리투아니아, 룩셈부르크, 멕시코, 스웨덴, 슬로바키아, 슬로베니아, 에스토니아, 오스트리아, 이스라엘, 체코, 캐나다, 포르투갈, 헝가리, 호주는 상속세 없음.

[도표 1-14] 나라별 전체 세수 중 상속·증여세의 비율

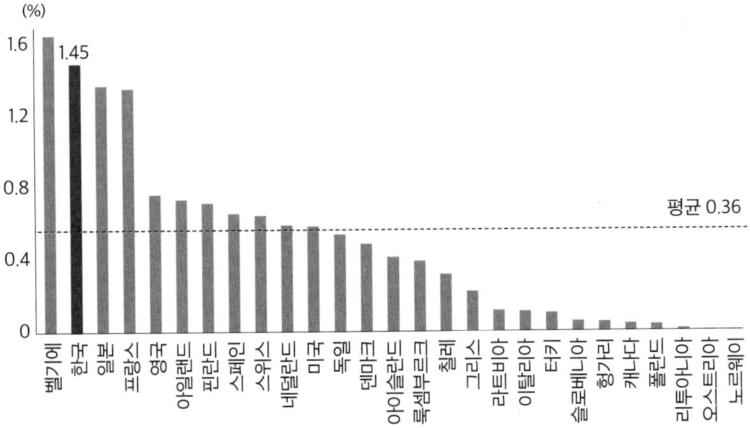

출처: OECD(2018).

비지배주주를 위한 정책

2012년 대선에서 박근혜 캠프는 경제민주화라는 캐치프레이즈를 들고 나왔다. 그리고 순환출자 금지(결국 신규 순환출자만 금지시켰지만), 전자투표 의무화, 집중투표제, 감사위원 분리 선임, 다중대표소송제의 도입을 주장했다. 문재인 정부가 탄생할 때도 같은 공약이 있었다. 양당의 뜻이 같은데 아직도 이러한 제도가 도입이 되지 않고 있는 것은 미스터리다. 정치의 힘보다 자본의 힘이 더 센 것 같다. 국민들에게 약속한 것이라도 먼저 도입해야 한다.

전자투표[9] 및 집중투표[10] 의무화

현재 우리나라의 상법에는 전자투표가 의무화되어 있지 않다. 하지만 해외 사례를 보면 전자투표 도입이 터무니없는 소리는 아니다. 일본의 경우 2001년 전자투표제를 도입해 2014년 대기업의 90퍼센트가 전자투표제도를 이용하고 있다. 또한 터키, 대만 등에서는 전자투

9 주주가 컴퓨터나 스마트 폰 등을 통해 의결권을 행사하는 온라인 투표 방식으로 주총장에 출석하지 않고도 인터넷에 접속해 특정 안건에 찬반을 표시함으로써 의결권을 행사한다. 인터넷 투표를 이용한 의결권 행사 활성화가 가능해 소수 주주의 주주권 보호를 위한 제도로 평가받는다.

10 집중투표제는 1주식당 이사를 선임함에 있어서 선임하고자 하는 이사의 수만큼의 의결권을 주주에게 부여하는 제도다. 이는 1주 1의결권의 원칙에 대한 예외이며 소수 주주도 자기가 적당하다고 생각하는 사람을 이사로 선임하여 이사회에 진출시킬 수 있도록 하는 제도로 이 역시 소수 주주의 주주권 보호를 위한 제도다.

표에 대한 의무화를 통해 참석률 및 의결권 행사율을 높이고 있다. 단점으로 꼽히는 해킹 등 외부로부터의 오류 혹은 조작 가능성에 대한 인프라 구축은 체계적인 준비를 통해 해결과 대응이 가능하다. 매년 3월에 정기 주주총회는 몇몇 특정일을 정해 셀 수 없이 많은 기업들에서 동시다발적으로 이루어진다. 주주총회일이 대선이나 총선처럼 공휴일도 아니다.

정치적 민주주의가 그렇듯 투표의 수월성은 주주민주주의의 첫걸음이다. 우리나라는 상법 제382조 2항에 따라 집중투표제를 인정하고 있지만 2016년 말 기준 유가증권 시장 상장회사 733사 중 93.5퍼센트(684사)가 집중투표제를 정관에서 배제하고 있어 대부분의 회사에서 집중투표제를 활용할 수 없다.[11] 독립적인 이사회 구성과 일반주주들의 의견이 보다 폭넓고 다양하게 반영될 수 있는 주주총회가 되어야 한다.

감사위원 분리 선임

우리나라에서 감사위원회 제도를 채택하고 있는 기업의 대부분은 감사위원의 자격을 사외이사로 제한하고 있다. 따라서 기존 감사제도에서 감사를 선임할 때 적용하는 '3퍼센트 룰[12]'을 적용하는 의미가 없다. 감사는 기본적으로 회사의 경영진을 감시하기 위해서 존재

11 방문옥, 「집중투표제 관련 현황 및 쟁점」, 한국기업지배구조원, 2018. 5.
12 감사위원 선임 시 대주주와 그 특수관계인의 지분이 아무리 많아도 의결권을 총 3%로 제한하는 제도.

하는 제도다. 그래서 3퍼센트 룰이라는 것도 생긴 것이다. 감사위원회가 감사보다 더 진보한 제도인 것으로 보아 상법에서는 자산 규모 2조 원 이상 대기업의 경우 감사위원회 설치를 의무화하고 있다. 하지만 결과적으로 법의 취지가 무색하게 감사위원회는 더 퇴보한 제도가 되어버렸다.

2020년 6월 국무회의를 통과한 상법 개정안에는 감사위원 중 단 한 명이라도 이사회와 분리 선임해 3퍼센트 룰이 적용될 수 있도록 하자는 안이 포함되어 있다. 작은 걸음이라도 한걸음 앞으로 나아가는 계기가 되길 바란다.

소수 주주 다수결

소수 주주 다수결(MoM: Majority of Minority)은 대주주를 제외한 일반 주주의 이익이 크게 침해받을 수 있는 일부 안건에 대해 의사 결정 과정에서 비지배주주들의 다수결로 동의를 구하자는 것이다. 영문으로 된 여러 문헌에서는 소수 주주의 다수결과 이해관계 없는 주주의 승인(approval of disinterested shareholders)이라는 용어가 같은 뜻으로 혼용된다.[13]

국유화된 기업의 민영화 과정에서 일부 기업 집단에 경제력이 몰려 현재의 우리나라처럼 기업지배구조 이슈가 팽배하던 이스라엘은

---

13 천경훈, 「소수 주주 다수결의 도입 가능성에 관한 시론(試論)」, 『기업법연구』 제32권 제4호 (통권 제75호). 2018. 12.

2013년 경제력 집중법을 제정했다. 이때, 소수 주주 다수결 규정을 도입하면서 문어발 확장과 일감 몰아주기를 통한 기업 외형 확대를 해결할 수 있었다. 대주주의 임금이나 계열사간 합병, 대주주 2~3세의 경영 참여 등 지배주주와 비지배주주의 이해관계가 상충하는 안건에 대해 소수 주주 다수결을 적용시켜 사익 편취 및 경제력 집중을 해소했다.

우리나라 역시 일정 요건 이상의 기업들에 대해 소수 주주 다수결 적용을 공정거래법 등에 법제화해 비지배주주들의 권익을 보호하고 소수 지분으로 계열사 지배력을 확대하는 등의 기업지배구조 이슈를 해결해야 한다.

물론 모든 안건에 대해 지배주주의 지배력 자체를 박탈하거나 제한하는 것은 바람직하지 않다. "소수의 지분으로 그룹 전체를 지배하는 지배주주"가 사라진 자리를 지배주주보다도 더 왜곡된 이해관계를 갖고 있는 자가 채울 수도 있기 때문이다.

어디까지나 소액주주의 이익을 보호하고, 대주주를 견제하고 감시하기 위한 목적임을 명심해야 한다. 따라서 소액주주가 명확히 큰 피해를 입을 수 있는 특수관계자와 관련된 자본 거래와 수익 거래(상장폐지, 합병, 분할, 일감 몰아주기, 중요 자산의 양도)에 국한해야 한다.

이사의 자격 및 책임 강화

상법 제542조의 8(사외이사의 선임) 2항 3호에 따르면 사외이사의 자격 조건은 '금고 이상의 형을 선고받고 그 집행이 끝나거나 집행이

면제된 후 2년이 지나지 아니한 자'에 해당하지 않는 자로 규정되어 있다. 반면 사내이사 및 비상장회사의 이사의 경우에는 특별한 규정이 없으며, 이로 인해 금고 이상의 형을 선고받았음에도 회사를 경영하는 사례들이 종종 있다. 특히나 재벌 총수 등 이사가 형사사건으로 실형을 선고받았더라도 특정경제범죄 가중처벌에 관한 법률상 유죄 판결과 관련된 기업체에만 취업이 제한되고, 본인이 출자하거나 임원으로 있는 계열회사에 대해서는 취업이 제한되지 않아 이사직을 그대로 유지할 수 있어서 문제가 많았다. 이에 이사의 자격 제한을 두어 이사의 유형에 상관없이 결격 사유를 가진 이사를 선임하지 못하게 함으로써 회사 경영의 투명성을 강화할 필요가 있다.

또한 상법 제399조(회사에 대한 책임) 및 제403조(주주의 대표소송) 등에 따르면 발행 주식 총수의 100분의 1 이상에 해당하는 주식을 가진 주주는 회사에 대해 이사의 책임을 추궁할 소의 제기를 청구할 수 있다. 하지만 이는 경영진이 회사에 끼친 손해에 대해서 청구하는 것으로 경영진은 회사를 상대로 손해배상을 하게 된다. 이는 제382조 제3항(이사의 충실의무) "이사는 법령과 규정에 따라 '회사'를 위해 그 직무를 충실하게 수행해야 한다"와 일맥상통하며, 결과적으로 주주들이 입은 피해에 대한 손실 보전 등의 내용은 찾아볼 수 없다. 이사의 충실의무 규정을 주주의 범위까지 확대시켜 주주들의 피해에 대한 손해배상까지 이사들이 책임질 수 있는 구조를 만들어야 한다.

소각 목적으로만 자사주 매입 허용

흔히 배당소득세가 높으면 자사주를 매입하면 되지 않느냐고 반문한다. 자사주 매입은 발행 주식 수를 줄여 그만큼 자기자본이익률(ROE)을 높이고 주가를 상승시킬 수 있기 때문이다. 하지만 우리나라에서는 통하지 않는 얘기다. 자사주 매입이 대부분 소각을 전제로 하지 않기 때문이다. 우리나라 기업들의 경우, 지주회사 전환 과정에서 대주주의 지분을 올리는 방법으로 자사주를 악용하는 경우가 많다. 회사가 자사주 20퍼센트를 가지고 있는 상황에서 지주회사와 자회사로 인적 분할을 하면 지주회사는 자회사의 지분을 20퍼센트만큼 보유하게 된다. 자사주의 의결권이 부활하는 마법이 만들어지는 것이다.

해외의 경우 자사주 매입은 기본적으로 소각을 전제로 한다. 그래서 그만큼 주가가 상승하고 주주 이익 환원이 이루어지는 것이다. 국내 역시 소각 목적으로만 자사주 매입을 허용하거나, 자사주 소각만큼 법인세를 감면해주는 등 인센티브를 주거나, 지주회사 전환 시 자사주의 의결권이 부활하는 것을 막아야 한다.

모회사 주주를 위한 정책

다중대표소송제

과거 운용했던 펀드를 통해 수년 전 한 기업의 모회사 지분을 40퍼센트 이상 확보해 2대 주주였던 적이 있다. 그 기업의 대주주는 우리가 감시하는 모회사가 아닌 100퍼센트 자회사를 통해 사익을 편취했는데, 그러다 보니 현재의 법에서는 이에 대해 하소연하는 것이 쉽지 않았다. 특정한 상황이 아니면 자회사의 회계장부를 열람하는 것도 쉽지 않고, 열람할 수 있다고 하더라도 소송을 통해 손실을 보전받는 것은 더더욱 쉽지 않다.

다중대표소송제는 자회사의 위법 행위로 손해를 볼 경우 모회사의 주주들이 자회사 이사진을 상대로 소송을 제기할 수 있는 제도다. 다중대표소송제는 주주대표소송이 확장된 개념으로, 도입 시 자회사 이사의 의무 불이행에 대한 관리 감독이 가능해진다. 현재 지주회사 제도를 채택한 많은 기업들에서 보이는 지주회사 디스카운트를 해소할 수 있는 대안이 될 수 있으며, 계열회사 간의 감시와 견제를 통해 기업 집단 전체의 책임 경영 또한 가능해질 수 있다.

자회사 회계장부 열람권

KCGI는 3자 연합을 통해 한진그룹의 지주회사인 한진칼의 지분 45.23퍼센트를 보유한 최대주주다. 그럼에도 불구하고 대한항공, 진에어, 한진, 정석기업, 칼호텔네트워크, 와이키키리조트앤호텔 등의 자회사들의 장부를 열람할 수 없다.

판례(대법원 2001. 10. 26 판결 99다58051)에서는 자회사의 회계장부 열람 및 등사를 청구할 수 있다고 했으나 이는 '모회사에 보관되어 있던' 자회사의 장부에 국한한다. 모회사와 자회사는 긴밀하게 연결되어 자회사의 가치가 모회사에 영향을 크게 미칠 수 있는 만큼 자회사 회계장부 열람권 또한 보장되어야 마땅하다. 기업 집단 내의 다양한 주주들의 권익을 보호하고, 투명 경영을 가능하게 하기 위해 자회사 회계장부 열람권을 법제화할 필요가 있다. 이것이 이루어지지 않으면 자회사를 통한 대주주의 사적 이익 편취는 근절되지 않는다.

창의력의 용광로 온도를 높여라

과거 삼성SDS와 에버랜드 재판 및 2015년 삼성물산 합병 관련 보도에서 대주주 일가의 문제를 지적하거나 처벌하려고 하면 "왜 일 잘하는 기업을 괴롭히냐?"는 반응을 자주 대하게 된다. 대주주가 해야 할 사과를 기업이 대신하는 모습도 볼 수 있다. 공정거래위원회도 최대주주를 기업과 동일시하는 관행이 여전히 존재한다. 세계 어느 나라도 이런 경우는 없다. 이것은 압축 성장을 위해 수많은 절차들을 생략한 '이식자본주의'의 결과이며, 주식회사 제도의 본질과 자본주의 역사에 대한 이해가 부족한 까닭이다. 주식회사, 그것도 상장된 회사를 대주주 혹은 경영자와 동일시하는 것이다. 우리는 북한의 3대 세습은 욕하면서 재벌의 경영권 3대 세습에는 관대하다. 정치적으로는 민주화되었지만 경제적으로는 여전히 봉건주의의 틀에서 벗어나지 못한 것 같다.

[도표 1-15] 코리아 디스카운트 극복을 위해 필요한 법안들

	우선 순위	쟁점이 되는 제도들	해외 사례	중요성	시급성	필요성	입법 진행상황
상법과 자본시장법	1	이사의 충실(신의성실) 의무 '회사'에서 '회사와 전체 주주'로 확대	대부분 선진국 도입 중	★★★★★	★★★★★	★★★★★	없음(학계와 연구단체에서 주장)
	2	상장회사 특례법으로 상법과 자본시장법에 흩어진 법안들 통합	미국 등 주요국 도입	★★★★★	★★★★	★★★★★	이용우 의원 발의
	3	분할, 합병, 상장 폐지에 대해 일반 주주의 다수결 결의	미국 등 일부 도입	★★★★★	★★★★★	★★★★	없음(학계와 연구단체에서 주장)
	4	합병 및 상장 폐지 시 시가와 장부가 및 상증법상 평가액 동시 고려	미국 등 일부 도입	★★★★	★★★★	★★★★	없음(학계와 연구단체에서 주장)
	5	감사위원 분리선출로 3%룰 적용	미국: 사외이사로만 구성 대부분의 국가에 대주주 제한 규정 없음	★★★★	★★★★	★★★★	2020년 상법 개정안 반영
	6	소각 목적으로만 자사주 매입 또는 자사주 의결권 부활 시 신주 발행으로 보아야 함.	주요국 채택	★★★★	★★★★	★★★★	이용우, 박용진 의원 발의
	7	집중투표 의무화	미국, 일본 등 OECD는 46개국 중 26개국에서 도입하고 있으나 의무화로 실제 활용되는 경우는 많지 않음	★★★★	★★★★	★★★★	박근혜 경제민주화 법안에도 포함
	8	M&A에서 경영권 매각 시 의무 공개매수	미국 등 주요국 도입	★★★★	★★★★	★★★★	외환위기 이전에 존재하다가 조조정 촉진을 이유로 폐지

주된 수혜자	이유	반론	의견
전체 주주 회사	이사는 주주들을 위해 존재하는데 일반 주주에게 신의성실 의무 없다는 것은 이치에 맞지 않음 당연히 충실의무에 포함해야 함 한국 자본시장의 대부분 문제는 여기서 출발	소의 남발 위험	재판부에서 적정성 판단하고, 실제 소송 연 2건 정도에 불과 남소위험 적어
모든 주주	우리나라는 특히 상법과 자본시장법이 충돌되거나 다르게 해석될 여지가 많음	이미 자본시장법 있음	상장회사는 비상장사와 달리 공익적 성격 크고, 소액주주 이익 침해 가능성 높아 필요
일반 주주	소수 주주권을 가진 주주들이더라도 재산상의 손실은 보호받을 수 있어야 함 대주주가 경영하는 한국의 현실에서 자산배분, 실적과 수급 조작을 통해 시가는 얼마든지 조작이 가능함	시가가 가장 믿을 만함	제2의 삼성물산, 한일시멘트가 나와서는 안돼
일반 주주			MoM이 안되면 평가방식이라도 바꿔야
전체 주주 회사	감사는 최소한의 감시기능이므로 이사회에 대한 견제와 균형 작동해야 함	회사 내부정보 유출 및 경영 방해 위험	감사위원 자격을 사외이사로 제한하여 3% 룰 무력화 감사 제도보다 감사위원회 제도가 더 진보한 제도라고 하면서도 현실에서는 더 퇴보
모든 주주	지주회사 전환 시 자사주의 의결권 부활 방지 자사주는 특정 주주를 위한 것이 아니며 일반주주 의결권 후순위로 밀리는 효과	자사주도 회사의 자산이므로 임의 처분 가능	한국 전 세계에서 가장 높은 의결권 승수: 14배 (지배주주 4%로 57%의 내부지분율 행사) 한국식 지주회사는 순환출자와 같은 오너십 레버리지 효과 만들어
모든 주주	이사회의 독립성 및 다양성 확보 한국은 이사회가 거수기 역할 한다는 비판	경영권 침해 및 종다수결 함정	경영권 방어와 상관없고 오히려 경영권 공격층에서 한꺼번에 이사회 교체 어려울 수도 있음
일반 주주	외환위기 끝났음. 주주평등의 원칙 위배, 1물1가의 원칙 위배	경영권 프리미엄은 엄연히 존재하는 현실 프리미엄을 이미 주고 투자한 투자자의 손실 보상 어려움	경영권 프리미엄은 경영을 하는 와중에 이미 누리고 있음. 매각 시 먹튀 방지 ex) 현대증권 매각 시 대주주 지분 매각 23,000원, 개인주주 지분 6,700원

상법과 자본시장법	9	다중대표소송제	미국, 일본	★★★	★★★★	★★★★	2020년 상법 개정안 반영
	10	자회사 회계장부 열람권	대부분 선진국 도입 중	★★★	★★★★	★★★★	없음(학계와 연구단체에서 주장)
	11	6개월 보유 기간은 0.5% 초과 3% 미만에만 적용, 3% 이상이면 상법상 보유 기간 상관없이 주주제안 가능	주총 소집 요건으로 대체	★★★	★★★	★★★★★	2020년 상법 개정안 반영
	12	전자투표 의무화	영국, 대만, 터키	★★★	★★★	★★★	일부 의원 제안
	13	시차임기제 폐지 또는 이사 임기 1년으로 단축	이사 임기 3년보장 의미 없어	★★★	★★★	★★★	일부 의원 제안
	14	이사 해임 시 보통결의	미국은 주총 과반수 결의로 이사 해임	★★★	★★★	★★★	없음
공정거래법	1	일감 몰아주기에 대한 포괄적 규제 공정시가와의 차이로 규제 → 수익자가 누구인지로	수익거래에 대한 업무상 배임으로 규제	★★★★★	★★★★★	★★★★★	없음(학계와 연구단체에서 주장)
	2	공정거래법상 지주회사 요건 강화(자회사 및 손자회사 지분율 요건 10%p 씩 상향)	미국은 50% 이상	★★★★	★★★★	★★★★	없음(학계와 연구단체에서 주장)
	3	동일인(총수) 지정 삭제	총수는 한국만 존재	★★★	★★★	★★★	없음(학계와 연구단체에서 주장)
세법	1	배당소득세율 인하(분리과세만 하고 개인소득세 포함시키면 안됨)	유럽 주요국은 분리과세	★★★★★	★★★★★	★★★★★	없음(학계와 연구단체에서 주장)
	2	상속·증여세율 인하	우리나라가 전 세계에서 가장 높아(일본의 법을 그대로 가져온 결과)	★★★	★★★	★★★	없음(학계와 연구단체에서 주장)
	3	스톡옵션 과세 이연(매각시점으로)	주요국 채택	★★★	★★★	★★★	없음(학계와 연구단체에서 주장)

모든 주주	미국은 100% 자회사에 대해서만 인정 일본은 자회사 장부가가 모회사 자산의 20% 초과 시	남소 위험 자회사 주주와 이해 충돌 가능	남소는 요건을 강화하면 되고 이해 충돌 여부 법원에서 중요성 판단
모든 주주	한국의 경우 자회사를 통해 대주주가 이익을 편취하는 사례 많아 모회사 주주의 재산권 보호 필요성 증대	회사 내부정보 유출 및 경영 방해 위험	모회사 자산의 50% 이상을 차지하는 경우라도 시행해야 함
모든 주주	소수 주주의 다양한 의견 수렴	단기 보유한 투기세력의 주총 진행 방해	상법과 자본시장법 취지에 부합하므로 반드시 시행해야 함
모든 주주	주주 의견 반영 극대화 및 주총 참여율 제고	해킹 가능성	글로벌 추세이고 IT 강국으로서 당연한 요구
모든 주주	3명의 임원을 3년 동안 매년 임기가 달라지게 할 경우 집중투표제 무력화 위험	임기 1년은 너무 짧아 이사회 독립성 위배될 수도 있음	집중투표제를 실시하는 경우 함께 시행해야 함
모든 주주	다수결의 원리에 부합	이사회 단기적 성과 추구 위험	집중투표 실효성을 위해 집중투표 의무화 시 반드시 필요함
모든 주주	공정시가의 기준 불명확해 입증 어려움 한국은 여전히 일감 몰아주기 공화국 투자자들이 가장 큰 배신을 느끼는 부분임	경영판단은 경영진에게 맡겨야 함	경영진이면 이익 전부 환수해야 함 미국은 SEC 감독과 이사에 대한 소송으로 엄격히 규제
모든 주주	2007년 10%p씩 하향한 결과 한국식 지주회사는 순환출자와 같은 오너십 레버리지 효과 만듦	일사부재리 원칙에 위배	이해상충 축소
모든 주주	재벌 규제를 해야 할 공정거래위원회가 오히려 재벌의 존재와 그룹에 대한 포괄적 경영권을 인정	책임 소재 명확화 관리 감독의 편의	이사회 독립성 보장되면 해결될 문제임 현 체제에서는 총수도 힘들고 일반주주도 힘듦
모든 주주	결국 배당과 유보를 통한 자본이득 또는 일감 몰아주기 여부를 결정하는 것은 대주주인 경영진임	세수 부족 부자 감세	대주주가 아닌 천만 개매투자자를 위해 바꿔야
모든 주주	배임 횡령뿐 아니라 합법적 일감 몰아주기, 기업 분할합병, 지주사 전환 등 상속·증여세 회피 동기 감소를 위해 징벌적 과세 줄여야 함		상속·증여세는 전체 세수의 1.1%에 불과 자본유출 막고, 소액주주 보호 및 탈세 동기 줄이기 위해 세계 최고 수준의 대주주 상속·증여세율 낮춰야 함
모든 주주	대주주와 경영진에 대한 동기부여와 대리인 비용 감소		주주 간 이해관계 일치가 지배구조 개선의 핵심

기업은 동네 빵집이 아니다. 즉, 기업이 대주주만의 것이 아니기에 대주주만을 위하는 것이 기업을 위하는 것도 아니다. 대주주의 이해와 기업의 이해 또는 대주주의 이해와 일반 주주의 이해는 언제든 다를 수 있다. 아니, 우리나라에서는 다른 경우가 더 많다. 대주주가 전권을 행사하면서 이익을 나누지 않겠다는 기업에 투자할 사람은 없으며, 그것을 용인하는 시장에 투자할 투자자도 없다.

경영권을 쥔 대주주에게 징벌적 세제를 줄여줄 필요도 있겠지만 이들을 견제할 장치도 동시에 필요하다. 당장은 투자자를 보호할 수 있는 민사소송법, 상법, 세법, 증권거래법 등 법과 제도를 정비하는 것이 긴요하겠지만 장기적으로 스튜어드십 코드, 언론의 수익 구조 다변화, 자본 시장에서 '메기' 역할을 할 수 있는 지배구조개선 펀드의 육성 등 자본 시장 환경을 만드는 것도 중요하다.

주식 시장은 창의력의 용광로다. 용광로를 달구는 에너지는 우리가 흔히 아는 PER, PBR, EV/EBITDA 등의 밸류에이션 지표다. 코리아 디스카운트 해소를 통해 용광로의 온도를 높여야 창의력의 쇳물이 강물처럼 흘러 바다에 이를 수 있다. 세계 최초의 주식 시장을 통해 네덜란드가 한 시대를 풍미했듯 우리나라도 금융 시장 환경 정비를 실현하면 다음 시대의 번영을 구가할 수 있을 것이다. 그러기 위해서는 후진적인 기업지배구조의 개선이 가장 절실하다.

대주주와 일반 주주 모두가 상생상락(相生相樂)할 수 있는 법과 제도를 만들고 다듬어 코리아 디스카운트를 해소해야 한다. 그래야 자본 조달이 수월해져 새로운 기업이 만들어지고 기술과 창의력을 가진 기업이 더 크게 성장할 수 있는 환경이 형성된다. 우물 안에서는 고래를 키울 수 없다. 우리의 자본 시장이 바다처럼 넓어져야 고래(대기업)도 마음껏 헤엄칠 수 있다. 대주주와 일반 주주는 물론 국민연금, 자산운용사 등 기관투자자의 수익률까지 올라가야 국가 전체의 혜택으로 이어질 수 있다. 그렇게 국민들의 자본소득이 증가하면 소비로 이어지게 되고, 결과적으로 우리 경제의 선순환 구조가 만들어질 수 있다. 이러한 선순환 구조를 통해 드라마, K-POP 등의 문화뿐만 아니라 금융에서도 한류를 만들어야 한다. 그래야 국민연금뿐만 아니라 더 많은 해외 투자자들이 우리나라의 선진화된 금융 시스템을 신뢰해 투자를 늘릴 것이고, 그래야 금융 경쟁력을 넘어 국가 경쟁력도 강화될 것이다.

증세와 규제의 역설

다음 대선의 중요한 테마는 감세가 될 것이다. 지난 30여 년간 물가 상승과 소득 증대로 우리나라 1인당 명목 GDP는 468만 원에서 3,711만 원으로 7.9배나 성장했는데 소득세의 과세표준 구간은 그대로이며, 세율 조정도 미미했다. 소득세율은 과세표준 구간에 따라 최고 네 배 차이가 나므로 정부는 소리 없이 평균 소득세율을 그만큼 올린 꼴이다. 그 결과 소득세수는 매년 두 자리 수의 성장을 해왔고,

[도표 1-16] 1987~2017년 소득세 및 1인당 GDP 상승 그래프

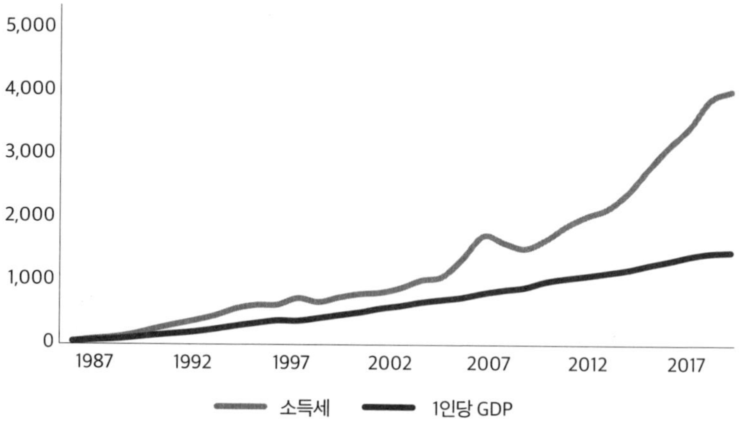

출처: 통계청(1987년 소득세 및 1인당 GDP를 100으로 표준화해 지수화).

[도표 1-17] 주요국 대비 한국의 소득세율

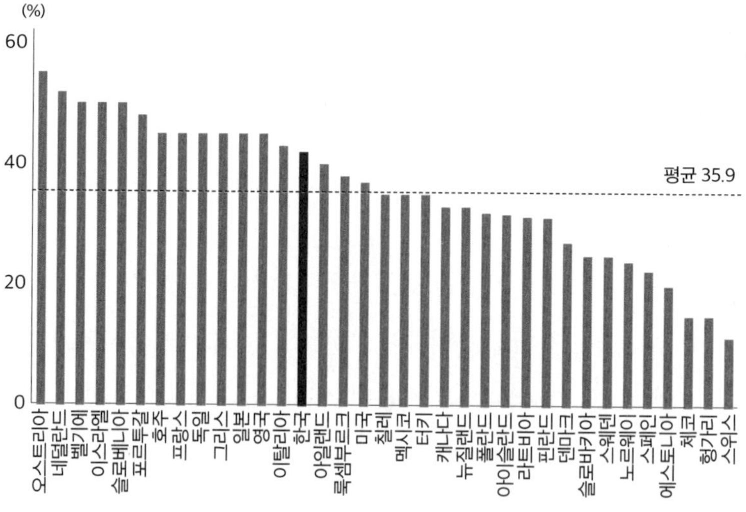

출처: OECD(2019).

[도표 1-18] 국가별 법인세 및 소득세 과세 현황

국가	법인세 최고 세율	소득세 최고 세율	자본이득세율	
독일	3~ 33%	42.0%	부동산 - 자가가 아니고 10년 미만 보유 시 기본 요율 증권 - 2009년 이전 1% 미만 보유 시 비과세 - 2009년 이후 1% 미만 보유시 25% 투자소득 - 2009년 이후 1% 이상 보유 시 25% 사업소득	
러시아	20.0%	17.2%	소득세 산정 시 포함	
멕시코	30.0%	35.0%	기본소득에 포함하여 과세 상장주식에 대해서는 10%의 세금 과세 (2014년 이전 비과세)	
미국	33.0%	37.0%	가족 구성에 따라 다름(아래는 미혼자 기준) - 4만 달러 미만: 0% - 4만 달러 이상 441,050 미만: 15% - 44만 1,050달러 이상: 20%	
브라질	34.0%	27.5%	법인: 법인소득 포함 과세	개인: 22.5%
스웨덴	21.4%	52.0%	부동산: 22.0%	주식 - 30.0% / - 25.0%
스위스	24.0%	45.0%	법인: 법인소득 포함 과세	개인: 면제(Movable Asset)
스페인	25.0%	45.0%	최대 23%의 세율 부과	
싱가포르	17.0%	22.0%	없음	
영국	19.0%	45.0%	법인: 법인소득 포함 과세	개인: 20%(Stock)
이탈리아	31.0%	47.2%	부동산: 소득세 산정 시 포함	주식: 26.0%
인도	34.9%	42.7%	장기 보유 자산 - 상장: 10% - 비상장: 20%	단기 보유 자산 - 상장: 15% - 비상장: 30%
인도네시아	25.0%	30.0%	법인: 법인소득 포함 과세	개인: 종합소득 과세
일본	23.2%	45.0%	법인: 법인소득 포함 과세	개인: 20%
중국	25.0%	45.0%	동산 및 부동산: 20.0%	주식: 없음
캐나다	25~31%	45.0%	1년 자본이득의 50% 해당하는 부분을 기본소득에 포함하여 소득세 과세(자본이득에는 부동산, 사업, 주식 등이 포함됨)	

태국	20.0%	35.0%	개인소득에 포함되어 과세 부동산에 대해서는 보유 연도에 따라 공제	상장 주식에 대해서는 면제
터키	22.0%	35.0%	기본소득에 포함되어 과세	상장 주식에 대해서는 면제
프랑스	33.3%	45.0%	부동산: 36.2-42.2%	주식: 30.0%
한국	27.5%	42.0%	대주주 - 중소기업이 아니고, 1년 미만 보유한 경우:30% - 그 외의 경우: 20%(3억 미만), 25%(3억 이상)	대주주가 아닌 경우 - 상장기업: 0% - 중소기업: 10% - 그 외의 경우: 20%
호주	30.0%	45.0%	1999년 9월 21일 이후 취득 자산 - 50%에 대해 기본 소득으로 소득세 부과	1999년 9월 21일 이전 취득 자산 - 장부가액을 물가에 연동시켜 기본소득으로 소득세 부과
홍콩	16.5%	17.0%	없음	
평균	25.6%	38.3%		

출처: PwC

명목 GDP의 두 배 이상이었다. 소득세수가 명목 GDP보다 감소한 경우는 금융위기 직후인 2009년 한 해뿐이었다. 특히 최고 세율 구간에서 그 부담은 극대화되었다. 2010년까지 OECD 평균 최고 소득세율은 1981년 59.5퍼센트에서 2011년 34.5퍼센트까지 꾸준히 떨어져 오다가 2020년 현재 35.2퍼센트로 다소 상승했다.

우리나라는 2002년 김대중 정부 때 소득세율을 40퍼센트에서 36퍼센트로 낮춰준 이후 거의 변동이 없다가 2011년 이명박 정부에서 3억 원 초과 38퍼센트 구간을 신설했다. 2013년 박근혜 정부 초기에는 경제민주화의 바람을 타고 38퍼센트 세율 구간을 3억 원 이상에서 1.5억 원 이상 구간으로 확대했다. 2016년에는 5억 원 이상

[도표 1-19] 지난 20년간 1인당 GDP 변동과 구간별 소득세율

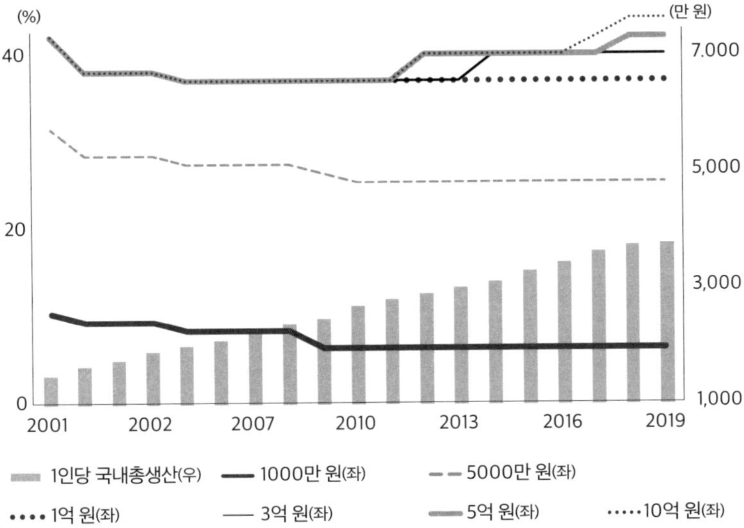

출처: PwC 및 통계청.

주: 1) 각각 연소득이 1,000만 원, 5,000만 원, 1억 원, 3억 원, 5억 원, 10억 원일 경우 시기에 따른 적용 한계소득세.
2) 한국은 2021년부터 과세표준 10억 초과 시 45퍼센트(지방세 4.5퍼센트 별도)로 올릴 예정이다.
3) 1인당 명목 GDP.

에 대해 40퍼센트, 2017년에는 42퍼센트, 2020년에는 10억 원 이상에 대해 45퍼센트로 올렸다. 그 결과 2021년부터는 최고액 소득자는 10억 원 이상 소득에 대해 지방세 4.5퍼센트를 포함해 49.5퍼센트의 세금을 내야 한다. 건강보험료를 포함하면 50퍼센트가 넘는다. 2000년대 이후 11퍼센트포인트(지방세 포함 38.5퍼센트에서 49.5퍼센트로)나 올렸다. OECD 가입국 가운데 리투아니아 다음으로 동기간 최고 상승률이다.

배당소득 등 금융소득이 2,000만 원을 넘으면 종합소득에 포함되므로 대주주 입장에서 배당은 더욱 매력이 없어졌다. 대주주들은 조금만 배당을 해도 수십억 원이 될 수밖에 없기 때문이다. 여기에 상속세 최고 세율도 60퍼센트(주식 할증 평가 시)로 세계 최고 수준이다. 그동안 글로벌 대비 낮은 수준이었던 부동산 보유세와 취득세도 급등 중이다. 보유세는 실효세율 0.279퍼센트에서 1퍼센트대로 소폭 올리는 것 같지만 집값 상승과 과표 현실화 및 다주택자 중과 등으로 이제 GDP 대비 부동산 관련세와 보유세는 미국에 이어 세계 최고 수준이 될 예정이다.

대주주 기준도 바뀌고 있어 주식의 양도차익에 대한 과세도 부담이다. 2018년 3월말까지 1퍼센트 또는 20억 원(코스닥 25억 원) 이상이던 대주주의 기준이 2018년 4월 1일부터 15억 원, 2020년 4월 1일부터 10억 원으로 하향 조정되었다. 대주주는 양도차익에 대해 지방세를 포함해 22퍼센트(과표 3억 원 이상에 대해서는 27.5퍼센트)의 세금을 물리고 있다.

그동안 정권을 가리지 않고 깎아주는 것은 없이 올리기만 했다. 특히 선거에 별 영향을 미치지 못하는 소수의 초고소득자와 부자들에게 이러한 부담은 집중되어왔다. 과거에 부자에게 주던 혜택이 정상화되는 면도 있지만 세계와 비교해보면 이제는 "이러려고 부자가 되었나" 하는 볼멘소리가 나올 만하다.

국민들의 머릿속에는 특정 세목에서 이만큼 올렸으면 다른 세목에서 이만큼 깎아줘야지 하는 멘탈 어카운팅이 있다. 여기저기 올리기만 하면 '그 돈이 제대로 쓰일까?' 하는 의문이 들고, 공무원과 정치인들만 배부르게 한다는 생각을 하게 된다. 그러면서 불만이 쌓이고 이민과 탈세에 대한 욕구는 세계 어느 나라보다 높아진다. 이대로 두면 부자들이 모두 한국을 떠날 것이라는 우려는 기우가 아니다. 실제로 이민도 많이 가고 있다. 이러한 문제를 인식하고 동의하면서도 부자 감세를 제안하면 표가 떨어진다고 용기를 내는 정치인들이 없다.

무언가 금지시키면 암시장이 형성되듯 역사적으로 지나친 규제와 세 부담은 항상 국력을 쇠퇴시켰고, 풍선 효과를 만들었으며, 전혀 예상치 못한 계층에 엉뚱한 피해를 입히는 역설적인 상황이 발생했다. 이론과 달리 인간의 생각과 행동은 너무 창의적이고 복잡해서 언제나 규제를 피할 구멍을 찾기 때문이다.

진짜 부자들은 이러한 세금에서 빠져나갈 구멍이 있다. 글로벌 경쟁 시대에 부자들은 세율에 따라 소득과 재산의 형태와 종류를 바꿀 수 있으며, 이 나라가 싫으면 저 나라로 옮겨갈 수 있는 방법이 얼마든지 있다. 기업의 진짜 대주주(최대주주)는 배당과 급여 대신 유보를 통한 자본이득으로 돌리면 된다. 어차피 대주주의 지분은 팔 게 아니기 때문이다. 또한 일감 몰아주기나 계열사 간 부의 이동, 실적과 주가의 타이밍 조절 후 지주회사 전환, 분할, 합병, 상장 폐지, 해외투자를 빙자한 재산 빼돌리기 등 법으로 규제할 수 없는 다양한 편법이 존재한다.

이러한 증세에 타격을 입는 것은 진짜 부자인 기업인들이 아니다. 진정한 대주주가 아닌 유리알 지갑 월급쟁이 고소득자와 어중간한 일반 주주들만 세금을 많이 내게 된다. 대부분 신고도 하지 않는 해외 부동산에 대해서는 다주택자 중과의 영향이 없다. 대주주가 배당 대신 유보를 선택하는 바람에 피해를 입는 것은 배당을 못 받고 저평가된 주가에 시름하는 국민연금과 개미투자자들이다.

일감 몰아주기는 일종의 조세차익 거래(tax arbitrage transaction)다. 기업의 이익을 배당하면 여러 주주와 나눠서 가져야 하고, 최고 세율이 50퍼센트에 육박하는 배당소득세를 내야 한다. 그렇게 모은 돈을 자녀에게 상속하면 상속세율은 최고 세율이 50퍼센트다. 만일 지분으로 물려주어야 할 경우 최대주주 지분에 대해서는 120퍼센트를 할증한다(그나마 비상장 대기업은 130퍼센트 할증하던 것에서 올해부터 10퍼센트포인트 줄어든 것이다). 상속·증여세율은 높지만 걷히는 건 얼마 안 된다. 2019년 한 해 동안 전체 세수에서 상속 증여세가 차지하는 비중은 1.45퍼센트밖에 되지 않는다. 세율은 높으나 역설적으로 거두어들이는 것은 미미하다는 의미다.

세율을 낮추어 탈세 동기를 줄이고 포괄적 규제로 탈세와 배임의 구멍은 막아야 한다. 피해 나갈 구멍을 송송 뚫어놓고 세율만 높이면 죽을힘을 다해서 빠져나갈 궁리를 찾게 되어 있다. 법을 강화해도 생각만큼 징수하기가 쉽지 않다. 결국 정직한 사람만 손해 보는 상황이 연출된다. 역설적이지만 부자를 위해서가 아니라 서민(개미와 연기금)을 위해서 배당과 상속에 대한 세율을 낮춰야 한다. 최소한 30퍼센트 이내로 낮추어야 22퍼센트에 불과한 자본이득세율과 형평이 맞는다.

진정한 소득주도성장은 배당 증대와 코리아 디스카운트 해소

우리와 경쟁하는 글로벌 금융 허브들은 금융소득에 대해 분리 과세만 하거나 아예 세금을 물리지 않는다. 우리도 최소한 배당소득에 대해 분리 과세만 하고 끝내야 한다. 부자들을 위해서 감세를 해주자는 말이 아니다. 현실적으로 우리나라에서 배당을 결정하는 사람은 종합소득세 최고 세율에 걸리는 대주주다. 그들은 50퍼센트가 넘는 세율을 감내하면서 배당을 늘리는 결정을 할 이유가 없다. 대주주는 배당이 아니더라도 유보된 이익을 다양한 수익 거래와 자본 거래로 찾아갈 방법이 있지만 일반 주주는 방법이 없다. 낮은 배당 성향의 피해는 모조리 일반 주주가 지게 된다. 즉 낮은 배당과 저평가된 주가로 국민연금과 펀드에 가입한 국민, 소액주주만 피해를 보게 된다. 배당 세율이 높으면 자사주 매입을 하면 되지 않느냐고 생각할 수 있다. 그러나 우리나라의 자사주는 소각 목적이 아닌 지주회사 전환 과정에서 또는 합병 분할 과정에서 대주주의 지배력을 강화하기 위한 경우가 대부분이어서 진정한 주주 환원으로 이해하지 않는다. 우리나라에서는 자사주 매입의 주가 상승 효과마저도 미미하다. 언제든 의결권이 대주주의 직간접 지분으로 부활할 수 있기 때문이다.

금융 허브는 돈이 잠자는 곳이다. 자본의 유출을 막고 해외 자본이 들어와서 왕성하게 창의력이 발현되는 금융 시장을 만들기 위해서는 잠자는 비용을 줄여야 한다. 금융소득에 대한 세율이 이렇게 높으면 금융 자본주의가 정착할 수 없다. 대부분의 자금이 부동산으로 몰릴 수밖에 없다. 가계 자산의 대부분이 부동산으로 구성된 사회에서는 금리를 아무리 낮추어도 자금이 기업으로 흘러들지 않아 사회적 창의력이 발현될 리가 없다.

일감 몰아주기 대신 배당이 늘고 코리아 디스카운트가 해소되면 2,200만 국민연금 가입자, 600만 개미투자자와 그 가족이 행복해진다. 이것이 진정한 의미의 소득주도성장이 아닐까?

이사회의 독립성 확보

상속과 승계 문제와 함께 우리나라 기업지배구조가 왜곡된 두 번째 원인은 이사회가 독립적으로 제 기능을 못하기 때문이다. 세계경제포럼(WEF)에서 발표한 2016년 우리나라 기업지배구조 중 이사회 유효성 수준은 전 세계 138개국 가운데 109위에 불과하다(인도 94위, 태국 88위, 인도네시아 69위, 말레이시아 30위). 소액투자자 보호 수준은 97위였고, 회계투명성은 조사 대상 61개국 중 꼴찌였다.

이사회가 독립성을 갖지 못하는 이유는 무엇일까? 책임이 없기 때문이다. 책임이 없기 때문에 권한도 없는 것이다. 이사는 주주들이 임명한다. 그리고 이사회는 주주의 권익을 반영하는 기구다. 그러한 이사회가 회사에 충실했다는 핑계로 주주들의 이익을 침해해도 아무런 제제를 받지 않는다면 그 취지에 어울리지 않는다.

지금 우리의 대주주는 실질적으로 이사회뿐 아니라 감사위원회도 장악하고 있다. 감사위원의 자격을 사외이사로만 제한해 이사회를 장악하면 감사위원회도 장악하는 결과가 초래된다. 이사회는 경영진 등 집행임원을 견제하고 감사는 감시의 기능을 가지는데 두 기구 모두 대주주가 장악한다면 견제와 감시가 될 수 있을까? 시장에서 대주주가 스스로를 대리하는 쌍방 대리의 문제를 지적하는 이유가 여기 있다.

현실적으로 이사회와 감사위원회가 대주주의 입김에서 완전히 자유로울 수는 없다. 대주주가 추천한 이사가 주주총회를 통해 과반 이상을 득표해 선임되었다면 그 자체로 정당성이 있다. 다만 이사회 멤버, 감사위원회 멤버 중에 단 한 명이라도 일반 주주의 목소리를 반영할 사람이 필요하다는 것이다.

우리나라는 해방 이후 미국의 주식회사 제도를 표방하면서 여전히 일제 시대의 형식주의를 벗어나지 못하고 있다. 자본 시장에는 진정한 해방이 오지 않은 것이다. 우리도 미국처럼 주주들의 이사에 대한 소송은 가능하다. 법에 명시되지 않았다는 이유로 승소 가능성이 극히 희박할 뿐이다. 이제는 대륙법과 영미법의 차이라는 핑계에서 벗어나야 한다. 이러다 우리도 1990년대 이후 일본처럼 될 수도 있다.

미국 등 주요 선진국에서는 전문 경영자의 대리인 비용이 중요한 문제였고 그에 따라 주주행동주의의 공격 대상은 전문 경영인이었다.

[도표 1-20] ACGA 및 CLSA 지배구조 점수 매트릭스

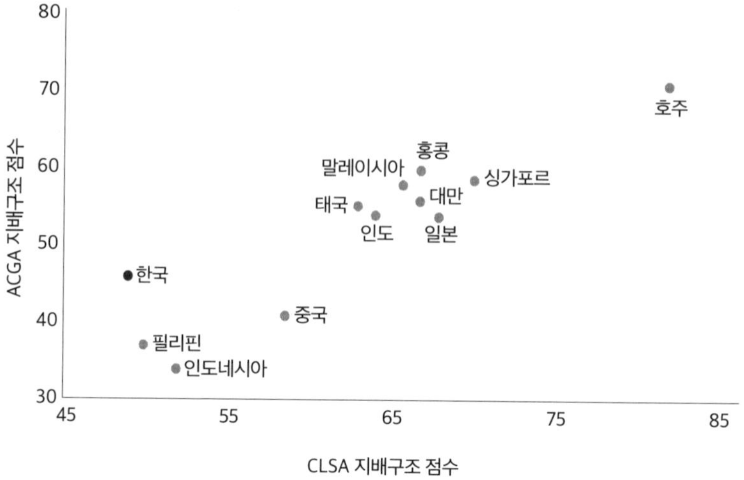

출처: ACGA, CLSA(2018).

우리나라의 경우 대부분 소유 경영 체제를 채택하고 있는 상황이다. 반면 대주주가 적은 지분으로 막대한 부를 통제하며 경영권을 세습하고 불법과 편법을 일삼는데도 이사회는 아무런 견제도 하지 못하고 거수기 역할만 하고 있다. 일반 주주들이 입은 손해를 호소해도 재벌에 포획된 사법 체계와 관행, 언론 환경은 그들에게 좌절만 안길 뿐이다. 우리의 법은 주주가 입은 손해를 이유로 이사에게 배상이나 책임을 요구하기 어렵기 때문이다. 오죽하면 주요 지배구조 평가 기관에서 우리나라의 기업지배구조 순위를 아시아에서 꼴찌 수준으로 평가하고 있을까? ACGA는 12개국 중 9위, CLSA는 12개국 가운데 최하위로 평가하고 있다. 시가총액(12위), GDP(13위), 수출(7위) 규모에

비하면 어울리지 않는 성적표다.

한국의 기업 현실에서는 주주와 경영진 사이의 이익 충돌보다는 지배주주와 비지배주주 사이의 이익 충돌이 더 일반적이고 현저하게 나타난다.[14]

최근 입법 추진 중인 공정경제 3법(감사위원 선출에도 3퍼센트 룰 적용, 50퍼센트 지분 자회사에 다중대표소송제 도입, 내부거래 제한 20퍼센트로 확대, 공익법인 의결권 15퍼센트로 제한) 개정이 정가에서 뜨거운 감자다. 이에 대해 재계에서는 "투기자본에 의해 경영권이 위협받는다"라며 우려를 표하고 있다. 오랜만에 오노의 할리우드 액션을 보는 듯하다. 주주자본주의에서 당연히 있어야 할 최소한의 규제인데도 부정적 측면만을 침소봉대해 호도하고 있다. 공정경제 3법에 나오는 기업지배구조 관련 규제는 우리가 선진국에 비해 부족한 부분의 10분의 1에도 못 미치는 가벼운 주주 보호 장치이며 겨우 첫발을 디딘 것에 불과하다. 앞서 기술한 바와 같이 이사회의 독립성과 이사의 선관 및 신의성실 의무의 본질은 건드리지도 못하는 규제다.

감사위원 분리 선임은 대주주보다 많은 지분을 가진 일반 주주들이 자신의 재산권 보호를 위해 회사를 감시할 단 한 명의 감시자(감사위원)라도 보내자는 것이다. 다중대표소송제도는 지주회사 주주들의 눈

---

14 김건식, 「기업 집단과 관계자거래」, 『상사법연구』 제35권 제2호, 2016, 9쪽; 송옥렬, 『상법강의』 (제7판) , 홍문사, 2017, 897쪽; 이상훈, 「한국 기업 집단 지배구조 문제의 본질과 바람직한 상법 개정」, 『상사법연구』 제36권 제2호, 2017, 213쪽 등.

을 피해 자회사나 손자회사를 통해 사적 편취를 하는 소유 경영자에 제동을 걸 수 있게 하는 안전 장치다. 내부거래 제한은 일감 몰아주기로 회사 자산을 너무 많이 빼먹고 있어서 '빼먹지 말라'도 아니고 '조금씩만 빼먹으라'고 30퍼센트에서 20퍼센트로 제한하는 것이다. 이를 두고 경영권을 운운하는 것은 어처구니가 없다. 오히려 투기적 자본 또는 기업사냥꾼이 다수 지분을 인수해 회사를 마음대로 하려고 할 때 이를 막을 수 있는 최소한의 견제 장치다.

전문 경영의 문제: 지주 행세를 하는 마름

우리나라에서 소유 경영 체제가 대주주의 사적 이익 추구에 따른 일반 주주의 희생이 문제라면 전문 경영 체제도 그에 못지않은 대리인 문제가 있다. 우리나라에는 공기업(각종 공사), 민영화된 공기업(KT, 포스코, KT&G 등), 금융지주회사(KB, 신한, 하나, 우리, BNK, DGB, JB), 국책은행 관리하에 있는 기업(대우조선해양, 대우건설, KAI 등), 법원이 관리하는 기업들을 제외하고는 전문 경영 체제를 채택하는 기업이 많지 않으므로 아직 그 심각성이 부각되지 않았을 뿐이다.

전문 경영 체제의 문제점은 경영자가 사적 이익을 추구해 회사에 피해를 주는 소유 경영과 달리, 단기적 이익만 추구하거나 아무것도 하지 않고 복지부동하는 것이다. 전략적이고 장기적인 의사 결정보다는 안전한 참호를 파고 밖으로 나오지 않는 것이 문제다. 전문 경영자의 임기는 3~5년으로 짧기 때문에 10년 이상 장기적 이익을 추구하는 주주들의 이해와 불일치할 위험이 있다. 또한 지금처럼 4차 산업혁명으로 기술과 경쟁 환경이 급변하는 상황에서는 미래를 위해 과감한 투자를 해야 하는데 이러한 투자는 단기적으로 경영 실적을 악화시키는 경우가 많다. 투자를 하지 않아도 당장은 티가 나지 않겠지만 회사의 장기적이고 획기적인 발전과 성장의 기회는 사라진다.

우리나라에서도 대우조선해양 사태 및 몇몇 금융지주회사의 사례 등 오히려 책임 있는 지배주주의 부재가 경영진의 도덕적 해이로 이어진 사례를 찾을 수 있다. 자신이 지주가 아닌, 지주를 대리하는 마름이면서 기업을 사유화하거나 자신의 개인적 영달과 장기 집권을 위한 정치적 행보만 주력하는 경우도 종종 있다.

민영화된 공기업, 금융지주, 은행 관리 기업의 경우 경영진의 선출에 정부 입김이 크다 보니 주주보다는 경영자 개인의 임기를 유지하기 위해 주주 가치에 역행하는 의사 결정을 하는 경우도 많다. 정부의 물가안정 시책에 따르는 과정에서 전기요금을 동결시켜 수년간 적자를 겪은 한국전력의 사례처럼 지배주주의 감시를 받지 않는 경영진이 정치적 요구에 부응하는 과정에서 오히려 주주의 이익이 침해된 사례도 적지 않다.[15]

경영 의사 결정이 주주들의 이익 극대화를 위해 이루어질 것이라고 믿는 최소한의 상식이 깨지면 주주민주주의는 확립될 수 없다.

전문 경영 체제도 주주들의 감시와 견제가 필요하다. 미국의 경우 전문 경영 체제의 문제점을 지적하는 과정에서 주주행동주의 펀드가 성장했다. 우리나라의 경우 가장 큰 주주인 국민연금이 주주 행세를 포기했을 뿐 아니라 최소한의 견제조차 하지 못하고 있다. 국민연금은 2019년 7월 스튜어드십 코드를 도입했으나 너무 소극적으로 의결권을 행사하고 최소한의 경영 관여만 하고 있어서 여전히 식물 대주주라는 소리를 듣고 있다.

일반적으로 소유 경영은 성장기에 유행과 기술의 변화가 심하고 경쟁 환경이 치열할 때 적합하다. 대주주 지분율이 높은 기업, 대주주가 큰 성공 경험이 있고 경영 능력이 입증된 기업의 경우에는 소유 경영이 유리하다.

반대로 제품의 생애 주기상 성숙기거나 독점적 시장 지위로 큰 변화가 없을 경우, 유보가 많고 지분이 분산되어 있어서 성장보다 분배와 투명성이 중요해지는 시점에서는 전문 경영이 유리하다. 현재 우리나라 대기업들은 3대, 4대에 이르러 대주주의 지분은 낮아지고, 경영 능력은 입증되지 않아 전문 경영 체제로의 전환을 고민해야 할 시

---

15 한국전력공사의 일부 주주들은 전기요금 인가권자이고 감독권자이며 한국전력공사의 대주주인 피고 대한민국이 한국전력공사에 법령에서 정한 총괄 원가에 미치지 못하는 수준으로 전기 요금을 결정하도록 지시해서 한국전력공사가 손해를 입게 되었으므로, 대한민국 정부는 상법 제401조의 2에서 정한 업무집행 지시자로서 한국전력공사에 손해를 배상할 책임이 있다는 이유로 대표소송을 제기했다. 그러나 1심 법원은 피고 대한민국이 인가권자, 감독권자 및 대주주 등의 지위를 이용해 배후에서 한국전력공사의 경영에 영향력을 행사한 것으로 단정하기 어렵다고 해 책임을 부정했다. 서울중앙지방법원 2012. 10. 5. 선고 2012가합1011 판결

점이다. 우리나라의 경우 오랫동안 소유 경영이 일반화되다 보니 대주주에게서 벗어나 독립적으로 책임지는 경영을 해본 탁월한 전문 경영인이 드물다는 점에서 전문 경영 체제로 전환을 하더라도 이에 대한 면밀한 내부 검증 과정이 필수적이다. 또한 전문 경영인의 육성도 중요한 과제다.

자본 시장에는 메기가 있어야 한다

고인 물은 썩는다. 견제를 받지 못한 권력은 부패한다. 민주주의의 작동 원리는 견제와 균형에 있다. 건전한 야당이 있어야 건전한 여당이 존재하듯, 주식 시장에도 여당과 야당이 있어야 한다. 그러한 의미에서 최근 불고 있는 ESG(환경, 사회책임, 기업지배구조), 스튜어드십 코드, 지배구조개선 펀드는 중요한 의미를 지닌다.

법과 정부의 규제로 모든 걸 해결할 수는 없다. 시장자본주의에서는 더욱 그렇다. 기본적으로 시장의 원리로 해결하고, 만약 시장이 실패했을 경우에만 정부가 개입하는 것이 옳다.

우리나라에는 이사회에 긴장감을 심어줄 메기가 없다. 일반 주주들이 목소리를 낼 수 없기 때문이다. 이러한 상태가 기업 형성 초기에는 별 문제가 없다. 어차피 창업자가 많은 지분을 소유하고 그의 경쟁력(창업 정신, 기술과 노하우, 자금 동원력)에 의존해 굴러가기 때문이다. 하지만 세월이 흘러 2대, 3대로 넘어가고, 상장을 해서 지분이 분산되고, 전문 경영자의 역할이 커지면 늘어난 지분만큼 일반 주주의 목소리도 중요해진다. 대주주가 대부분의 지분을 가진 회사에서는 소액주주를 희생시키는 일이 드물다. 어차피 자기 것이기 때문이다. 왼쪽 주머니에서 오른쪽 주머니로 옮기는 불편함만 존재하기 때문이다. 대주주의 지분율이 적어지고 지분이 고도로 분산된 전문 경영 체제일수록 사익 편취의 유혹은 커진다. 이러한 상황에서 이사회는 특정 주주와 분리되어 독립적으로 구성해야 하며 주주들은 항상 이사회를 감시하고 견제해 오로지 기업 가치 극대화와 장기적 생존을 위해 균형감 있게 일하도록 만들어야 한다.

일반 주주들의 역할이 중요하다. 입법·사법·행정 기관에서 해주어야 할 일은 소유 경영자와 전문 경영자의 권력이 견제받을 수 있도록 법과 제도를 만들고 지키는 것이다. 지금 우리나라 이사회에는 메기가 없다. 언론도 세 권력 기관도 모두 재벌에 포획된 노예처럼 '경제=기업=재벌'로 등식화하고 치환해 금과옥조처럼 받들고 있다. 그들의 경영권 세습을 천부인권 또는 왕권신수설처럼 떠받들고 있다. 기업에 법인격을 부여하고, IPO를 통해 다양한 주주들로부터 투자를 받은 이상 창업자 개인의 인격과 분리해서 생각해야 한다. 결국 소유 경영자도 소유하지 못한 96퍼센트 자기자본에 대한 대리인일 뿐이다. 모두가 내 것이라는 생각은 착각이다.

문제는 시스템이다. 일반 주주(기관투자자+소액주주)의 권익을 보장할 장치를 만들어야 한다. 또한 기관투자자와 같이 수탁기관은 위탁자의 재산을 보호하기 위한 의결권 행사의 기준과 장치(스튜어드십 코드)를 확립해야 한다. 기관투자자가 적극적으로 나서기 어려운 기업에 대해서는 지배구조 개선 펀드들이 경영진을 견제할 수 있도록 활로를 열어주어야 한다. 지금 우리나라는 헤지펀드의 경영 참여를 막는 다양한 규제들(예를 들어 5퍼센트 공시와 경영 참여 제한, 특정 종목 편입 비중이 20퍼센트를 넘지 못하는 20퍼센트 룰)과 소액주주의 재산권 보호를 막는 수많은 규제들 때문에 메기가 살 수가 없는 환경이다. 그 결과 이사회는 대주주의 놀이터가 된다. 주주의 당연한 권리가 보장받기 힘들어졌다.

지배구조 개선을 통한 코리아 디스카운트 해소

지금까지는 긴요하고 핵심적인 사안들만 설명한 것이며, 그밖에도 다양한 논쟁거리가 존재한다. 후진적 기업지배구조 개선을 위한 법과 제도, 투자 환경의 정비와 관련해 너무나 많은 미비점들이 있어서 정리가 필요할 것 같다. 우리의 법과 제도는 얼핏 보면 대륙식을 기본으로 영미식을 섞어놓은 것 같지만 두 제도에서 대주주에게 불리한 것은 쏙 빠진 헐거운 그물로 평가된다. 또한 물리지도 못하는 배당소득세와 상속·증여세만 높게 설정해 대주주에게 세금 회피의 빌미만 제공하고 있다. 우리나라와 해외 사례가 부딪히는 법조항들과 투자 환경은 하루아침에 바꿀 수도 없고 그래서도 안 될 것이다. 하나하나 한 걸음씩 이러한 과제들을 해결해 주주의 이익이 증대되면 코리아 디스카운트도 머지않아 해소되지 않을까?

감세

배당소득에 대한 분리 과세, 상속·증여세율을 자본이득세 수준으로 인하하는 대신 상속 기준가를 장부가로 해야 한다. 그래야 상속세를 줄이기 위해 주가를 낮추거나 일감 몰아주기를 하는 행위를 억제할 수 있다. 또한 스톡옵션 과세를 매각 시점으로 이연해주어야 한다. 이 또한 대주주인 경영인이 사적 편취를 하지 않고 경영에 집중할 수 있도록 하기 위함이다. 자사주 매입은 소각 목적으로만 할 수 있도록 하고 소각액에 대한 법인세를 감면해주면 기업과 투자자 모두가 좋아할 만한 합의점 도출이 가능하다.

이사회 독립성

이를 위해 이사(대주주 포함)의 책임을 강화해야 한다. 여느 선진국들처럼 우리도 이사의 신의성실 의무가 회사뿐 아니라 전체 주주로 확대되어야 한다. 그리고 이사회와 감사위원회의 다양성을 보장해야 한다. 이를 위한 제도 변화로 집중투표 의무화, 감사위원 분리 선출, 시차임기제 폐지, 이사 해임 시 보통결의, 이사 임기 1년으로 단축, 금융지주와 민영화된 공기업에서 정부 입김 배제와 경영진 경쟁 체제 도입 등이 있다.

일반 주주 보호 및 대주주 견제

합병, 상장 폐지, 대주주 관련 거래와 같이 일반 주주가 손실을 볼 가능성이 큰 사안에 대해 대주주를 제외한 일반 주주들의 다수결 도입을 검토해야 한다. 또한 합병 및 상장 폐지 시 시가와 상속 및 증여세법상 평가액을 동시에 고려해야 한다. 그리고 다중대표소송제를 통해 자회사에 대한 모회사 주주들의 손해배상이 가능해져야 하며 자회사에 대한 회계장부 열람권도 확대해야 한다. 사모펀드 일원화 및 육성을 통해 자본 시장에 견제 장치를 마련해야 한다. 이를 위해 전문사모와 경영 참여형 사모펀드 통합, 전문 사모 20퍼센트 룰 폐지, 경영 참여 10퍼센트 룰 폐지를 생각해볼 수 있다. 일감 몰아주기에 대한 포괄적 규제도 필요하다. 지금처럼 공정시가와의 차이로 규제하는 체계에서 수익자가 누구인지로 규제해야 한다.

소유-경영 괴리도 축소 및 주주평등의 원칙 실현

공정거래법상 지주회사 요건 강화(자회사 및 손자회사 지분율 요건 10퍼센트포인트씩 상향), 기존 순환출자도 금지, 동일인(총수) 지정 삭제, 소각 목적으로만 자사주 매입이 주요 이슈다.

주주총회에서 주주 참여 수월성 보장

상법의 본래 취지대로 3퍼센트 이상 주주는 보유 기간과 상관없이 주주 제안이 가능하도록 해야 하며, 전자투표를 의무화해야 한다.

언론 환경의 정비

기업과 투자자 사이에서 기업의 이익만을 중시하는 언론의 편파적 보도 관행을 개선해야 한다. 투자자의 이익도 대변할 수 있도록 언론의 수익원을 다변화할 필요가 있다. 광고주가 아닌 시청자, 구독자의 선택이 수익 증대에 반영될 수 있도록 해야 한다. 이를 위해 언론발전기금을 조성해 시청자 수, 구독자 수에 비례해 언론사에 배분하는 방식도 고려해볼 수 있다.

기관투자자 투자 기반 확대 및 스튜어드십 코드 준수

국민연금의 국내 주식 투자를 확대해야 한다. 또한 연기금의 의결권 행사를 의무화하며, 국민연금 수탁자책임위원회 구성을 자산운용 전문가와 연금의 수급자 중심으로 개편하고, 퇴직연금의 주식 투자 비중 확대를 위해 교육과 투자 문화를 형성해야 한다.

과도하게 높은 오너십 레버리지

우리나라는 전 세계에서 경영권 및 의결권 승수가 가장 높은 나라다. 신규 순환출자를 금지시켰고 많이 해소했지만 그 이전에 비해 나아진 게 없다. 더 악화되었다.

공정거래위원회 자료(2020. 5. 1, 총수가 있는 대기업 집단 상위 55개 그룹 분석)에 따르면 계열사 지분 3.6퍼센트(총수 자신 1.7퍼센트, 일가 친족 1.9퍼센트)를 보유한 지배주주인 총수가 사실상 지배할 수 있는 내부 지분율은 57.0퍼센트로 15.8배나 확대되어 있다. 세계적으로 유래를 찾아보기 힘든 오너십 레버리지다. 총수 일가가 보유한 계열사 지분율은 2000년대보다 절반으로 줄었다. 2020년에는 2019년 3.9퍼센트보다 0.3퍼센트포인트 감소했고 상위 10개 기업은 2.5퍼센트로 더욱 심각했다.

횡행식 출자와 십시일반 출자가 난무하는 중층적 지배구조와 순환출자를 통한 통제권이 극대화된 상태다. 얼핏 보면 신규 순환출자를 법으로 금지해 소유와 경영의 괴리가 완화된 듯 보이지만 현실은 그렇지 않다. 지주회사 전환과 자사주의 마법이라는 전가의 보도가 있기 때문이다. 지난 20년간(2000~2019) 상위 10대 집단의 내부 지분율 추세를 보면 총수 지분율은 감소(1.1% → 0.9%)한 반면 계열회사 지분율은 증가(41.2% → 54.3%)했다.

문제는 총수가 보유한 지분은 줄었는데 생각은 그대로라는 점이다. 여전히 '다 내 거야'라는 생각으로 이해관계자에 대한 배려가 없다. 오히려 그들의 부를 자신의 주머니로 옮기는 데 적극적이다. 이는 사회적 문제가 될 수밖에 없다. 한 사회의 부를 소수의 개인이 독점하는 것도 문제인데 적은 지분으로 기업 집단의 막대한 자본과 자산을 통제하고 언론과 입법, 사법기관까지 독점적 영향력을 미치는 것은 결국 엄청난 사회적 비용과 불안 요소를 잉태하기 때문이다. 이렇게 폭탄을 끌어안고는 결코 오래, 그리고 멀리 나아갈 수 없다.

전문 경영 체제가 확립된 미국은 주주와 경영진 간 대리인 비용이 문제라면 한국은 주주 간 이해상충과 지배주주의 부의 이전 거래(수익 거래—터널링, 자본 거래—분할 합병 상장 폐지 등)가 문제의 핵심이다. 또한 능력을 검증받은 적이 없고, 견제받지 못하는 3세, 4세의 오너 또는 총수라는 권력이 문제다. 우리가 습관적으로 대주주를 오너, 총수, 동일인이라고 부르지만 이들이 가진 지분율을 보면 오너라는 말이 무색하다. 대주주라고 부르는 게 맞다. 부채비율 100퍼센트만 가정해도 자산에 대한 소유권은 1퍼센트대로 떨어진다. 1퍼센트도 안 되는 청구권을 가진 검증이 안 된 어설픈 자본가가 독재적 권력을 3대, 4대, 5대에 걸쳐 세습하며 기업을 위험에 빠뜨린다면 주주와 직원, 채권자들은 기분이 어떨까? 모두에게 소중한 '나의 투자금'이고 '나의 직장'인데 말이다.

전쟁 이후 폐허가 된 나라에서 특정 재벌에게 사회의 모든 자원을 투입해 엘리트 대표 선수로 키우는 시스템은 불가결한 선택이었다. 그리고 그들이 글로벌 경쟁에서 이겨서 국가의 위상과 삶의 질을 높였다는 공적도 인정해주어야 한다. 그러나 올림픽 금메달 연금과 군면제 혜택을 자식과 손주까지 받는 경우는 없다. 자식들은 부모가 벌어놓은 자산을 정당하게 상속받으면 그만이다. 경영권까지 상속받아야 할 이유는 없다.

전쟁 이후 과거 60년간 유지된 지배구조 체제를 그대로 유지할 수는 없다. 그만큼 세상이 크게 바뀌었기 때문이다. 소유 구조도 바뀌었고, 경영 환경도 바뀌었다. 우리만 바뀐 게 아니라 전 세계가 바뀌고 있다. "새 술은 새 부대에 담으라"는 말이 있다. 새로운 환경에 어울리는 새로운 기업지배구조가 필요하다.

경제력 집중의 문제

20세기 초 미국의 그 많던 경제계 왕들을 다 어디에 갔을까? 석유왕 록펠러(John Rockefeller), 철강왕 카네기(Andrew Carnegie), 철도왕 밴더빌트(Cornelius Banderbilt), 은행왕 모건(J. P. Morgan) 등 미국 경제를 건국한 수많은 왕들이 있었다. 20세기 미국 기업 집단의 역사는 공룡처럼 커버린 기업 집단을 견제하려는 정부와 이를 막으려는 대기업 싸움의 역사이기도 하다.

미국 반독점 규제의 시작은 록펠러의 스탠더드 오일(Standard Oil Company) 때문에 1890년에 제정된 셔먼법으로 시작한다. '반독점의 대헌장(Sherman Antitrust Act)'으로 불리는 셔먼법은 국내외 거래를 제한할 수 있는 어떤 방식의 연합과 어떤 형태의 독점도 허용할 수 없다는 것이 골자다. 셔먼법에 의해 가장 먼저 강제 분할된 기업이 1800년대 세계 최대 기업 중 하나였던 스탠더드 오일이다. 록펠러가 1870년 설립한 스탠더드 오일은 미

존 록펠러

앤드루 카네기

J. P. 모건

코넬리우스 밴더빌트

국 전역의 석유·철도 회사를 인수하면서 20년 만에 미국 석유 시장의 88퍼센트를 장악했다. 그리고 이를 무기로 경쟁 업체에 운송 요금을 비싸게 부과하는 등 영향력을 남용한다는 비판을 받았다. 록펠러는 철도 수송망을 장악, 경쟁 기업에 차별적 운송 요금을 적용하면서 경쟁 업체를 시장에서 배제하거나 합병·제휴하는 등의 방법으로 미국 내 석유 산업을 장악했다.

최초의 강력한 트러스트였던 '스탠더드 오일 트러스트'는 1900년 정유 시장의 90퍼센트를 장악했다. 철도왕 밴더빌트와의 연합으로 운송비를 절약한 록펠러가 저가로 후려치거나 다른 석유 기업들을 흡수 합병해나갔다. 이에 미국 정부는 1911년 스탠더드 오일을 33개 회사로 강제 분할했다. 같은 해 원가 이하로 가격을 후려치는 덤핑으로 경쟁자를 죽여 미국 담배 시장의 95퍼센트를 장악했던 아메리칸 타바코(American Tobacco Company)도 셔먼법의 적용을 받아 16개 회사로 강제 분할됐다.[16]

---

16 김홍기, "[반독점 판정] 록펠러 '스탠더드 오일' 34개 기업으로" 《조선일보》 1999. 11. 8.

미국의 반독점법은 1900년대 들어 더욱 구체화됐다. 미국 정부는 1914년 가격 차별, 끼워 팔기 금지 등을 포함한 클레이턴법과 연방거래위원회법을 새로 제정했다. 반독점 규제 기관인 연방거래위원회(FTC)도 이때 설립되면서 반독점 규제 체계가 완성됐다.

1920년에는 은행왕 J. P. 모건이 철강왕 앤드루 카네기로부터 양수해 설립한 'US스틸'이 도마에 올랐다. 철강 업계의 3분의 2를 장악하고 있었던 US스틸에 대한 반독점 조사는 연방대법원의 "덩치가 크다고 독점은 아니다"는 판결로 무위로 끝났다. 위반 행위가 있어야만 제재를 가할 수 있다는 것이다. 이때부터 20여 년간은 미 정부의 반독점 조사 위축기였다. 이처럼 반독점 규제는 기준이 모호하고 정권의 성향에 따라, 경제 사정에 따라 변해왔다.

반독점 조사 대상은 경제 환경의 변화에 따라 20세기 초 석유, 담배, 철강, 철도, 구리, 금융, 방송, 영화배급 등에서 1980년대 이후로는 통신, 유통, 컴퓨터, 반도체, 소프트웨어 등으로 바뀌었다.

그 결과 많은 기업들이 분할되었다. 1942년에는 미국 방송 산업을 독점했던 NBC를 강제 분할했으며, 1940년대에는 파라마운트 영화사가 극장을 독점한다고 문제가 되었다. 통신 업계 1위 AT&T도 1984년 분할 명령을 받았다. 지역전화에서 독점력을 이용해 장거리 전화와 전화 장비 시장에서 경쟁자를 내쫓았기 때문이다. 결국 AT&T는 장거리 전화만 남겼고, 벨 애틀랜틱, 벨 사우스, US웨스트 등 일곱 개의 작은 벨(7 Baby Bell)이 탄생했다. 현재 '작은 벨'은 후발 통신 업체와의 인수합병(M&A)을 거쳐 AT&T를 위협하는 수준까지 성장했다.

1980~1990년대는 컴퓨터 업계 선두주자들이 조사를 당했다. IBM에 대한 13년간의 조사와 재판은 결국 1982년 법무부의 고소 취하로 끝났고, 인텔에 대한 반경쟁 행위 조사는 1999년 인텔과의 타협으로 결말이 났다.

현재 미국에서는 기업이 M&A를 할 때 연방거래위원회와 법무부 독점국에 보고하도록 돼 있다. 독점뿐 아니라 담합 및 비경쟁적인 행위가 있었는지를 조사하기 위해서다. 만약 경쟁을 저해하는 위법 행위가 드러날 경우, M&A 계약 자체를 취소할 수 있는 권한이 있기 때문에 두 기관의 영향력은 나날이 커지고 있는 중이다.

1990년대 이후에는 IT 분야가 주요 규제 대상으로 등장했다. 1998년 미국 클린턴 행정부는 마이크로소프트(MS)가 PC용 운영 체제(OS)인 '윈도우'와 인터넷 브라우저인 '익스플로러'를 결합 판매하는 것은 반독점법 위반이라며 소송을 제기했다. 1심 재판부는 정부 주장을 받아들여 MS를 두 개 회사로 분할하라고 판결했지만, 2심 재판부는 이를 뒤집었다. 최근에는 아마존, 애플, 페이스북, 구글(M/S 80%)의 반독점 규제가 진행 중이다. 법무부와 연방거래위원회에서 독점 규제 역사상 유래 없이 대대적인 조사를 진행 중이다.

독과점을 판단할 때 두 가지의 중요한 이슈가 있다. 소비자 선택의 자유를 제약하는가의 문제와 어디까지를 하나의 시장으로 볼 것인가(시장 점유율 계산에서 분모의 범위를 어디까지로 할 것인가)의 문제다.

독과점 규제에서 명확한 기준과 정답은 없다. 정권에 따라, 시대의 경제적·정치적 환경에 따라 그 기준이 변하는 경우가 많았다. 대공황과 같이 경기가 어려워 일자리를 많이 만들어야 할 때나 제1차, 제2차 세계대전과 같이 국내보다는 국가 간 경쟁과 전쟁이 중요한 시기에는 느슨한 규제를 가했다.

1900년대 초까지는 명확히 독점이라 부를 수 있는 경우가 많았지만 셔먼법 이후에는 기업도 독과점 규제를 피해야 했기에 모호하고 애매한 규제의 사각지대에서 다양한 방법으로 이를 피해왔다. 그러나 분명한 것은 사회적으로 문제가 되면 당장은 아니어도 반드시 규제와 처벌이 뒤따랐다는 것이다.

끝없는 탐욕이 밥상을 엎는다. 특정 산업과 시장에서 50퍼센트 이상의 시장 점유율을 가진 기업은 부와 권력이 집중되는 만큼 보이지 않는 반대도 커진다는 사실을 명심해야 한다. 달이 차면 기울듯 '악덕 기업가'라는 소리를 들으면 사회는 어떻게든 그 기업을 위험에 빠뜨린다. 이것이 미국의 수많은 기업 왕들이 노블리스 오블리주를 실천하고 사회적 책임을 강조해온 이유다.

끼워팔기와 결합판매의 구별[17]

반독점법의 영역에서 상품 간의 결합은 끼워팔기(Tying)라는 개념으로 구체화되었다. 마이크로소프트의 끼워팔기가 전 세계적으로 이슈가 된 대표적 사례다. 마이크로소프트의 윈도우를 깔면 원하지 않는 인터넷익스플로러, 동영상 재생, 보안, 이메일 등의 다양한 상품(프로그램)을 깔도록 하며 해당 프로그램을 지우기 불가능하거나 어렵게 하고, 다른 프로그램은 이용하기 어렵게 한 것이다.

끼워팔기 규제법리의 전개와는 별개로, 1980년대 초 미국 AT&T의 해체가 논의되던 시기에 통신법상 결합판매(Bundling)라는 개념이 제시되었고, 정책 수립과 관련해 중요한 개념이 되었다. 우리나라 법체계에서도 '독점 규제 및 공정거래에 관한 법률'에서는 끼워팔기, '전기통신사업법'에서는 결합판매로 용어상의 구별이 이루어지고 있다. 그러나 상품 간의 결합이라는 측면에서 끼워팔기와 결합판매는 개념적으로 유사하며, 또한 시장에서의 독점력이 다른 시장에 영향을 미칠 수 있는 메커니즘을 가졌다는 점에서 기본적인 이해를 같이한다.

끼워팔기는 주상품의 판매에 부상품의 판매를 연계시키는 것을 말하며, 결합판매는 복수의 상품을 결합해 판매하는 것을 말한다. 결합판매는 다시 순수결합판매(Pure Bundling)와 혼합결합판매(Mixed

17 홍명수, 「끼워팔기와 결합판매의 규제 법리의 비교와 규제 체계 정립에 관한 고찰」, 『규제연구』, 한국경제연구원, 2006.

Bundling)로 나누어진다. 순수결합판매는 두 개의 상품이 반드시 결합되어서만 판매되고 개별판매의 가능성이 없는 것을 의미하며, 이 때 결합 비율은 고정된다. 반면에 두 개의 상품이 결합되어서도 판매되고 개별적으로도 판매되지만, 결합판매 시 가격 할인 등 거래 조건상의 차이가 있는 경우는 혼합결합판매로 이해된다. 기본적인 개념 정의에서 알 수 있듯이, 끼워팔기와 결합판매는 구조적으로 유사하다. 그러나 양자 사이에 엄밀한 구별도 가능한데, 이에 관해 배리 네일버프(Barry Nalebuff)의 다음과 같은 구별 기준은 주목할 만한 것이다. 네일버프의 기준에 의하면, 우선 끼워팔기와 순수결합판매를 비교할 경우에, 끼워팔기는 결합의 비율이 고정되지 않는 경우까지 포함한다는 점에서 순수결합판매와 구별된다.

예를 들어 끼워팔기의 경우 A 상품의 구매 시 반드시 B 상품을 구매해야 하지만, 순수결합판매의 경우와는 달리 B 상품의 수는 다양할 수 있다. 또한 혼합결합판매와 비교해볼 때, 끼워팔기는 주상품이 개별적으로 판매되는 경우를 상정하지 않는다는 점에서 구별된다. 예를 들어 혼합결합판매는 A 상품과 B 상품이 모두 개별적으로도 판매되지만, 끼워팔기에서는 원칙적으로 주상품의 개별판매가 고려되지 않는다.[18]

그러나 끼워팔기에 관한 전통적인 경쟁법상의 논의가 이와 같은 엄

18 Barry Nalebuff, "Bundling, Tying, and Portfolio Effects," *DTI Economics Paper* No.1, DTI, 2003.2, pp.15-16.

밀한 정의에 기초해, 특히 결합판매와의 상대적 개념 구별을 전제로 전개되었던 것은 아니다. 경쟁법적 관점에서 끼워팔기는 판매업자가 어떤 상품을 판매할 때 구매자가 다른 상품도 구매할 것을 조건으로 해 상품을 파는 판매방식이다.[19] 전통적인 법리에서 규제 대상이 되었던 끼워팔기의 외연은 상당 부분 축소될 것이다. 결합판매와 병행해 각각의 상품의 개별판매를 허용하는 혼합결합판매에서 초점은 결합판매 시에 부과되는 가격 할인에 있다. 그러나 끼워팔기에서도 개별 판매에 비해 가격이 현저하게 유리한 경우 실질적으로 끼워팔기가 강제된 것으로 이해할 수 있다.[20] 네일버프의 기준을 엄밀히 전제하는 경우에도, 가격 할인이 실질적인 강제의 의미로 이해될 수 있을 경우에, 끼워팔기와 혼합결합판매 모두에 해당할 수 있는 것이다.

---

19 Herbert Hovenkamp, *Federal Antitrust Policy-The Law of Competition and Its Practice*, West Group, 1999, p.392 이하.

20 United States v. Loew's, Inc. 371 U.S. 38, 53 (1962)

독과점보다 큰 문제,
부의 집중과 문어발식 확장

전 세계를 대상으로 영업하는 수출 기업의 국내 시장 점유율이 50퍼센트가 넘는 것이 무엇이 문제일까? 전 세계에 비하면 아주 작은 한국이라는 시장에서조차 시장 점유율이 낮으면 글로벌 경쟁에서 이길 만한 기업을 만드는 것이 쉽지 않기 때문이다.

우리나라와 같이 작은 시장에서는 독과점 규제를 강력하게 하는 것도 문제다. 독과점을 막고자 산업을 너무 작게 쪼개면 글로벌 경쟁에서 힘을 쓰기가 어렵기 때문이다. 그보다는 부의 독점을 막고, 공정한 룰에 의해 경쟁하도록 유도하고, 산업 내 수직적 통합을 넘어 이종산업으로 문어발식 확장하는 것을 막는 게 중요하다.

일감 몰아주기는 회사 내에서 배임과 횡령의 문제뿐 아니라 다른 벤처 업체가 자라날 수 있는 기회를 빼앗고, 결과적으로 해당 산업의 경쟁력을 저하시킨다. 또한 특정 재벌에게 집중된 자본의 투입(대출과 자본 투자)은 투자의 효율성(ROI, ROE)보다는 남의 돈으로 외형만 키운다는 문제가 있다. 여러 비관련 산업으로의 무분별한 확장은 출혈 경쟁을 불렀고 외환위기 전후 수많은 기업의 부실을 낳았다. 2000년대에도 STX, 대한전선, 동양, 웅진, 한진, 금호, 현대를 비롯해 수많은 건설사들에서 이러한 과도한 레버리지 문제가 불거졌다. 그러나 2000년대 이후 우리나라 기업들은 글로벌 기업 대비 매우 안정적 재무구조로 변신했다. 지금은 적은 자본으로 막대한 자산을 통제하는 것보다는 소수의 지분을 가진 대주주가 막대한 부를 통제하고 사회 전체의 부와 권력, 여론을 좌우할 수 있다는 점이 더 큰 문제로 대두되고 있다.

특정 재벌에 부와 권력이 집중된다면 이는 다른 기업의 진입을 막는 거대한 장벽이 될 뿐 아니라 사회적 창의성 발현의 창구를 막는다. 삼성 그룹의 경우도 결국 이러한 사회의 소극적 적개심에서 출발했는지도 모른다. 재벌들로서는 부와 권력의 집중은 대다수의 기업들이 해온 일이며, 중견 기업보다 양호하다는 이유로 억울해할 수도 있다. 그러나 역할과 비중이 커지면 그만큼 책임도 커진다는 점을 잊지 말아야 한다. 대기업일수록 작은 불법과 편법으로도 취할 수 있는 이득이 여느 기업보다 크며, 사회적 영향력은 훨씬 막대하기 때문이다.

'네이버', '카카오', '쿠팡', '배달의민족'처럼 내수가 주업인 경우는 문제가 더 크다. 덤핑, 묶어팔기를 넘어 다른 회사의 서비스를 이용하지 못하게 만들거나 골목상권을 침해하는 '약자 보호' 문제 같은 사회적 이슈를 잘 극복해야 할 것이다.

미국의 독과점 규제에서도 최근의 관심은 이종 산업과 시장 안에서 일어나는 수직적·수평적 통합과 부와 정보의 독점으로 이동하고 있다.

록펠러와 스탠더드 오일(Standard oil)

록펠러는 가난한 가정에서 태어나 자수성가한 사업가다. 가족 부양을 위해 고등학교를 중퇴하고, 16세(1855)에 경리 보조원으로 사회생활을 시작했다. 그 후 19세에 친구와 회사를 차려서 여러 가지 일들을 경험하다 석유 사업에 손을 대서 성공을 거둔다.

27세 때 '록펠러, 앤드루스 앤드 플래글러(3년 후 '스탠더드 오일'로 회사명을 바꾼다)'라는 회사를 차리고 본격적으로 석유 시장을 장악(경쟁사 흡수)하기 시작한다. 남들이 유전을 확보하려고 집착할 때 록펠러는 정유 공장이 부족해질 것을 직감하고, 여기에 집중한다. 차례로 정유업자를 설득해 담합 신디케이트를 조직해서, 30세에 미국 정유산업의 시장 점유율 10퍼센트를 차지했고, 35세에는 25퍼센트, 38세에 80퍼센트, 42세(1882년)에는 90퍼센트를 달성한다.

생산, 수송, 정제, 판매 단계의 모든 작업을 관리 · 통제하는 '일관성'을 갖는 대회사를 트러스트라고 부른 것은 '스탠더드 오일'에서 유래했는데 트러스트라는 말은 점차 나쁜 의미로 변질되었다.

이처럼 록펠러는 스탠더드 오일 '트러스트'를 조직해 석유 업계의 독점적 지배를 확립하다 철퇴를 맞는 사건이 발생한다. 바로 1890년에 셔먼법이 제정되어 트러스트와 거래의 결합을 불법으로 못 박았기 때문이다. 스탠더드 오일 트러스트는 셔먼법으로 계속 고생을 하다 결국 1911년 최고법원으로부터 해산 명령을 받고 다섯 개의 회사로 해체되었다(아이러니한 건 해체 이후 오히려 작게 분할된 새로운 스탠더드 석유 주식 값이 30퍼센트나 치솟아, 록펠러 가문은 가만히 앉아서 자산을 30퍼센트나 불렸다).

그 다섯 개의 회사들은 이후 유럽의 BP, 로열더치셸과 함께 석유 산업을 지배하며 7공주라는 별명을 얻었다. 이들의 강력한 영향력은 현재까지도 지속되고 있다.

정치민주화 다음 과제는 경제민주화

우리나라는 정치적 민주화는 이루었지만 경제적 봉건주의에서 아직 벗어나지 못하고 있다. 왕이 지배하던 16세기에나 있을 법한 동일인 제도가 버젓이 존재하고 북한의 3대 세습은 욕하면서 수단과 방법을 가리지 않는 대기업의 경영권 세습은 당연하다고 여긴다.

경제민주화를 실현하는 데에는 진보와 보수가 있을 수 없다. 경제민주주의 혹은 경제민주화라는 말은 헌법에도 나오는 가치중립적 표현이다(제119조 제2항에 규정된 '경제 주체 간의 조화를 통한 경제민주화'의 이념도 경제 영역에서 정의로운 사회 질서를 형성하기 위해 추구할 수 있는 국가 목표로서 개인의 기본권을 제한하는 국가 행위를 정당화하는 헌법 규범이다).

경제성장 초기에는 먹고 사는 문제가 발등의 불이라 그 성과를 나누는 문제에 대해서는 무관심했다. 기업들도 대부분의 이익을 유보하고 나누는 것은 나중에 얘기하자는 식이었다. 법제도도 미비했고 그 사이 많은 편법들이 이루어졌다. 이제는 나누는 문제를 고민하고 재정립해야 한다. 2012년 대선에서 박근혜 캠프가 '경제민주화'라는 가치와 어젠다를 선제적으로 잘 던졌다고 생각한다. 문제는 중간에 내용이 변질되어 알맹이가 빠졌으며 그조차 지켜지지 않았다는 것이다. 기존 순환출자 해소, 집중투표제(자산 2조 원 이상 기업 의무화), 전자투표제, 다중대표소송제 등의 공약은 대선 과정에서 대기업의 압력에 못 이겨 유야무야 되고 말았다. 재미있는 것은 당시 문재인 캠프, 안

철수 캠프에서도 집중투표제, 다중대표소송제 공약을 제시했으나 아직도 통과가 되지 않고 있다는 점이다. 국회를 움직이는 힘은 따로 있나 보다.

다음 대통령 선거에서도 이 문제를 먼저 선점하는 자가 유리한 고지를 점령하게 될 것이다. 1992년 미국 대통령 선거에서 민주당의 빌 클린턴 후보 진영에서 내걸었던 "바보야, 문제는 경제야(It's the economy, stupid)"라는 선거 슬로건처럼 '경제 민주화와 혁신'은 진보와 보수의 정치적 대립에 지쳐 있는 국민들에게 여전히 희망을 줄 수 있는 어젠다다. 또한 나눔의 가치가 커져 있는 대한민국의 오늘을 반영하는 화두이자 과제다.

경제민주화에는 독과점, 부의 독점과 분배, 대기업과 중소기업의 갑을 관계 등 다양한 주제들이 있지만 특히 중요한 것이 자본 시장에서 주식회사 제도의 근간을 유지하는 것이다. 주식회사 제도가 지난 300년간 자본주의를 극도로 발전시킨 원천이었기 때문이다. 그 본질은 대주주의 유한책임 대신에 '1주 1의결권'에 기반한 '주주의 비례적 이익'이 지켜지는 '주주민주주의'였다. 경제적 민주주의와 마찬가지로 주주민주주의도 그 자체로 가치중립적이다. 시장의 원리에 따라 노동의 영역에서 일한 만큼 대가를 받는 것처럼 자본의 영역에서도 투자한 만큼 공평하게 보상이 따라야 한다. 우리 모두가 잘살기 위해 반드시 구현해야 할 가치다.

나는 진보도 아니고 보수도 아니다. 아니 진보여도, 보수여도 상관없다. 4차 산업혁명의 시대, 나라와 나라, 기계와 인간이 무한경쟁을

[도표 1-21] 한국의 불평등 심화와 경제성장 둔화

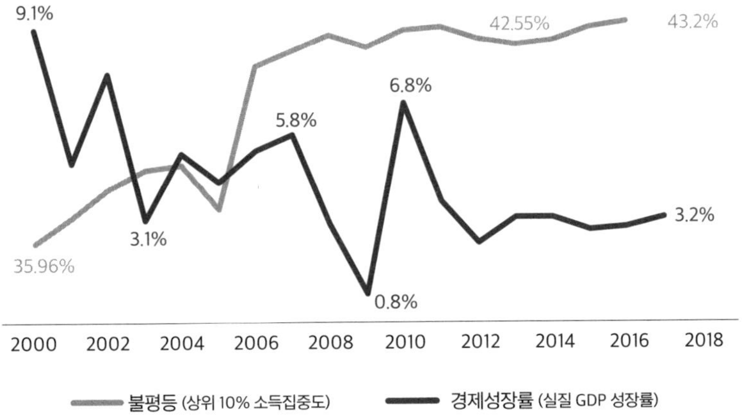

출처: WID(World Inequality Database), 통계청.

해야 하는 시기인데 꼭 어딘가에 속해야 하나? 굳이 표현하자면 시장 자유론자 또는 주주자본주의의 추종자라고 해두자.

재벌은 해체의 대상일까? 자석을 반으로 잘라 N극을 떼어내면 또 다른 N극이 생긴다. 마찬가지로 재벌을 해체한다고 문제가 해결되는 것은 아니다. 혹시 전쟁으로 폐허가 된 대한민국의 압축 성장을 위해서 우리가 그들의 욕심이 필요했던 것은 아닐까? 세상이 바뀌었는데 거기에 따라가지 못하고 있는 자에게는 철퇴를 내려야 하겠지만 무조건 타도만 외칠 것이 아니라 원인을 찾아내고 상생의 방안을 찾아보는 것이 우선일 것이다.

더 빼앗으려고, 안 빼앗기려고 싸우는 것은 어리석은 일이다. 나그네의 옷을 벗기는 효과적인 방법은 바람이 아니라 햇볕이다. 빼앗기

전에 스스로 내어놓을 있도록 시스템을 만들어야 한다.

일자리 문제를 해결하는 가장 좋은 방법은 창의력을 가진 사람이 쉽게 자본을 모아 기업을 키울 수 있도록 하면 된다. 부의 분배 문제를 해결하는 가장 좋은 방법은 나누어 먹을 파이를 키우면 된다. 부의 독점 문제를 해결하는 가장 좋은 방법은 주식 시장의 심장을 뛰게 해 새로운 재벌이 계속 자라나게 하면 된다. 모두 코리아 디스카운트가 해소되면 가능한 일들이다.

대주주, 일반 주주, 직원, 채권자, 고객의 이해는 '고객 만족을 통한 기업 가치 증대'라는 한 점에서 만난다. 구체적 목표가 실적이냐, 주가냐, 단기냐, 장기냐 하는 것은 큰 문제가 아니다. 문제는 법과 제도의 갈등 요소를 줄여 그들의 이해관계를 조정하는 것이다. 세상이 어수선하고 삶이 각박해질수록 갈등과 분열을 조장하는 자들이 인기를 얻기 쉽다. 서로를 이해하고 통합하는 상생의 지혜가 간절한 시기다.

내가 KCGI라는 사모펀드의 대표이사로서 현안에 파묻혀 엄두를 못 내다가 4년 만에 다시 책을 쓰게 된 배경도 이와 무관치 않다. 지금이야말로 어느 때보다 타협이 필요한 시기이며, 법과 시장의 질서를 바로잡을 적기라고 판단했기 때문이다. 여야 할 것 없이 지금 대한민국 경제에 무엇이 필요한지 알고 있고, 이러한 주제에 관심이 많은 시기이기 때문이다. 경제정의와 민주화에 관심이 많은 여당과 경제민주화를 소신 있게 주장해온 김종인 대표의 콜라보를 기대해 본다.

3장

'지속가능 경영'과 기업지배구조

KCGI와 기업지배구조 개선

(주)KCGI라는 경영 참여형 사모펀드(PEF: Private Equity Fund) 운용사를 설립한 지도 2년이 넘는 시간이 흘렀다. KCGI는 그 이름에서 알 수 있듯이 한국 기업의 지배구조 개선(Korea Corporate Governance Improvement)을 통해 주식 시장에서 우리나라 기업의 주식이 싸게 거래되는 코리아 디스카운트 현상을 극복하는 데 보탬이 되고자 만든 펀드다. LK투자파트너스 시절까지 포함하면 6년째 비슷한 전략으로 투자해오고 있다.

요진건설산업(2015년 6월), 한진칼(2018년 7월), 한진(2018년 8월), 대림코퍼레이션(2019년 10월)과 같이 투자 후 지배구조 개선을 요구하는 주주행동주의 성격의 투자도 있었지만 이노와이어리스, 현대시멘트, 대원, 극동유화와 같이 기업의 승계와 지배구조 개선 과정에서

M&A와 2대 주주 투자, 지분 매각을 도와주는 성격의 투자도 있었다. 아마 사람들의 머릿속에는 국내 최초의 재벌 기업에 대한 기업지배구조 개선 요구였으므로 한진칼이 강하게 남아 있는 것 같다. 사실 나 역시 상당히 많은 시간과 노력을 한진칼에 투입하는 것이 사실이다. 그만큼 우리나라 자본주의 역사에서 중요한 의미를 지니는 사건이기 때문이다. 한진칼의 투자에 대해서는 뒤에서 자세히 설명한다.

나는 15년 전부터 우리나라와 글로벌 기업의 지배구조 연구와 자료를 발간해왔다. 그러면서 우리나라 기업들이 매우 저평가된 원인이 후진적인 기업지배구조 때문이라는 사실을 깨달았다. 그리고 이러한 저평가를 해소할 수만 있다면 해당 기업의 이해관계자(주주, 채권자, 직원, 고객, 지역사회)는 물론이고 국가 경제 전체에도 이익이 될 것이며, 투자자들에게는 큰 투자수익이 될 수 있을 것이라 생각했다. 이것이 KCGI의 설립 배경이며, 철학이다. 이왕 투자를 해야 한다면 사회적으로도 유익한 방향으로 투자하는 것이 펀드의 생존가능성을 장기적으로 높이는 길이다.

우리는 한국 기업이 미국 기업에 비해 PER로는 1.6분의 1, PBR로는 3.5분의 1로 거래되는 현상에 주목했다. 평균이 그렇다는 것이지 특정 기업들의 경우 PBR이 0.2배도 안 되는 경우가 허다하다. 이론상 청산하면 다섯 배 더 벌 수 있다는 뜻이다. 특히 한진그룹처럼 부동산과다 법인의 경우 장부가가 시가보다 낮은 경우가 일반적이어서 실질적 PBR은 0.1배도 안 되는 경우도 쉽게 발견할 수 있다. 또한 대주주의 상속을 앞두고 고의적으로 주가를 저평가시켜 상속세를 절감하려는 시도도 어렵지 않게 볼 수 있다.

우리는 이러한 저평가의 원인을 해소하기 위해서는 주주가 적극적인 권리 행사를 해야 한다고 생각했다. 즉 회사가 반복적으로 자산의 효율성을 저하시키는 그릇된 의사 결정을 하고 대주주의 이익 또는 경영자의 개인적 이익을 위해 일반 주주들과 직원들의 이익을 희생시키는 상황인데도 기관투자자는 물론이고 소액주주들도 가만히 바라보고만 있는 현실이 안타까웠다. 일반 주주들이 할 수 있는 저항은 주식을 팔고 떠나는 것밖에는 없어 보였다. 소위 장하성 펀드의 실패 이후 시장에는 승리의 경험도 대항 세력도 없었고 패배주의만 만연해 있었다.

우리는 지배구조 개선을 위한 다양한 요구들을 해야 한다고 생각했다. 주주로서 당연한 권리이기도 하지만 크게 돈이 드는 일이 아니라면 가만히 지켜보고 있는 것보다는 낫다고 생각했다. 비가 오지 않는다면 기우제만 지낼 것이 아니라 하늘에 인공강우 응결제를 뿌려서라도 비가 오게 해야 한다. 가만히 하늘만 쳐다보고 있는 것은 펀드에 투자한 투자자들에 대한 수탁 책임을 다하는 것이 아니라는 생각이다.

요즘 주요 선진국에서는 ESG 투자가 대세다. 유럽에서는 ESG라는 말을 빼면 펀드가 만들어지지 않는다는 얘기까지도 한다. ESG 투자는 투자를 하되 이왕이면 환경(Environment)과 사회적 책임(Social Responsibility)와 기업지배구조(Corporate Governance) 개선에 기여하는 방향으로 하자는 것이다.

ESG 중에서 가장 중요하고 어려운 것이 G(기업지배구조)의 영역이다. 특히 우리나라에서 부족한 것도 이것이다. 활어를 배달할 때 메기 한 마리를 수조에 넣어두면 신선도가 오래 유지된다고 한다. 메기에게 잡아먹히지 않기 위해서 활어들이 정신을 바짝 차리기 때문이다. 우리는 우리나라 자본 시장이 건전하게 유지될 수 있도록 하는 메기가 되고 싶었다. 우리가 단 한 번의 캠페인이라도 성공한다면 나머지 경영인들도 정신을 바짝 차리고 주주들의 눈치를 살피며, 투명한 경영을 실천할 수 있을 것으로 믿는다.

우리나라 펀드 시장의 문제점과 개선 방안

과거 우리나라 대부분의 펀드들은 분산투자해 리스크를 줄이면서 시장의 정보를 이용하는 것을 사명으로 알았다. 2000년대 초 공모펀드로 50종목 이상 분산해 투자함으로써 주식의 개별 종목 위험(idiosyncratic risk)을 줄이거나 적립식 펀드로 시간 분산을 통해 시장위험을 줄이는 것에 집중했다. 종목을 분산하자 만족스러운 투자수익률이 나오지 않았고, 차라리 종합주가지수를 사는 것이 낫다는 생각이 시장을 지배했다. 이에 따라 금융위기 직전까지 다양한 파생상품(ELS, ELF)과 자문형 랩어카운트가 등장했다. 이를 통해 종목 수를 줄이는 대신 적극적인 초과수익을 추구했다. 2008년 금융위기를 겪으면서 '주식 시장 자체가 붕괴되면 모든 주식형 펀드와 파생상품, 랩어카운트도 그 위험을 피할 수 없다'는 사실을 깨달았다. 또한 우리나라처럼 20년째 박스권을 벗어나지 못하는 시장에서는 지수에 투자하는 것도 큰 매력이 없었다. 특히 자문형 랩어카운트는 증권사에 가입한 고객이 편입된 종목을 실시간으로 볼 수 있어서 선행 매매(Front running)가 가능하다는 약점도 있었다.

2010년대에는 롱쇼트(Long-short)펀드가 유행했다. 지수 자체의 등락, 즉 시장 위험을 없애면서 특정 종목의 정보를 적극적으로 활용한 투자였다. 이는 동종 산업에서 좋은 성과가 기대되는 종목은 매수하고 좋지 않은 성과가 예상되는 종목은 매도하는 리스크 헤지 전략이다. 수익률이 높지는 않지만 비교적 안정적인 전략이다. 그러나 이 또한 너무 많은 헤지펀드가 생기자 주식을 빌리는 데 큰 비용이 들었고, 애널리스트들을 활용한 기업의 내부 정보 활용이 문제가 되었다. CJ E&M 등에서 사전 정보 활용과 선행 매매로 수많은 사람들이 처벌되었다. 이에 따라 공시 관련 법령도 강화되자 내부 정보를 활용하는 것도 어렵게 되었다.

어느새 세상은 인터넷, 유튜브, SNS의 발달로 기업과 산업 및 경제에 대한 너무 많은 정보들이 실시간으로 공유되어 정보에 벽이 없는 평평한 시대가 되어버렸다. 재무학에서 말하는 내부 정보를 가지고도 남보다 높은 수익을 거두기 힘든 시장이 된 것이다. 즉, 강형효율적 시장가설(Strong-form EMH: Efficient Market Hypothesis, 과거와 현재의 모든 정보뿐만 아니라 미래에 발표될 기업의 내부정보까지 가격에 반영된 상태)이 성립하는 세상이다.

펀드 시장 자체가 안고 있는 고질적 문제점도 있었다. 첫째는 대부분의 펀드들이 환매 기간이 너무 짧다는 것이다. 조금만 손실이 생겨도 환매가 일어났으며, 수익률이 너무 좋아도 환매가 늘어났다. 고객들은 마치 주식을 사고팔 듯 펀드를 갈아탔다. 돈이 들어올 때는 좋았지만 한 번 환매가 일어나면 이에 대응하느라 운용사는 많은 자원을 투입해야 했고, 스스로의 수익을 갉아먹어야 했다. 단기간에 환매를 할 수 있다는 점이 유동성 리스크를 줄이는 것이 아니라 펀드런의 위험을 늘리는 구성의 오류를 범하게 되었다.

둘째는 은행과 증권사의 고객 자산 관리 및 판매 직원들의 성과 구조가 가장 큰 문제의 원인이었다. 판매 보수는 대부분 금융 상품이 판매되는 시점에 지급되기 때문에 고객 자산 관리 직원들은 최대한 많이 파는 것에 집중한다. 고객의 수익률이 높다고 해서 더 받는 것도 없고, 손실을 보았다고 해서 토해내는 것도 없었다. 이들에게 가장 큰 리스크는 고객의 자금이 특정 자산에만 계속 묶여 있는 것이었다. 환매 금지 기간을 최소 1년 이상으로 늘리고 판매사도 성과를 공유하게 하는 제도와 인식의 전환이 있어야 장기투자 문화가 만들어질 수 있다.

이전의 모든 펀드들과 구별되는 KCGI의 운용 전략은 세 가지다. 첫째, 계란을 한 바구니에 담는다는 역발상, 둘째, 단순히 회사의 내부 정보를 이용하는 것이 아니라 회사를 좋게 만들어야 주가도 오른다는 기본에 충실한 사고, 셋째, 주가의 본질에 충실한 투자다. 회사를 좋게 만드는 것은 기존 경영진과 직원들에게는 뼈를 깎는 아픔일 수도 있고 자신의 치부를 드러내는 일일 수도 있다. 또한 경영진은 광고 배분의 권한을 쥐고 있으므로 언론의 비판도 감수해야 한다. 세상에 공짜 점심은 없다. 무언가를 얻으려면 다른 무언가를 버려야 한다.

KCGI는 여러 기업에 소액을 분산시키는 것보다는 오히려 특정 종목을 집중 매수해 영향력을 키운 다음 기업의 주가를 억누르는 요소를 제거하는 데 노력한다. 우리나라의 경우 기업지배구조가 주가를 억누르는 가장 큰 장애물로 보았고 그것을 개선하는 데 집중하고자 했다. 소유 경영의 경우 대주주가 회사의 재산을 사적으로 편취하는 행위, 개인적 취향과 외형 과시를 위해 본업과 상관없는 무분별한 확장을 해 자산의 효율성을 떨어뜨리는 행위, 그리고 세계 최저 수준의 주주 환원 정책을 견제해야 한다. 이러한 지배구조 이슈들이 해결되지 않으면 아무리 돈을 많이 버는 기업도 오래갈 수 없고, 주주에게 그 이익이 돌아갈 수 없기 때문이다.

전문 경영의 경우 전문 경영인이 자신의 임기만 보장받으면 그만이라는 생각으로 미래를 위해 아무것도 하지 않는 것이 가장 큰 문제다. 그들에게 동기부여를 하고 단순한 관리자가 아니라 진정한 경영인으로 거듭날 수 있도록 하며, 그들이 추진하기 어려운 장기적 과제들과 새로운 아이디어들을 주주의 입장에서 제시함으로써 경영에 새로운 바람을 불어넣고자 한다. 즉, 막혀 있는 기업 가치의 성장판을 뚫고자 하는 것이다.

KCGI의 전략에도 한계는 있다. 너무 많은 지분을 투자하면 회사에 대한 영향력을 키우는 데는 유리하겠으나 매각이 어려워진다. KCGI는 경영 참여형 사모펀드이므로 10퍼센트 이상의 주식을 사거나 임원 선임을 해야 한다. 많은 지분을 사는 동안에는 그 자체로 주가가 오르겠지만 팔고 나오려면 블록딜이나 경영권 통매각을 해야만 한다. 따라서 기업 가치가 획기적으로 높아질 때까지 주주 환원과 경영 개선을 요구할 수밖에 없다. 또한 이러한 요구들이 받아들여지지 않을 때에는 초강수의 대책과 복안을 가지고 있어야 한다.

또 다른 문제점은 회사가 개선 여력이 작을 경우다. 미국 기업들처럼 이미 고평가되어 있고 기업지배구조도 선진적인 국가에서는 개선의 폭도 작다. 되도록 투자 대상을 선택할 때 저평가되고 개선할 여지가 많은 기업을 선택해야 한다.

또한 회사가 좋아지도록 영향력을 미칠 만큼 많은 투자금과 사회적 평판, 회사가 좋아질 때까지 기다릴 수 있는 시간적 여유도 중요하다. KCGI 펀드의 환매 금지 기간이 대부분 3~10년 이상 장기인 것도 이러한 이유 때문이다. 리파이낸싱도 가능하겠지만 시간과의 싸움에서 패배하면 여느 펀드들처럼 단기적 이익만 추구하게 된다.

상장 주식에 투자하는 지배구조개선 펀드가 무조건 KCGI처럼 긴 만기를 가질 필요는 없다. 해외의 주주행동주의 헤지펀드들처럼 1년 이내의 기간으로도, 5퍼센트 이내의 적은 지분으로도 충분히 효과적 캠페인을 진행할 수 있다. 주식 시장의 저평가가 심각한 수준이어서 PBR 0.2~0.4배 기업들이 즐비한 한국 시장에서는 더욱 효과적일 수 있다.

우리나라의 대부분 기업들은 아직 의사 결정 구조가 투명하지 못하고, 견제 세력이 없기 때문에 비용 요인을 줄이거나, 수익을 극대화하거나, 불필요한 자산의 매각을 요구하거나, 오너나 경영진의 사적 편취를 막는 것만으로도 주가에는 매우 긍정적이다. 또한 오랫동안 세계 최저 수준의 주주 환원 정책을 펴왔던 우리 기업들은 양호한 재무구조와 풍부한 현금성 자산을 보유하고 있다. 따라서 자사주 매입을 조금만 더해도 ROE는 급격히 올라가고, 배당 성향을 조금만 높여도 요즘처럼 저금리 시대에 매력적인 배당 수익률을 지닌 기업으로 탈바꿈할 수 있다.

기업지배구조의
6가지 원칙

이 책에서는 이미 일반화되어 바꾸기 어렵다는 이유로 기업지배구조라는 단어를 쓰고 있지만 사실 '코퍼레이트 거버넌스(Corporate Governance)'라는 단어의 의미를 담을 만한 적절한 우리말을 찾기는 쉽지 않았다. 일본에서도 번역에 어려움이 있었는지 협치구조라고 부르기도 했다. 거버넌스는 단순히 기업지배의 문제를 넘어서는 포괄적 의미다.

OECD에서는 기업지배구조란 공공의 이익과 부합하는 범위 내에서 기업 이해관계자들의 이익을 지속적으로 보호하기 위해 지도하고 통제하는 시스템이라고 정의한다.[21] 구체적으로는 기업의 이사회, 경영진, 주주, 기타 이해관계자 사이의 관계를 의미한다. 기업지배구조는 회사의 목표 설정, 목표 달성 수단, 성과 모니터링에 필요한 구조를 제공하고, 회사 내에서 권한 및 책임의 분배, 의사 결정 방식을 결정한다.

OECD는 좋은 기업지배구조는 시장의 신뢰와 기업의 완결성을 얻기 위한 필수적 수단이 된다고 밝혔다. 기업이 자기자본과 타인자본 간 균형을 유지하면서 지속적으로 성장하기 위해서는 자본 시장에 대한 접근가능성이 매우 중요하며, 이러한 자본 시장 접근가능성을 높이기 위해서는 시장의 신뢰와 기업의 완결성 구비가 매우 중요하다.

2015년 OECD는 자본 시장을 통한 기업의 투자 활동을 지원하고 기업의 이익 창출 과정에 참여하는 다양한 이해관계자들의 권리와 능력을 제고하기 위해 기업지배구조 원칙을 개정했다. 이것은 아래와 같이 여섯 가지 내용으로 구성되어 있다.

1) 효과적인 기업지배구조 체계 구축을 위한 기초 강화

기업지배구조 체계는 시장의 투명성과 공정성을 제고하고 자원의 효율적 배분에 기여해야 한다. 기업지배구조 체계는 법의 지배 원칙

---

21 OECD의 G20/OECD Principal of Corporate Governance(2015)

에 부합해야 하고, 효과적인 감독과 집행을 지원해야 한다.

2) 주주권, 주주 평등 및 주요 지분 기능

기업지배구조 체계는 주주의 권리 행사를 보호하고 이를 활성화할 수 있어야 한다. 또한 소수 주주와 외국인 주주를 포함한 모든 주주의 평등한 대우를 보장할 수 있어야 한다. 주주권이 침해된 경우 모든 주주에게 효과적인 구제 수단이 보장되어야 한다.

3) 기관투자자, 주식 시장, 기타 중개기관

기업지배구조 체계는 투자체인(investment chain)을 통해 건전한 인센티브를 제공하고, 주식 시장이 좋은 기업지배구조를 형성하는 데 기여할 수 있어야 한다.

4) 기업지배구조 내에서 이해관계자의 역할

기업지배구조 체계는 법률 또는 상호 합의에 의해 형성된 이해관계자들의 권리를 인식하고, 기업과 이해관계자 간의 적극적 협력을 유도함으로써 부와 고용을 창출하고 재무적으로 건전한 지속가능성을 제고해야 한다.

5) 공시와 투명성 강화

기업지배구조 체계는 기업의 재무 상태, 경영성과, 주주 구성, 지배구조를 포함한 모든 중요 사항에 대해 시의적절하고 정확한 공시를

[도표 1-22] OECD 기업지배구조 6대 원칙

상위 대원칙	하위 원칙
(1) 효과적인 기업지배구조 체계 구축을 위한 기초 강화	투명하고 공정한 시장을 조성하고 자원의 효율적 배분 기능을 강화해야 한다.
	기업지배구조 관행과 감독 당국의 책임 분배에 지대한 영향을 미치는 규제적 요소의 품질과 일관성을 제고해야 한다.
	좋은 지배구조 형성을 위한 주식 시장의 기능을 강화해야 한다.
(2) 주주권, 주주 평등 및 주요 지분 기능	회사의 주요결정이 주주총회를 통해 이루어지는 만큼 주주의 정보 접근권, 의사결정 참여권 등 주주의 기본적 권리를 강화해야 한다.
	기업의 내부자 거래 승인, 집행간부의 보수 결정 등에 대한 주주총회의 권한을 강화하고 절차적 투명성을 제고해야 한다.
	차등의결권제도 등 지배권 통제 장치에 대한 공시를 강화해야 한다.
(3) 기관투자자, 주식 시장, 기타 중개기관	투자체인(investment chains)을 통한 건전한 인센티브 실현을 위해 기관투자자의 역할을 강화해야 한다.
	투자자들에게 분석 자문 서비스를 제공하는 자문기관, 분석기관, 중개기관, 평가기관 등의 직무적 완결성을 저해하는 이해상충의 방지 및 공시 의무를 강화해야 한다.
	역외상장 기준을 도입해야 한다.
(4) 기업지배구조 내에서 이해관계자의 역할	기업과 이해관계자 사이의 법률상, 계약상 권리를 인정하고, 적극적으로 협조해야 한다.
	이해관계자들의 정기적이고 시의적절한 정보 접근권을 보장하고 권리 침해에 대한 보상청구권을 부여해야 한다.
(5) 공시와 투명성 강화	기업의 재무성과, 영업성과, 기업 목적, 주요 주주, 보수, 관계자 거래, 위험 요소, 이사 관련 정보 등을 주요 공시 대상으로 규정하고 비재무적 정보에 대한 공시도 강화해야 한다.
(6) 이사회의 책임 강화	기업 전략에 대한 검토, 경영진의 임명과 보수, 기업 합병과 매각 등에 대한 감시, 기업 회계 및 재무보고 시스템의 완결성 보장 등 이사회가 담당할 주요 기능에 대한 기준을 제시해야 한다.
	리스크 관리, 세무 기획, 내부감사 등에 대한 이사회의 역할을 강화해야 한다.
	이사에 대한 교육 및 평가를 권고한다.
	보수, 감사, 리스크 관리를 위한 특별위원회 설치를 권고한다.

출처: OECD G20/OECD Principal of Corporate Governance(2015).

보장해야 한다.

6) 이사회의 책임 강화

기업지배구조 체계는 회사의 전략적 지도, 이사회의 경영진에 대한 효과적인 모니터링, 이사회의 회사와 주주에 대한 책임성을 보장해야 한다.

기획재정부 자료에서는 기업지배구조를 다음과 같이 설명한다.[22]

> 기업지배구조란 통상 기업 내부의 의사 결정 시스템, 이사회와 감사의 역할과 기능, 경영자와 주주와의 관계 등을 총칭한다. 넓게는 기업 경영과 관련된 의사 결정에 영향을 미치는 요소로 이해할 수 있다. 기업 경영 환경에는 기업 내부의 의사 결정 시스템은 물론 시장에 대한 규제, 금융 감독 체계, 관행 및 의식 등이 망라된다. 좁게는 기업 경영자가 이해관계자, 특히 주주의 이익을 위해 제 역할을 다할 수 있도록 감시·통제하는 체계를 의미한다.
>
> 기업지배구조 개선 방법으로는 사외이사제도 도입, 소액주주 권한 강화, 회계감사제도 강화, 금융감독 체계 강화 등이 있다. 세계 경제의 글로벌화에 대응한 안정적 국제 투자 관행의 확립과 기술 혁신, 자본 자유화 등 기업 환경의 급속한 변화에 따라 기업지배구조 확립

22 기획재정부, 『시사경제용어사전』, 2017. 11.

의 필요성이 확산되고 있다.

그동안 미국을 중심으로 하는 선진국에서 우수한 기업지배구조가 기업 경쟁력의 원천이며, 각국 경제의 장기적 안정 성장의 기본 요건이라는 인식이 확산되어왔다. 이러한 인식은 경제와 자본 시장의 국제화가 가속화되면서 기업지배구조에 대한 국제 규범을 만들어야 한다는 견해로 발전되기도 했다. 단적인 예로 OECD는 '기업지배구조의 기본원칙'을 마련했는데, 이는 주주자본주의에 바탕을 둔 영미식 기업지배 모형의 중심이다.

나는 2017년 책자에서 국내외 자료들을 정리하고 내 의견을 첨가해 다음과 같이 정의했다.

"기업지배구조는 기업의 통제권과 관련된 구조, 과정, 규정 등 일련의 통제 메커니즘이다. 통제권은 법적인 소유권과 의사 결정권 두 가지로 나눌 수 있으며, 현대적 의미의 통제권은 자원과 이익의 배분과 관련된 의사 결정권을 의미한다. 즉 기업 경영 과정에서 발생하는 인사, 생산, 마케팅, 재무, 회계, 전략 등 다양한 활동에 대한 의사 결정권을 가진 사람이나 기구가 기업을 지배하고 있다고 볼 수 있다."

기업지배구조는 기업의 의사 결정을 담는 그릇이다. 좋은 지배구조는 기업과 관련한 다양한 이해관계자 간 부의 분배를 원만히 해 사회전체로 효용을 극대화할 수 있는 의사 결정이 가능한 구조다.

오늘날 기업 의사 결정의 최종 권한은 주주에게 있으나 이를 위임받은 이사회가 대부분의 중요한 의사 결정을 수행한다. 자본주의 역사가 짧고 이사회 독립성이 바닥 수준인 우리나라에서는 대부분의 기업에서 이사회를 움직이는 것은 최대주주와 특수관계인이다.

기업지배구조 연구의 오랜 고민은 대리인 문제였다. 경영자와 주주, 주주와 채권자, 더 나아가 기업과 사회 사이에도 주인-대리인 관계가 존재한다. 주주와 채권자는 경영진에게 기업의 경영을 위임한 것이고, 사회는 '재화와 서비스의 생산'이라는 기능을 기업에게 위임한 것으로 볼 수 있다.

기업 경영을 위임받은 경영진이 위탁자의 뜻과 다르게 행동하면 명시적으로 혹은 암묵적으로 다양한 비용이 발생하게 된다. 이러한 비용을 대리인 비용이라고 부른다. 좋은 지배구조는 대리인 비용을 최소화할 수 있는 지배구조다. 대리인 비용이 발생하는 가장 큰 이유는 위탁자가 수탁자의 경영 활동을 일일이 관리 감독할 수 없어서 생기는 정보의 비대칭성 때문에 발생한다.

정보의 비대칭과 도덕적 해이를 막기 위해서는 법과 제도를 통해 정보의 투명성을 높이고, 도덕적 해이에 철퇴를 가해 원천 봉쇄하는 것이 중요하다. 그러나 그보다 더 중요한 것은 이해관계자 전부에 대한 이해관계를 조정하는 것이다. 기업의 가치 증대와 장기적 생존 가능성의 극대화 같은 목표를 위해 달려갈 수 있도록 각 주체에게 동기부여를 하는 것이 가장 중요하다. 이를 위해 각종 법률과 세제는 물론 기업 내부의 구조와 과정 및 규정도 정비해야 한다.

스튜어드십 코드 도입

2018년 7월 국민연금이 스튜어드십 코드를 도입했다. 2020년 10월 현재 132개 기관투자자가 참여하고 있다. 스튜어드십 코드란 연기금이나 자산운용사 등 기관투자자를 주인의 재산을 수탁받아 관리하는 집사(steward)처럼 수탁 책임을 다하기 위한 행동 지침을 의미한다. 좁은 의미로는 기관투자자가 보유하고 있는 주식 투자 대상 기업의 의사 결정에 적극적으로 참여하는 행동 지침으로 사용되기도 하지만 주식과 채권, 대체 투자를 포괄하는 개념이다.

그 출발은 2008년 글로벌 금융위기였다. 미국과 영국은 금융기관의 투자 행태가 위기의 원인이었다는 인식은 같았으나 처방에 대한 접근이 달랐다. 미국은 '도드-프랭크법(Dodd-Frank Rule)'이라는 강력한 금융규제법을 만들어서 미국 내 투자은행 및 상업은행, 그리고 그 계열사의 투자 행태를 규제하고 감독을 강화했다. 반면에 영국은 데이비드 워커(David Walker) 전 모건스탠리 회장이 작성한 「워커 보고서」를 통해 스튜어드십 코드의 이론적 토대를 마련했다. 「워커 보고서」는 수탁자 의무(Duty of stewardship)를 강조하며 스튜어드십 코드를 도입해야 한다고 강조했고, 영국은 이를 참고해 2010년 가장 먼저 스튜어드십 코드를 발표했다.

영국의 스튜어드십 코드는 미국의 도드-프랭크법과 달리 강제성이 없다. 정부 또는 정부로부터 권한을 위임받은 기관이 수탁 책임 이행 방안에 관한 기본 원칙만 제시하고 이를 따를지 말지는 기관투자자들이 결정한다. 또한 이행을 결정하고서도 준수하지 않는다고 해서 법적 처벌을 받는 것도 아니다. 다만 그 기관투자자의 사회적 평판이 하락하고, 운용사의 경우 연기금으로부터 자금을 받을 때 패널티를 받을 수 있다.

오바마 정부에서 만들어진 미국의 도드-프랭크법은 정권이 바뀌면서 대폭 변형됐지만, 자율규범인 영국의 스튜어드십 코드는 현재 세계적인 흐름으로 확산하고 있다. 영국이 스튜어드십 코드를 처음 선보인 후 지금까지 8년간 20개국에서 이를 도입했다. 일본은 2014년에 도입했고 우리나라는 2015년 삼성물산 합병에 대한 찬성 논란으로 속도가 빨라졌다. 국내 자본 시장에서 국민연금의 파급력 등을 감안할 때 국민연금이 앞장서서 스튜어드십 코드에 가입해야 한다는 목소리가 많았지만 국민연금의 움직임은 신중했다.

영국이 2010년 도입한 이래 미국, 캐나다, 일본, 호주, 뉴질랜드 등 우리보다 자본 시장 역사가 오래되고 선진화된 국가들에서 도입하며 이제는 세계적인 표준으로 자리 잡고 있다.

국내에서도 스튜어드십 코드 도입의 필요성은 더욱 증가한 상황이다. 환경오염에 대한 우려와 기업의 사회적 책임의 중요성도 부각되지만 특히 기업지배구조와 관련해 사건이 많았다.

삼성, SK, 현대차, 한진, 효성, 오리온, 금호, 미래에셋, 동부 등 대기업 집단 관련 다양한 이슈들과 불편한 뉴스들이 있었다. 종류도 다양해 갑질, 합병과 일감 몰아주기 과정에서 소액주주 이익 침해,

배임과 횡령, 성희롱과 성폭력 등 셀 수 없이 많은 사건들이 있었다. 특히 기업 가치와 소수 주주들의 이익뿐 아니라 국민의 노후자금이 걸린 국민연금의 이익을 해할 염려가 있는 사회적 파장이 큰 사건들도 많았다.

그중에서도 가장 이슈가 되었던 사건은 삼성그룹의 제일모직과 삼성물산 합병, 현대차그룹의 순환출자 해소, SK그룹의 SK C&C와 SK 합병, 한진 일가의 갑질을 꼽을 수 있다. 국민연금은 그 규모가 커짐에 따라 주요 대기업의 2대 주주이거나 대주주에 가까운 지위를 가졌지만, 소수 주주의 이익을 무시하는 대주주의 경영 의사 결정이나 기업 가치를 떨어뜨리는 불법 행위에 대해 제대로 견제하지 못했던 것이 현실이다. 자칫 대주주의 경영권을 위협하는 것으로 비치면 연금사회주의라는 언론의 뭇매를 맞을 수도 있기 때문이다.

국민연금의 운용자산은 2020년 7월 말 기준 777조 원이며, 2043년에는 2,500조 원대로 지금보다 3.3배 커진 후 급감할 것으로 예상된다. 최소 50년 이상 우리는 국민연금의 자산운용이 자본 시장은 물론 우리 국민의 노후의 질을 결정하는 데 지대한 영향을 줄 것이다. 지금까지 국민연금은 주요 대기업의 2대 주주임에도 불구하고 기업들의 주요 의사 결정에 기권이나 소극적 동의로 일관해왔다. 그 결과 식물 대주주라는 비판을 들어왔다.

앞으로도 주요 경영 의사 결정들을 철저히 외면하기에는 국민의 노후가 입어야 할 손실이 너무 크다. 따라서 경영 의사 결정에 어디까지 관여할 것이고, 어떤 방법으로 관여할 것인지 가이드라인을 정해야만 한다. 일상적 경영 의사 결정은 대주주 또는 전문 경영인에게 맡기더라도 투자자의 이익에 크게 영향을 미칠 수 있는 사안에 대해는 의결권 행사를 해야 한다. 이러한 의결권 행사의 원칙과 방법을 규정하는 것이 스튜어드십 코드다.

4장

주주행동주의 펀드의 탄생과 성장

주주행동주의 펀드의 성장과 한국 기업

금융위기 이후 미국과 유럽에서 주주행동주의가 활발해지고 있다. 최근 주주행동주의 펀드에 투자 자금이 몰린다. 10년 전만 하더라도 운용자산이 120억 달러에 불과했지만, 2014년 말 930억 달러가 되었고, 2019년에는 1,840억 달러가 운용되고 있다.

영국 투자정보회사인 '액티비스트 인사이트(Activist Insight)'에 따르면 2019년 출자 기업에 경영 개선 등을 공식적으로 요구하고 나선 주주행동주의 펀드의 수는 766개에 이르는 것으로 추산되고 있다. 이는 2014년보다 1.7배가 늘어난 것이다. 《니혼게이자이신문》은 미국의 경우, 주주행동주의 펀드들의 요구가 대형 인수합병으로 발전되기도 하고, 한국이나 일본에서도 이들의 목소리가 커지는 추세라고 전했다.

다른 투자에 비해 절대수익률이 높다는 점이 운용자산 증가의 이유다. 박진혁 심슨 대처&바틀릿(Simpson Thacher&Bart-lett) 파트너 변호사의 분석에 따르면 2013~2014년 주주행동주의 펀드의 경우 30퍼센트 정도의 수익률을 보였다. 다양한 펀드도 많이 생기고, 연기금이나 대학 기금 등 대형 투자기관에서 주주행동주의를 지지하면서 활성화되고 있다.

아이칸 엔터프라이스(Icahn Enterprises)나 VAC(Value Act Capital) 등 행동주의 펀드의 운용자산이 늘어나면서 그들의 투자 대상이나 전략도 바뀌었다. 과거에는 실적이 좋지 않은 회사나 소규모 회사에 투자했다가 단기 차익을 노리는 경우가 많았지만 최근에는 애플, 마이크로소프트, 펩시, 모토로라, 페덱스, 듀폰 등 대형 기업에 투자하는 추세다. 지배구조가 불투명하거나 취약한 기업, 방만한 경영 등 개선이 가능한 이유로 실적이 악화되고 주가가 저평가된 기업, 낮은 배당 등 주주 이익에 소홀한 기업, 보유 현금이 많거나 매각 가능한 자산이 많은 기업이 주된 타깃이 된다. 대상 기업에서 전문 경영과 오너 경영을 구분하지 않으나 그 출발은 미국 전문 경영자의 과도한 성과급과 특권적 소비(perquisite), 보신주의적 경영을 비판하면서 성장했다.

이들은 기업의 2, 3대 주주가 된 뒤 네 가지 정도의 요구를 통해 수익률을 높인다.

첫째, 지배구조에 관련된 요구(Board related activism)다. 2019년 주주행동주의 펀드의 요구사항 가운데 48.1퍼센트가 이사 후보를 추천하거나, 대표이사의 보수가 과하다고 의견을 밝히는 것이었다.

대표적인 사례로 아이칸 엔터프라이스의 칼 아이칸(Carl Icahn)은 이베이보다 더 나쁜 기업지배구조를 본 적이 없다면서 미국 기업들이 얼마나 잘못 운영되고 있는지 보여주는 사례라고 지적해왔다. 이후 위임장 대결에까지 나선 아이칸은 2014년 4월 우호적 지분 결집에 실패한 이후 자신의 요구를 철회한 바 있다. 렌터카 업체인 허츠에 대해서는 비수익 건설장비 부문의 분사는 물론 CEO 교체까지 요구했으며, 실제 CEO의 교체와 다섯 명의 이사 중 세 명을 사퇴시켰다.

둘째, 불합리한 합병과 분사를 반대하거나, 성장동력 발굴을 위한 M&A를 요구하기도 한다. 이러한 주주행동주의를 M&A 액티비즘(M&A Activism)이라고 부른다. 2019년 주주행동주의자의 공개행동 가운데 13.9퍼센트가 이와 관련되었다. 때로는 전체 회사를 시장이나 제3자에게 매각하라고 요구하는 경우도 있다.

우리에게 가장 익숙한 사건은 2015년 상반기 엘리엇 펀드(Elliott Management)가 제일모직과 삼성물산의 합병을 반대한 사건이다. 그들은 삼성물산 주식 7.12퍼센트를 보유하고 있는 3대 주주로서 "제일모직의 삼성물산 합병 계획안은 삼성물산의 가치를 과소평가했을 뿐만 아니라 합병 조건 또한 공정하지 않고, 삼성물산 주주의 이익에도 반한다"고 주장하고 국민연금 등 기관투자자의 동의를 구했다. 결국 무위로 끝나 소득은 없었으나 우리가 그동안 당연하게 받아들여온 '재벌의 독단적 의사 결정'에 제동을 걸 수 있음을 경고한 사건이었다.

셋째, 자사주 매입이나 배당과 같이 주주 이익 환원 정책을 요구하는 주주행동주의를 밸런스 시트 액티비즘(Balance sheet Activism)이라 부른다. 2019년 밸런스 시트 액티비즘의 비중은 10.6퍼센트였다. 성공률이 가장 높은 주주행동주의 전략으로 현금이 많이 쌓여 있고 ROE가 낮은 기업에 투자한 뒤 자사주 매입과 배당을 요구한다. 대표적인 예가 칼 아이칸이 애플에 투자한 뒤 자사주 매입과 액면분할을 끊임없이 요구한 것이다. 애플은 그 말에 따랐으며, 이후 애플의 주가는 사상 최고치를 계속 갱신하고 있다.

넷째, 비핵심 자산의 매각, 인력 구조조정과 같은 기업 운영에 관한 요구들을 하는 전략을 오퍼레이셔널 액티비즘(Operational Activism)이라고 부른다.

칼 아이칸이 이베이에 요구한 내용 중에도 구조조정이 들어 있어서 결국 2,400명의 인력 구조조정이 뒤따랐다. 2006년에 칼 아이칸은 KT&G에 투자한 뒤 비핵심 자산이 많으니 팔라고 요구했다.

이러한 요구들은 동시에 이루어지는 경우가 더 많은데 트라이언의 넬슨 펠츠(Nelson Peltz)는 하인즈, 펩시, 잉거솔랜드 등 글로벌 기업들의 경영 개선에 관한 방안을 담은 '백서'를 내고 주주 가치를 높이라고 압박했다.

반갑지 않은 손님이지만 유명한 행동주의펀드가 들어오면 주가는 천정부지로 오른다. 특히 최근에는 연기금, 대학기금 등 다양한 기관투자자들도 이러한 펀드에 가입함으로써 이들의 행동에 지지를 보내고 있다. 또한 이들은 혼자 다니지 않고 늑대처럼 뭉쳐 다님으로써 경

[도표 1-23] 주주행동주의 펀드의 공개행동 제안 유형(2019년 기준)

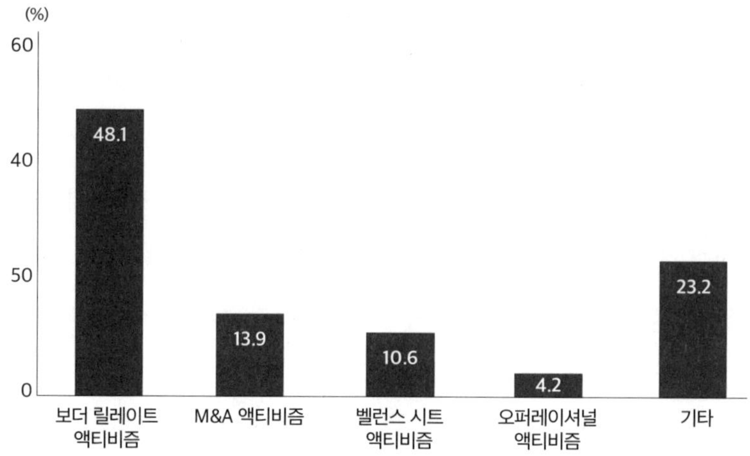

출처: Activist Insight.

영권에 실질적인 위협을 주고 있다.

2015년 12월 미국의 세계적 화학회사인 다우 케미컬과 듀폰이 합병 계획을 발표했다. 시총 153조 원, 연매출 106조 원, 직원 11만 명의 거대 화학회사 다우듀폰이 탄생하려던 순간이었다. 그러나 미국계 행동주의 펀드들의 공개적 반대에 부딪혔다. 대니얼 로브(Daniel Loeb)가 이끄는 서드포인트는 다우 측에 저수익 사업의 분리를 요구했고, 넬슨 펠츠가 이끄는 헤지펀드인 트라이언은 듀폰 측에 비용 절감 등을 요구했다. 합병이 발표된 타이밍에 불만을 가진 서드포인트는 다우 케미컬의 앤드루 리버리스(Andrew Liveris) CEO의 사임도 요구했다.

미국의 PC회사인 델이 스토리지 회사인 EMC 그룹을 인수하기로

도표 1-24] 주요 주주행동주의의 성과 (2019년 기준)

순위	Activist	공개 행동 수	대상 회사 평균 시가총액	평균 연수익률
1	앨리엇 매니지먼트	15	$36.1B	13.2%
2	스타보드 밸류	11	$18.3B	41.6%
3	서드포인트 파트너스	3	$81.4B	32.4%
4	아이칸 엔터프라이스	6	$15.0B	48.0%
5	세비안 캐피털	3	$14.5B	35.2%
6	블랙웰스 캐피털	3	$1.4B	172.9%
7	랜드앤드빌딩스	5	$12.6B	27.4%
8	사쳄 헤드 캐피털 매니지먼트	5	$8.2B	56.2%
9	레지온 파트너스 에셋 매니지먼트	4	$1.2B	10.9%
10	엔진 캐피털	6	$1.4B	78.8%

출처: Activist Insight.

[도표 1-25] 연도별 주주행동주의 제안 성공률

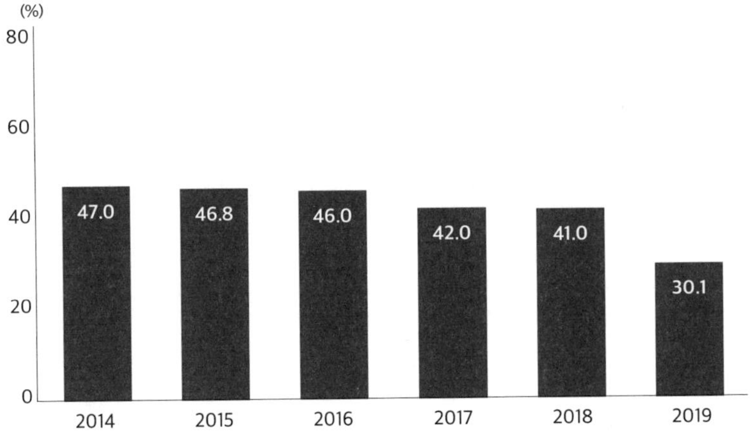

출처: Activist Insight.

결정한 데도 행동주의 펀드의 입김이 작용한 것으로 밝혀졌다. 세계 최대 행동주의 펀드인 엘리엇 매니지먼트가 EMC에 유력 자회사의 매각이나 양도를 강요하자 결국 그룹 전체를 델에 매각하는 방향으로 정리한 것이다.

중국 증시의 급등락과 구미 시장의 불안정으로 헤지펀드가 흔들리고 있는 반면, 기업 잉여 자산을 주주에게 환원할 것을 요구하는 행동주의 펀드의 투자 전략은 시장의 동향에 큰 영향을 받지 않는다. 상대적으로 좋은 실적을 내고 있어, 자금운용에 어려움을 겪는 투자자로부터 인기가 높다.

액티비스트 인사이트에 따르면 한국과 일본을 포함한 아시아의 기업들을 상대로 한 경영 개입 행동주의 펀드의 투자 건수는 2016년에는 86건이었으나 2019년에는 117건에 이를 정도로 기세를 올리고 있다.

주주행동주의 펀드들은 철저한 기업 조사를 통해 합리적인 제안을 함으로써 주주들의 지지를 얻고 있다. 과거 펀드 인사를 이사로 추천하기도 했지만, 최근에는 산업 전문가를 추천하는 등 이사회의 질적 상승도 돕는다.

행동주의 펀드의 규모가 커지고 자본 시장에 미치는 영향이 막대해지면서 미국 내에서도 이들의 역할에 대해 긍정론과 부정론이 대등하다. 대주주의 독단적 경영을 견제하고, 잘못된 판단을 바로잡으며, 구조조정과 주주 이익 환원 정책을 통해 주가를 올릴 수도 있다는 장점도 있는 반면, 과도한 인력 구조조정으로 일자리를 없애고, 장기적 성과를 위한 투자보다는 단기적 성과를 노린 구조조정에만 힘쓴다는 부정적 인식도 있다. 또한 공시 제도의 허점을 노려 단기 시세차익을 노리는 경우도 많다는 것도 부정적 측면이다.

글로벌 경제가 성장에서 침체로 빠져들고 다양한 구경제 산업에서 초과 설비로 시름하고 있는 지금과 같은 시기에는 긍정적 효과가 더 많이 부각될 수 있다.

미국과 유럽에 이어 아시아에서도 몇 년 뒤에는 주주행동주의 투자가 활발하게 진행될 전망이다. 대주주 중심의 독단적 경영의 폐해가 부각되고 있고 자본집약 2차 산업에서 과잉 설비가 심한 한국에는 특

[도표 1-26] 글로벌 행동주의펀드가 가장 많이 투자한 기업 (2019년 기준)

순위	회사	행동주의 펀드 수
1	도이체방크	17
2	단스케방크	6
3	테슬라	13
4	캐러벨 미네랄	12
5	페이스북	2
6	JP홀딩스	12
7	킨 마이닝	11
8	마리 블리자드 와인 & 스피리츠	11
9	스마일 인클루시브	11
10	알파벳	10

출처: Activist Insight.

히 이들이 탐낼 만한 기업이 많다.

연기금과 주주행동주의의 성장은 우리나라 기업지배구조 개선 압력으로 작용할 것이고, 배당 증가를 통한 코리아 디스카운트 해소의 원동력이 될 것이다.

적대적 M&A에 대한 경영권 방어 수단

포이즌 필(poison pill)

적대적 M&A나 경영권 침해 시도가 발생하는 경우에 기존 주주들에게 시가보다 훨씬 싼 가격에 지분을 매입할 수 있도록 미리 권리를 부여하는 제도다. 구주 할인 매수(flip-over pill)는 경영권을 방어하는 구주주가 기존 지분 중 일부를 싸게 살 수 있는 권리이며, 신주 할인 매수(flip-in pill)는 경영권을 방어하는 구주주가 신주를 저렴하게 살 수 있는 권리다. 엄청난 금리를 주는 우선주를 기존 주주에게 발행해 주는 독소 조항(back-end pill)도 있다.

상어 퇴치기(Shark Repellent)

정관이나 회사 내규에 시차임기제(staggered election or staggered board system), 초다수결의제(supermajority voting), 차등의결권(Two-Tier Voting Stock), 한정의결제(capped voting plan) 등을 도입하는 것이다.

시차임기제: 매년 전체 이사 가운데 일부만 선임하게 해 이사 전체가 교체되는 시점을 지연시키는 제도다. 1967년 미국 법원이 기존 이사회나 주주가 새로 최대주주로 부상한 주주의 이사회 임명권을 희석시키는 것은 불법이라고 판시하면서 더 이상 사용되지 못한다.

초다수결의제: 상법상의 특별결의 요건보다 더 가중된 결의 요건을 정관으로 규정하는 것으로, 현행 상법에서는 정관의 변경에 대한 특별결의 요건으로 출석한 주주 의결권의 3분의 2 이상과 발행 주식 총수의 3분의 1 이상으로 규정하고 있는데, 초다수의결제는 '출석한 주주의 의결권의 90퍼센트 이상' 그리고 '발행 주식 총수의 70퍼센트 이상' 등의 방식으로 결의 요건을 더 높임으로써 사실상 적대적 M&A가 이루어질 수 없도록 하는 장치다.

차등의결권: 일부 주식에 특히 많은 수의 의결권을 부여해 일부 주주의 지배권을 강화하는 것이다. 일정 기간 이상을 보유한 주주에게 단기 보유 주주보다 많은 의결권을 부여하는 차등 투표(Unequal Voting)가 일반적이다.

한정의결제: 특정 사안에 대해 행사할 수 있는 의결권의 양을 한정해 지분을 많이 확보한다고 해서 경영권을 좌우할 수 없도록 하는 것이다.

기타 방어 전략

백기사(white knight): 적당한 방어 수단이 없을 경우 적대 세력을 피해 현 경영진에 우호적인 제3의 매수 희망자를 백기사로 초청해 매수 결정에 필요한 각종 정보와 편의를 제공해주고 경영권을 넘기는 것이다.

황금낙하산(golden parachute): 인수 대상 기업의 최고경영자나 임원에게 M&A로 인해 임기 전에 사임하게 될 경우 거액의 퇴직금, 저가에 인수할 수 있는 스톡옵션, 일정 기간 동안의 보수와 보너스 등을 받을 권리를 미리 고용 계약에 기재해 기업 인수 비용을 높이는 방법이다.

왕관의 보석(crown jewel): 기업의 핵심 수익 창출원이나 핵심 성장동력인 왕관(crown)을 매각해버리는 방어 전략으로 백기사에게 싸게 넘기는 전략을 록업(lock-up) 전략이라고 부른다.

그린메일(green mail): 기존 대주주가 높은 가격에 디딤돌 지분(toe-hold share)을 매수해 방어하는 역M&A 전략이다.

이러한 경영권 방어 전략은 주주 평등의 원칙과 기존 일반 주주의 이익이 침해되는 내용들이어서 설립 시점 또는 IPO 전에 이미 정관에 반영되어 있어야 한다. 미국, 유럽 등 선진국에서는 2000년대 이전에 이러한 전략들이 유행했으나 최근에 채택되는 경우는 극히 드물다. IPO 가치에 심각한 할인 요소가 되기 때문이다.

주주행동주의의 등장과 경영권 방어 전략

1980년대 미국을 중심으로 전문 경영자의 도덕적 해이를 비판하면서 주주행동주의가 등장했고, 2000년대 들어 그들은 글로벌 대기업들을 공격하고 있다. 직접적으로 경영권을 요구하는 것은 아니지만 중요한 경영 의사 결정에 영향을 미치고 있다. 이들은 기업 가치 또는 주주 가치 극대화를 주창하며 지배구조 개선, 비업무용 자산 매각, 구조조정, 경영 효율성 개선, 배당 증대, 주주 이익을 해하는 경영 의사 결정의 시정을 요구한다. 이를 통해 소액주주들의 지지를 얻는 동시에 다른 펀드들과 연합하는 늑대 떼 전략(Wolfpack Strategy)으로 이사회와 최고경영자를 교체하기도 한다.

주주행동주의 펀드는 2015년 10월 25일 개정된 자본시장법상 경영 참여형 사모펀드 PEF와 전문 투자형 사모펀드인 헤지펀드를 넘나드는 개념이다. 일반적으로는 헤지펀드의 여러 전략 중 하나라고 볼 수 있다. 일반적인 헤지펀드 전략과 달리 투자 기간은 1~3년으로 중기이며, 1년 정도의 환매 금지 기간을 둔다.

PEF의 전략 가운데 하나인 그린메일 전략과도 일맥상통한다. 그린메일 전략을 구사하는 PEF(Greenmailer)는 경영권을 위협할 만한 지분을 매입한 후 적대적 M&A나 다른 다양한 방법에 의한 경영진 교체 의도를 상대방에게 전달한 후 자신의 취득가보다 비싸게 파는 전략을 취한다. 주주행동주의자와 그린메일러의 차이가 있다면 주주행동주의자는 상장 주식을 주로 취급하고 취득 지분이 5~10퍼센트로 적어 대주주나 투자 기업에 매각하지 않고 주식 시장에서 매각할 수 있어서 회수가 용이한 반면, 그린메일러는 투자 기간이 5~10년으로 길고, 취득 지분율이 10퍼센트 이상으로 많다는 점이다. 따라서 일반적으로 그린메일러는 더 높은 기대수익을 추구하게 된다.

대표적인 주주행동주의자인 '칼 아이칸'이나 '폴 엘리엇 싱어'의 경우 펀드의 개수도 많고 투자 기간 및 성격도 다양해 정확한 수익률을 산정하기는 어려우나 수조 원의 규모에도 불구하고 30년이 넘는 기간 동안 각각 연평균 30퍼센트와 20퍼센트 이상의 높은 세전 수익률을 기록하는 것으로 알려져 있다. 사모펀드의 특성으로 인해 아무나 가입하지 못하는 것이 안타까울 뿐이다.

아직 우리나라의 경우 전문 사모펀드 가운데 명시적으로 주주행동주의를 표방하는 곳이 없고 헤지펀드와 PEF의 규모가 작아 공격적인 지배구조 개선을 요구하기에는 시기가 이른 감이 있다. 그러나 금융위기 이후 급격한 성장을 거듭하고 있는 PEF와 최근 규제 완화로 가파른 성장을 거듭하고 있는 헤지펀드를 보면 10년 이내에 뚜렷한 성과를 보이는 펀드가 등장할 가능성이 높아 보인다.

그 이전이라도 대주주의 지분율과 지배력이 약하고 도덕적 해이가 심한 기업이나 지배력이 강하더라도 경영진이 불법적 행위를 한 기업의 경우 언제든 소액주주와 연기금, 기관투자자들이 연합해 지배구조와 경영 효율성 개선을 요구할 수는 있을 것이다. 즉, 언제든 주주행동주의 펀드로 바뀔 수 있는 상황이다.

우리에게 적대적 M&A와 경영권 방어는 아직 낯선 개념이다. 그 가운데 가장 기억에 남는 사건은 소버린의 (주)SK 지분 매집이었다. 2003년 4월 SK그룹의 SK글로벌(현 SK네트웍스)-SK해운-(주)아상으로 이어지는 분식과 불법적 거래들이 밝혀지면서 최태원 회장이 구속되었을 때였다. 소버린이 1,789억 원을 들여 SK그룹 지배구조의 핵심이었던 (주)SK의 지분 14.99퍼센트를 매집하고 단일 주주로는 최대주주의 지위에 올라섰던 사건이 있었다. 정확히 알려진 바는 없으나 소버린은 2005년 7월 지분 전량을 매각할 때까지 2년 3개월 동안 9,000억 원이 넘는 시세차익을 올렸다고 한다.

그밖에 2006년 주총 시즌을 뜨겁게 달구었던 아이칸의 KT&G 공개매수 제안(6.59퍼센트 투자해 1,500억 원의 차익)이나, 2015년 엘리엇의 삼성물산과 제일모직 합병 반대 운동이 있었으나 무위로 돌아간 경험이 있어 아직은 크게 걱정하지는 않는 분위기다.

우리나라도 수년 내 헤지펀드와 PEF가 성장하고 시간이 지날수록 오너 일가의 지분이 감소함에 따라 경영권 위협은 많아질 수밖에 없다. 또한 이를 방어하기 위한 전략들이 깊이 논의될 전망이다. M&A 방어기제는 기존 대주주나 경영권을 방어하려는 전문 경영진에게는 유리하지만 소액주주와 일반 주주의 이익을 침해하는 내용이 대부분이다. 따라서 M&A 방어기제를 너무 많이 만들면 그렇지 않아도 소액주주의 이익이 침해되어 주가가 저평가되는 한국 시장에서 코리아 디스카운트는 더욱 심화될 수밖에 없다. 정말 중요한 것은 경영 능력을 입증하는 것이고, 나머지 주주들을 자신의 편으로 만드는 것이다.

또한 주주행동주의가 우리나라에서 성공적으로 자리 잡기 위해서는 다음의 조건들이 갖춰져야 한다. 첫째는 자금력이다. 결국 주주자본주의에서 본질은 돈 싸움이다. 적은 지분으로는 목소리를 내기 어려우며, 유동성 없이 긴 기간을 버티기는 힘들기 때문이다. 둘째는 사회적 영향력이다. 명성과 평판, 그리고 여론이 뒷받침을 해주어야 한다. 적대적 행동주의든 그 반대든 간에 행동주의자의 철학과 전략을 믿어줄 우호 세력이 필요하며, 행동주의자는 신뢰를 구축할 승리의 경험이 필요하다. 셋째는 전문성과 정보력이다. 단순히 노이즈 마케팅으로 성공할 수는 없다. 행동주의에 대한 명확한 철학과 그에 뒤따르는 전문성이 있어야 다른 투자자(연기금 및 기관투자자)들을 설득할 수 있다. 넷째는 전략의 유효성과 뚝심이다. 사회, 문화 및 법적 특수 요소를 고려하지 않은 전략은 먹히지 않는다. 단순히 감성과 도덕성에 호소하는 전략이 아니기 때문이다. 독일 등 유럽과 아시아 국가는 미국과 같은 영미 국가와 법제도, 지배구조, 소액주주 보호 수준, 언론 및 재벌에 대한 사회적 인식 등 모든 방면에서 큰 차이를 보인다.

지배구조와 PEF의 역할

자본시장연구원의 자료에 따르면 PEF의 기능은 ① 경제적 성과(기업 실적 개선), ② 운용 성과(투자수익률), ③ 지배구조 개선, ④ 구조조정 역할인데 그중 가장 부진한 것이 지배구조 개선이다.[23]

---

23 박용린, 「국내 PEF의 현황과 기업 구조조정에서의 역할」 2016. 3.

경영권을 행사할 수 있는 기업 인수라 하더라도 기존 경영진의 경영 행태를 답습하고 있고, 소수 주주이거나 재무적 투자자로서 적극적 경영 참여를 하지 않았기 때문이다. 보다 적극적으로 기업의 경영 의사 결정 과정을 개선하거나 투명성을 개선하려는 노력이 필요하다. 더 나아가 PEF가 기존 재벌 경영이나 감시되지 않고 관리되지 않는 전문 경영 체제의 단점을 극복하는 지배구조의 새로운 모범을 보여줄 필요가 있다.

지금까지는 PEF 시장의 규모가 작았으므로 어쩌면 당연한 현상일 수 있으나 앞으로 시장 규모가 커지면서 보다 적극적인 역할을 요구받을 것이다. PEF의 역할을 다변화하기 위해서는 투자자를 다변화하는 것이 중요하다. 외국인 투자자를 끌어들이는 것은 물론이고 국내 거액 자산가와 패밀리오피스, 일반 법인들의 PEF 투자 참여가 절실하다. 그 이유는 이들이 PEF의 사회적 기능을 더욱 풍성하게 만들 수 있기 때문이다.

지금의 우리나라 PEF들은 연기금으로부터 거액의 블라인드 펀드를 받아 대형 기업 인수에 나서거나 경영 참여는 극히 제한되나 딜의 구조를 채권에 가까운 형태로 설계해 안정성을 추구하는 형태였다. 안정성을 최우선으로 추구하는 연기금의 자금 성격상 기업의 지배구조를 개선하거나 성장 산업으로 자금이 흘러갈 수 있도록 모험 자본의 역할을 담당하기에는 역부족인 자금들이다. 따라서 PEF가 제 기능을 담당하지 못한다는 비판이 지속적으로 제기되어왔다. 이에 2017년부터 적용된 개정 자본시장법에서는 PEF가 벤처캐피탈로서의 역할도 할 수 있도록 세제 혜택과 자본 조달의 수월성을 부여했다. 즉 창업 7년 이내 중소기업이나 벤처기업에 모집 자금의 절반 이상을 투자한 PEF 투자자에게 벤처캐피탈과 비슷한 수준의 세제 혜택이 주어진 것이다.

기업지배구조와 정보 투명성 개선

PEF는 오너 경영과 전문 경영 체제의 관행적 문제들을 보완할 수 있는 좋은 수단이다. PEF는 오너 경영과 달리 일감 몰아주기 등 대주주의 사익 추구 행위의 발생 가능성이 낮다. 동일 GP(General Partner, 무한책임사원)에서 계열 내 시너지 창출도 가능하며, LP(Limited Partner, 유한책임사원)들의 요구에 의해 의사 결정 구조와 정보 투명성은 개선될 수밖에 없다. 또한 투자금 회수를 목적으로 하는 속성상 PEF는 배당 가능성이 높아진다. 코리아 디스카운트의 가장 큰 원인 중 하나인 낮은 배당률 문제가 해결되는 것이다.

그뿐만 아니라 전문 경영 체제에서 전문 경영인의 이해와 주주의 이해가 달라서 발생하는 문제들, 즉 대리인 비용 이슈에서 상대적으로 자유롭다. PEF도 GP와 LP 간에 이해관계 상충이 발생할 수 있으나 그 문제는 전문 경영 체제에 비해 훨씬 적을 수밖에 없다. 왜냐하면 GP도 자신의 돈을 투자하고, 성과 보수 체계가 확실하기 때문이다. 사적 소비와 단기적 경영 성과 추구, 위험투자안 선호와 같은 전문 경영 체제의 단점을 보완할 수 있다.

특히 헤지펀드와 PEF의 중간에 위치한 주주행동주의 또는 지배구조 개선 펀드는 지배구조 개선 요구를 통해 주주의 이익 증대에 기여할 수 있다. 우리나라 기업들의 지배구조 개선을 위해 이들의 성장은 사회적으로도 절실하다. 한국의 경우 지배구조 개선 여지가 많아 투자 수익의 기회도 많으므로 투자자들에게 높은 수익을 가져다줄 수 있다.

ESG 투자의 시대

앞에서도 언급했듯이 환경, 기업의 사회적 책임, 기업지배구조 개선 등 현재는 물론 후세대에 긍정적 영향을 미치는 ESG 펀드들이 큰 성장을 보여주고 있다. ESG 펀드가 막대한 규모로 성장해 시장의 주류가 되자 기업의 경영진은 이들 기관투자자로부터 투자를 유인하기 위해 ESG 성과를 높여야만 하는 상황이 되었다. ESG 펀드는 수탁 책임 강화라는 취지뿐 아니라, 다른 펀드들에 비해 우수한 성과를 거둔다는 연구 결과까지 더해지면서 투자의 관점에서도 주목받고 있다.

글로벌 ESG 투자는 2012년 13조 2,000억 달러에서 2020년 6월

[도표 1-27] 왜 ESG인가?

환경	사회	정부
화평법 및 화관법 시행 • 화평법: 화학물질의 등록 및 평가 등에 관한 법률 – No Data, No Market 원칙: 화학물질 정보 없이 제품 출시를 할 수 없는 적극적 규제 • 화관법: 화학물질 관리법 – 유출 사고 시 매출의 최대 5% 과징금 부과	기업의 역할 증대 • 생산 기구이자 사회 일원으로서의 기업 갑의 횡포 • 소비재의 경우 갑질이 적발될 경우 불매운동으로 매출에 직격탄 • 정부 규제 강화로 과징금 리스크 발생	지배구조 개선 • 오너 일가의 구속(정경유착, 갑질, 성희롱) • 일감 몰아주기, 특권적 소비. 부실 계열사 지원, 편취(TPE) • 지배구조 개편이 아닌 진정한 지배구조 개선 단계: 경영 의사 결정 전반 • 투명 경영, 공정 경쟁, 주주 이익 증대에 대한 대내외적 압력 강화
배출권 거래 제도 도입 • 한국 2030년 BAU 대비 37% 감축 목표 • 기업당 최대 490억 원 추가 비용 발생 예상	보건 안전 이슈 • 작업장 안전 문제에 따른 근로자 사망 및 부상 사고 빈번 → 사회적 이슈화 • 식품의 인체 유해성 문제가 제기될 경우 명확한 검증과 무관하게 매출 감소로 이어짐	기업 승계/가업 승계 • 전쟁 이후 70년, 2~3세 승계 불가피 • 올바른 승계에 대한 이해 부족(혈족 간 다툼)

출처: 서스틴베스트.

[도표 1-28] ESG 구성 요소

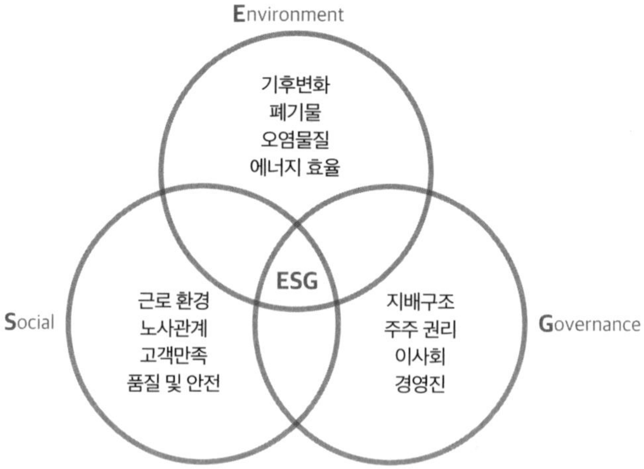

출처: KCGS.

[도표 1-29] 글로벌 ESG 투자 추이(2012~2020.06)

(단위: 조 달러)

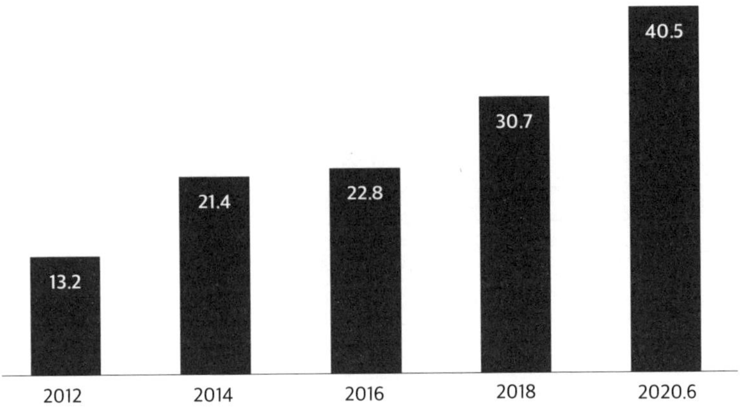

출처: GSIA, OPIMAS.

약 세 배 규모인 40조 5,000억 달러까지(CAGR 16.1%) 성장했다. 특히 일본의 ESG 투자는 2014년 70억 달러에서 2018년 2조 1,000억 달러 규모까지 약 300배가량 성장했다.

글로벌 ESG 투자 금액은 전체 투자액 중 유럽이 45.9퍼센트로 가장 큰 비중을 차지하고 있으며, 노르웨이 국부펀드 및 네덜란드 연기금 등이 주도하고 있다. 39.1퍼센트를 차지하는 미국은 블랙록(BlackRock)과 뱅가드(Vanguard) 등의 자산운용사가 ETF를 중심으로 확대하고 있으며, 가파른 성장세를 보이고 있는 일본은 공적 연기금(GPIF)의 주도 아래 ESG 투자를 확대하고 있다.

호주/뉴질랜드는 ESG 투자 비중이 2014년 전체 투자자산 대비 17퍼센트에서 2018년 63퍼센트로 급격히 성장했고, 일본 역시

[도표 1-30] 글로벌 ESG 투자 비중(2018)

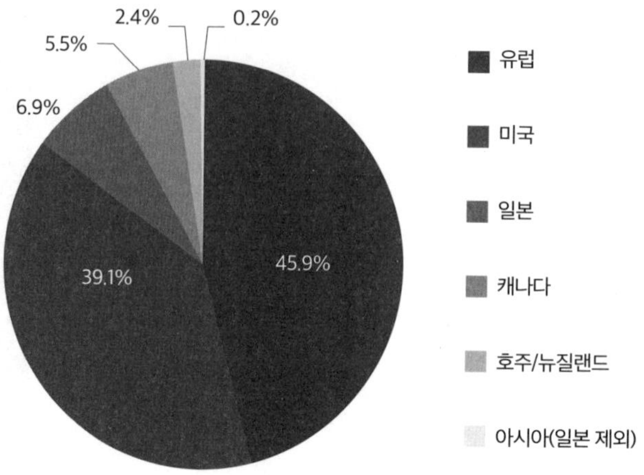

출처: GSIA.

[도표 1-31] 지역별 [ESG투자/전체투자] (2018)

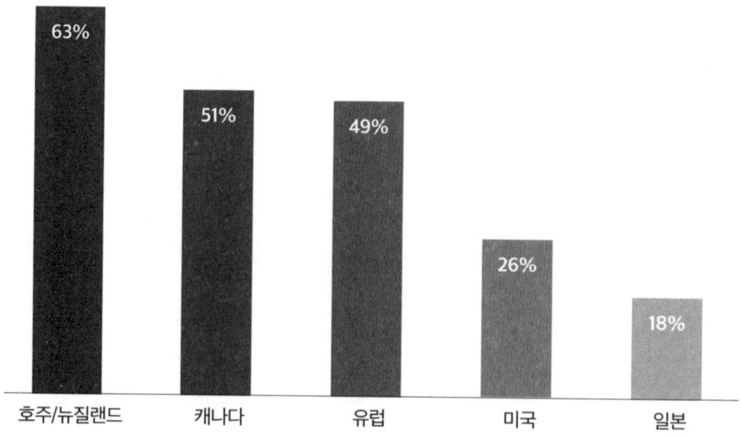

출처: GSIA.

[도표 1-32] 글로벌 전략별 ESG 투자 규모

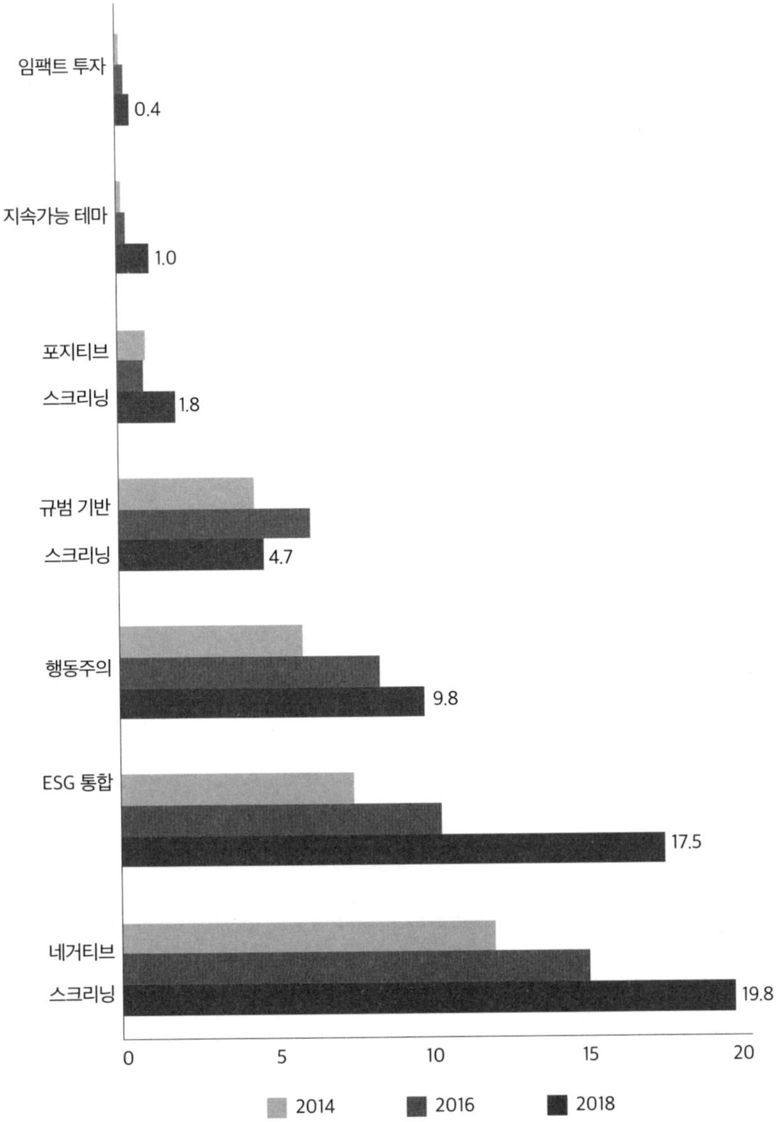

출처: GSIA.

[도표 1-33] ESG 투자 전략

투자형태	전략
포지티브 스크리닝 (Positive Screening)	우수한 ESG 성과를 보이는 기업 등을 선별하여 투자하는 방식
네거티브 스크리닝 (Negative Screening)	ESG 관점에서 부정적으로 평가되는 산업/기업을 포트폴리오 등 구성에서 배제하는 방식
ESG 통합 (ESG Integration)	투자의사 결정을 위한 재무 분석 프로세스에 ESG 요소를 체계적, 명시적으로 융합시키는 방식
지속가능 임팩트 투자 (Impact Investing)	수익에 국한하지 않고 사회에 긍정적 영향을 미치는 사업에 투자하는 방식
테마 투자 (Thematic Investing)	기후변화, 생태효율성, 보건, 등 지속가능성과 관련된 테마에 기여하는 자산 또는 종목에 투자하는 전략으로 수익 창출을 일차적 목적으로 한다는 점에서 임팩트 투자와 차이
지수 기반 (Index Based Investing)	다우존스 지속가능지수와 같이, 환경/사회적 책임을 고려하는 기업으로 구성된 지수를 추적하는 투자 구성
주주 관여 (Engagement)	ESG에 맞는 기업 경영을 위해 주주 권한을 적극적으로 활용하여 영향력을 행사(기업 관여 활동, 의결권 행사, 주주제안 등)하는 방식

출처: 한국 기업지배구조 원(KCGS).

2014년 0퍼센트에서 2018년 18퍼센트까지 급증했다. 유럽과 캐나다는 ESG 투자 비중이 50퍼센트 수준으로 이제는 ESG를 논하지 않고는 투자를 얘기하기 어려운 시대가 오고 있다.

과거 ESG 투자는 '담배, 술, 총기' 등 ESG 관점에서 적합하지 않는 기업들을 배제하는 '네거티브 스크리닝' 위주의 소극적 전략이 주를 이루었지만, 점차 투자의사 결정 시 적극적으로 ESG 관점의 기준들을 융합하는 방식으로 확장되고 있다.

2부

재벌과 기업의 승계

1장

상속과 승계, 그리고 지배구조 개선

무엇을 물려줄 것인가?

왜 우리나라에서만 대주주의 사적 편취가 심각한 사회적 이슈가 되는 걸까? 이는 과도한 상속세의 문제도 있지만 문화적 특수성도 있다. 상속과 관련해 우리나라 기업지배구조가 왜곡된 보다 근본적인 원인은 기업 승계를 바라보는 대주주의 시각 때문이다. 즉 자녀, 특히 아들에게 기업을 물려줘야 한다는 유교적 장자 상속의 신화가 강박관념이 되어 자리 잡고 있기 때문이다.

자녀를 상속-승계와 동시에 죄인으로 만들면서까지 무리해서라도 경영권을 물려주어야 할까? 그것이 기업을 위해, 자녀를 위해 바람직한 생각일까? 과거에도 기업의 평균 수명은 10년을 넘지 않았지만 하이테크 시대인 오늘날은 그 수명이 점점 더 짧아지고 있다. 자녀들이 바라는 것이 과연 현금이 아닌 경영권일까? 아무리 좋은 자리라도 자신에게 어울리지 않으면 바늘방석이고, 사회적 재앙일 수 있다.

경영권이라는 보이지 않는 권력에 대한 추구는 인간의 본성이다. 우리나라에서는 경영권을 쥔 자가 자신의 부를 증식하고 전제적 권력을 누리므로 그로 인한 혜택도 크다. 그래서 형제간 볼썽사나운 분쟁을 불사하기도 한다.

경영권이 가정의 화목과 우애보다 중요한 것일까? 대부분 아니라고 대답하겠지만 현실은 그렇지 못하다. 우리나라 대부분의 재벌들은 자녀 간의 분쟁에 대해서는 손을 놓아버렸다. 뒤로 미루다 보니 "니들이 알아서 해라!"가 되거나 자녀들에게 효도 경쟁을 권장하는 경우도 많다.

자녀 간에 경쟁을 시키는 것이 경영 능력 입증을 위한 것이라면 바람직하지만 효도 경쟁을 시키기 위한 것이라거나, 조금이라도 승계를 지연하려는 목적이라면 재고해야 한다. 회사를 위해서도, 자녀를 위해서도 불행의 씨앗이 될 뿐이다. 회사와 자녀에게 엄청난 기회비용이 발생하기 때문이다.

승계 문제가 해결되기 전까지 지배구조는 매우 불투명해질 수밖에 없다. 이에 따라 중요한 경영 의사 결정이나 과감한 결단을 내리기 어려워지고 뒤로 미뤄질 가능성이 높아진다. 급변하는 경영 환경에서 이것은 매우 위험한 일이다. 경영에서 환경 변화에 적응하는 의사 결정 '속도'의 중요성은 더 강조할 필요가 없다. 나는 많은 대기업의 2세, 3세들을 만나면서 이러한 경우를 많이 보았다. 특히 오너의 건강이 악화된 상태가 오래 지속되면 좋은 투자안이 있어도 집행하지 못하고, 구조조정이 불가피한데도 기존 인력을 교체하지 못하는 경우가 허다하다. 심지어 주가가 오를까 봐 전전긍긍하는 경우도 보았다. 이러한 문제들을 막기 위해 어떻게 해야 할까?

자녀간 네거티브 분쟁보다는 로스차일드나 발렌베리 가문처럼 포지티브 경쟁과 협동에 의한 시너지를 유도할 방법은 없을까? 정답은 없겠지만 이러한 문제에 대해 동서고금 국내외 사례를 통해 다시 한 번 고민해봐야 한다.

유교적·봉건적 장자 상속의 승계 문화와 외형에 집착하는 재계 서열 문화가 실리보다는 허울뿐인 형식주의에 빠지게 한 듯하다. 기업이 잘되기 위해 누구에게 승계해주어야 하는지, 자녀가 진정 원하는 바가 무엇인지 깊게 고민해보아야 한다.

로스차일드 등 수많은 거부 가문을 대를 이어 자문하는 것으로 유명해진 『부의 대물림(Family Wealth)』의 저자 제임스 휴즈(James Huge)는 자녀에게 물려줄 상속 자산을 세 종류로 나누었다. 금융 자본(financial capital), 지적 자본(intellectual capital), 인적 자본(human capital)이 그것이다. 대부분 사람들은 금융 자본을 물려주는 데 총력을 다하지만 오래가는 명문가는 지식과 인적 자본을 물려주는 데 더 많은 공을 들인다는 것이다.

"돈보다는 돈 버는 방법을 물려주라"는 교훈은 우리에게도 이미 익숙하다. 물고기를 잡아주는 것보다 물고기 잡는 법을 가르쳐주어야 한다.

인적 자본은 조금 낯설다. 결국 재산은 자녀들이 행복해지라고 물려주는 것이며, 부를 통해 행복하지 않으면 그 재산도 오래갈 수 없다. 그러므로 사회적 동물로서 우리 인간이 행복해지기 위해 무엇이 필요한지를 알아야 한다. 사회의 구성원으로서 기여와 관계 맺음, 그로부터 얻게 되는 소속감, 인간관계, 사회적 존경을 받지 못하면 아무리 많은 재산이 있더라도 오래 유지되기는 어렵다. 따라서 인적 자본을 쌓아주고 물려주는 것이 더 값진 것이다.

지킬 능력이 없는 금전적 자본은 수증자에게 불안감만 증폭시킨다. 금전과 지적 자신감에서 비롯된 이웃에 대한 무시와 갑질은 고립, 왕따, 자괴감을 부른다. 가족의 '부(富)'를 더 오래 존속시키기 위해서는 지속가능한 경영을 알아야 한다.

또한 기업 승계를 통해 무엇을 지키려고 하는지 잘 알아야 한다. 지키고자 하는 것은 돈보다는 창업 정신, 유지, 명예와 같이 보이지 않는 것이 더 많다는 사실을 잊어서는 안 된다. 일본 오사카 속담에 "2대(代)는 아들보다 사위가 낫고, 3대는 사위보다 양자가 낫다"는 말이 있다. 아들은 선택할 수 없지만 사위는 선택할 수 있고, 양자는 자유로운 경쟁에서 오로지 실력과 신용을 인정받아 승계자로 간택될 수 있기 때문이다.

상속과 기업 승계는 10년 전부터 내게 기업지배구조를 이해하는 핵심적인 주제였다. 우리나라 지배구조 관련 대부분 문제의 출발점이 거기에 있다고 믿었기 때문이다. 2009년 집필한 『한국 기업의 지배구조』에서는 지주회사를 활용한 기업 승계를 주로 다루었고, 2011년 책자에서는 기업 승계를 이용한 다양한 지분 유지 수단에 대해 소개

했다.

지금부터는 이러한 승계 이슈들의 근본적인 문제점과 해결 방안을 주로 논의해보고자 한다.

재벌과
경제력 집중

1950년대 이후 전쟁의 폐허에서 한국 경제가 글로벌 경쟁력을 갖추는 방법은 엘리트 기업을 육성하는 것 외에는 대안이 없었다. 부족한 자본으로 글로벌 기업과 싸워야 했으니 특정 산업, 특정 기업에 자본을 몰아주어야만 했다. 당시의 자본이라는 것이 해외로부터의 원조성 차관이 대부분이었기 때문에 정경유착이 발생할 수밖에 없었던 것이다.

1960년대까지 산업이라고 해봐야 의식주에 해당하는 생활필수품(방직, 의류, 제과, 제당, 주류, 건설)과 이들의 유통이 주된 시절이었다. 당연히 그런 일을 담당하던 기업들에 산업화의 기회가 돌아갔다.

1970년대 경제개발 5개년 계획을 시작으로 철강, 화학, 자동차, 조선, 가전, 전자와 같은 자본집약적 2차 산업을 육성하면서 처음에는 엘리트 기업 집단 몇 곳에 특정 산업을 몰아주었으나 나중에는 그 경계가 모호해졌고 여러 재벌 기업들이 우후죽순으로 문어발식 확장을 도모했다.

1980년대에는 신군부의 재벌 통제 수단이라는 목적과 부합하면서 산업 통폐합이 이루어졌다. 자발적이지는 않았지만 그것이 우리나라 최초의 구조조정이었다. 동시에 신군부는 지주회사를 법으로 금지시킴으로써 오너십 레버리지를 축소하려고 했으나 기업 집단들은 순환출자나 상호출자라는 방법으로 더 손쉽게 오너십 레버리지를 활용했다.

1990년대 문민정부에서는 금융실명제와 함께 자본 시장이 본격적으로 개방되었다. 순환출자라는 법의 틈새를 활용해 적은 자본과 지분으로 막대한 자산을 통제하는 메커니즘은 더욱 극대화되었다. 그뿐만 아니라 금융 시장 개방으로 금융 접근성도 수월해지자 막대한 타인 자본(부채)을 일으켜 재무적 레버리지(financial leverage)도 극대화되었다. 외환위기에서 레버리지의 극단에 있던 대우, 한보, 동아, 쌍용, 기아 그룹의 부도는 어쩌면 당연한 귀결이었다.

2000년대는 빚 갚기에 여념이 없던 시기였다. 이때부터 기업이 투자나 배당을 하지 않고 무조건 빚을 갚거나 회사에 쌓아두던 행태가 관습이 되어버렸다. 그리고 2007년 7월 1일 SK그룹의 지주회사 전환을 시작으로 일감 몰아주기, 회사의 분할 합병, 지주회사 전환 과정에서 자사주 활용 등 소유권과 경영권의 편법적 승계가 본격화되던 시기였다. IT 버블과 함께 새로운 재벌이 우후죽순으로 태동하는 시기이기도 했다.

2010년대는 지주회사를 활용한 지배구조 개편이 절정을 이루던 시기였다. 자사주 마법으로 분할과 합병 시에 지배주주 지분율은 높아졌고, 지주회사의 자회사 지분율은 보유한 자사주만큼 높아졌다. 크고 작은 기업들이 너도나도 지주회사 전환을 하는 통에 경제 규모에 비해 전 세계에서 지주회사가 가장 많은 나라가 되었다. 우리나라는 2019년 9월 현재 지주회사가 173개(일반지주 163개, 금융지주 10개)나 된다. 지주회사 요건을 자산 규모 2,000억 원 이상에서 5,000억 원 이상으로 올렸음에도 불구하고 2010년 96개였던 데 비해 크게 늘었다. 지주회사 전환으로 이들 지주회사에 대한 총수 일가의 지분율은 평균 49.7퍼센트나 되어 매우 안정적으로 지배권을 확보하고 지분 승계가 이루어졌다고 볼 수 있다.

가장 이슈가 된 사건은 단연 2015년 5월 제일모직과 삼성물산의 합병 건이었다. 1996년 에버랜드 CB, 1999년 삼성SDS의 BW 저가 발행(주당 7,700원에 125만 4,000여 주 CB 발행) 후 계열사의 권리 포기로 이재용, 이부진, 이서현 3남매의 양사에 대한 지분율(42.7%)이 극대화되었다. 여기에 제일모직에 과도하게 유리하게 정해진 합병 비율(1:0.35)에 따라 합병이 이루어지자 결과적으로 이들 3남매는 상속세를 거의 내지 않고 그룹의 지주회사를 소유하게 되었다. ISS가 주장한 적정 합병 비율(1:0.95) 대로 합병이 이루어질 때에 비해 국민연금을 비롯한 일반 주주들은 9조 5,000억 원의 손실을 보게 된 셈이었다.

역설적으로 이러한 극단적 사건이 지금의 공정경제 3법과 같은 변화를 만드는 원동력이 되었다. 일본 에도 시대 농민정치가 니노미야 손토쿠(二宮尊德)는 "도덕을 잊어버린 경제는 죄악이고, 경제를 잊어버린 도덕은 잠꼬대다"라며 경제와 도덕의 양립을 설파했고, 전설적 사업가 시부사와 에이치(渋沢榮一)는 "논어와 주판은 일치해야 한다"고 지적했다. 작고한 정주영 회장은 "기업 경영은 돈을 버는 것이 아니라 신용을 버는 것이다"라고 했다. 끊임없이 주판알을 튕기면서도 법과 질서, 사회적 통념을 지켜야 하고, 사회에 기여하고 인심을 잃지 않아야 하는 것이 경영이다. 아무리 잘나가는 기업도 결국 사회 속에서 생산의 기능을 담당하는 사회의 일원이기 때문이다.

기업지배구조와 관련된 법제도와 경쟁 환경은 끊임없이 바뀐다. 당장의 이익에만 집중하면 미래가 없다. 세상의 변화에 적응하기 위해서는 변화의 방향을 예측하고 미리 미래를 선점해야 한다. 이러한 기업의 속성과 경영의 본질을 잘 반영하는 올바른 승계는 무엇일까?

앞에서 언급한 바와 같이 지금까지 우리나라 기업들은 재벌은 물론 중견 기업까지도 승계에 골머리를 앓아왔다.

문제의 출발은 과도한 상속·증여세로 승계할 지분이 너무 크게 줄어 경영권을 자녀에게 물려줄 수 없다는 위기감에서 다양한 비위 행위들이 일어나는 문제였다. 상속을 앞둔 대주주 입장에서는 세금을 줄이기 위해 주가가 저평가되는 것이 유리한 기이한 상황이 연출된다. 주가가 저평가된다는 것은 그만큼 기업지배구조의 투명성도 떨어지고, 기업의 자원이 낭비되거나 편법적으로 착취당하며, 미래 전망도 어둡다는 의미이므로 대주주에게도 좋은 일이 될 수 없다. 일반적으로 사망 직전까지 상속을 미루는 경향이 많으므로 이러한 상황은 10년 이상 장기화될 수 있다. 자녀 상속 및 지분과 경영권에 대한 과도한 욕심으로 후계자를 승계의 출발점에서부터 범죄자로 만드는 격

[도표 2-1] 한국 재벌 기업의 변화 과정

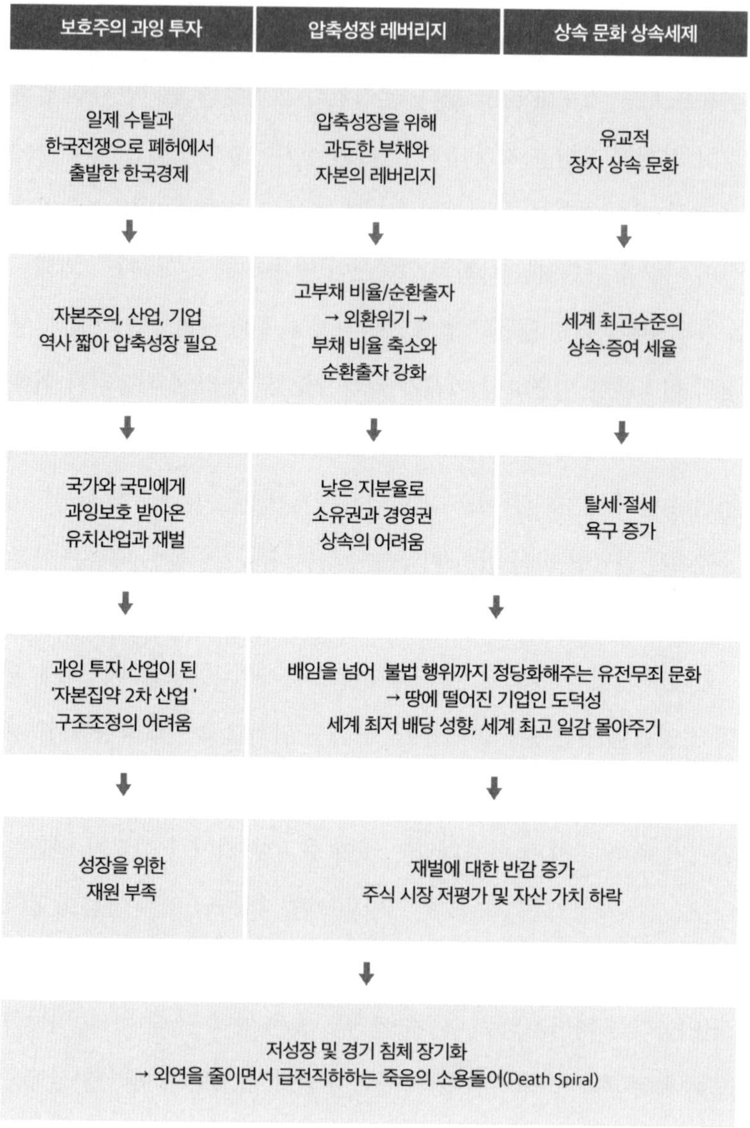

이다. 더 이상 우리나라 재벌이 편법과 불법의 상징이나 애물단지로 인식되어서는 안 된다. 꺼지지 않는 성장동력을 가진 글로벌 경쟁의 대표 선수로 거듭나야 한다.

두 번째 문제는 자녀든 전문 경영인이든 후계자 지정을 미루거나 그에게 전권을 부여하지 않는 것이다. 붙들고 있는 시간만큼 주가의 저평가 상태는 오래 지속되고 창업자의 나이만큼 기업이 노쇠해지는 경우가 많다. 10년이면 강산도 변한다고 하지만 기업을 둘러싼 경영 환경은 10년이면 천지개벽이 일어날 시간이다. 새로운 환경에 적응하려면 시행착오를 하더라도 젊은 감각으로 대응할 시간을 주어야 한다. 또한 미리 과감하게 정리해주지 않으면 경영권을 둘러싼 자녀 간 분쟁은 불 보듯 뻔하다. 우리나라만큼 자녀끼리 많이 싸우는 나라도 없다.

세 번째 문제는 장기적 시각에서 후계자 교육과 육성에 소홀하다는 것이다. 눈에 보이는 재무적 자본에만 과도하게 집중한 나머지 보이지 않는 지적 자본, 인적 자본, 사회적 자본을 계발하고 물려주는 데는 소홀하다는 점이다.

나는 이 책에서 승계를 위한 몇 가지 꼼수들을 소개하려고 하는 것이 아니다. 대주주 지분율 및 재산 보호를 위한 정석을 지키면서도 자녀들은 행복하고, 기업은 장기적 생존 가능성을 높이고, 사회적으로 기여하며 존경받기 위해서 무엇이 필요한가를 함께 고민해보고자 한다.

2장

한국 재벌의 역사

우리나라 재벌들이 국가에 엄청난 경제적 기여를 했음에도 불구하고 사회적으로 지탄을 받는 현실은 안타까운 일이다. 다른 선진국에서도 수세기에 걸쳐 이루기 힘든 일을 우리 경제는 1960년대 이후 반세기 만에 압축해 일구어냈다. 경제개발계획을 수립한 정부와 열심히 일해 준 국민도 있었지만, 그 핵심에는 실패를 두려워하지 않고 도전하고 싸워서 이겨낸 기업과 기업인들이 있었다. 그럼에도 불구하고 형제의 난, 자녀의 일탈, 정경유착과 뇌물 수수, 일감 몰아주기, 배임, 횡령, 성희롱과 성폭력, 갑질 등 재벌과 관련된 사회의 인식과 평가는 낙제점 수준이다.

우리 재벌이 이렇게 된 원인은 사회적 역할과 기대에 미치지 못하는 기업의 사회적 책임 활동과 오너 일가의 사적 이익 추구 행위에 있다. 특히 오너 일가의 사적 이익 추구는 재벌에 대한 비판과 반감의 주된 소재가 되고 있다. 이른바 TPE(Tunneling: 일감 몰아주기, Propping: 계열사 지원, Expropriation: 사적 편취 행위)로 불리는 행동의 근본적 원인에는 기업을 개인의 소유물로 여기는 그릇된 생각과 왜곡된 자녀 사랑이 있다. 특히 사회적 비판을 받는 대부분 사건의 근저에는 기업을 가문의 소유물로 보고 가업을 승계하기 위해 지분과 경영권을 유지해야 한다는 심리적 압박이 있다. 이러한 압박은 기본적으로 장자 상속이라는 유교적 문화와 세계에서 가장 높은 상속세율에 기인한다. 이와 함께 상속에 대한 미흡한 준비와 올바른 기업 승계에 대한 인식 부족도 중요한 원인이다.

재벌의 잘못만이 아니라 역사적·문화적 특성도 중요한 원인이다. 우리는 다른 나라에서는 천 년에 한 번 겪기도 힘든 일제 식민 지배와 한국전쟁을 연달아 경험했다. 이러한 대혼란의 시기를 겪으면서 나만 잘 살면 된다는 이기적 문화와, 목적을 위해서는 수단과 방법을 가리지 않는 기회주의적 문화가 우리 사회에 뿌리를 내렸을 수도 있다. 미래에 대한 불확실성이 극단적으로 클 경우 개인에게 장기적·이타적·전략적 공생보다는 단기적·이기적·적응적 대응이 더 합리적일 수 있다.

상속과 승계를 위해 편법과 불법이 동원되는 현실을 어떻게 개선할 수 있을까? 고속 성장을 위해 엘리트 기업 위주의 성장을 이루다 보니 일부 재벌 기업의 경제력 집중이 심각한 수준에 이르게 되었다. (일본의 상속세 제도를 그대로 가져온 탓도 있지만) 이를 막기 위한 사회적 공감대가 고율의 상속세를 유지시킨 배경이다. 최고 세율은 50퍼센트로 높지만 제대로 거두지 못해 상속세와 증여세는 전체 세수의 1~2퍼센트 수준에 불과한 실정이다.

나는 10년 전부터 저율로 과세되는 법인세 및 자본이득에 대한 세율(22%)과 50퍼센트 내외의 고율로 과세되는 배당 및 상속세율의 간극을 좁혀 탈세 동기를 줄여야 한다고 강조해왔다. 즉, 상속세 최고세율을 30퍼센트 수준으로 낮추고 그 대가로 일감 몰아주기 등 기업의 편법적 상속 여지를 원천봉쇄하며, 이사와 감사의 기능을 정상화해야 한다는 것이다. 그 대가로 대기업의 오너는 기업의 사회적 책임과 노블리스 오블리주로 화답해야 한다.

이 장에서는 상속세율을 낮추는 것이 어려운 현실에서 사회와 기업 오너들의 입장에서 상속에 대한 최적의 해답을 도출하기 위해 고민해보았다.

존경받는 1세대, 비판받는 2세대, 공공의 적 3세대

모성애와 부성애는 자녀에 대한 숭고한 사랑이다. 출산 전후 여자는 옥시토신, 남자는 바소프레신이라는 호르몬이 증가하는데 이것이 돌봄에 대한 본능을 자극한다. 이러한 본능은 종족 보존이라는 기본적 본능에 속하지만 '돌봄과 양육'이라는 노동의 과정에서 사후적으로 학습되는 부분이 더 크다. 특히 부성애는 사후적인 부분이 더 커서 꼭 내 핏줄이 아니어도 친자 이상의 사랑을 쏟을 수 있다.

사회의 규범 또는 가치관과 충돌할 때 이것은 왜곡된 자녀 사랑이 된다. 영화 「마더」의 결말처럼 자녀의 미래를 부모가 모두 돌보려 하다 보면 자녀를 사회 부적응자 또는 범죄자로 만들기 쉽다.

자녀에게 더 많은 부를 더 오래 유지시켜주는 것이 목표라면 자녀에게 지분을 물려주는 데 집중하기보다는 경영 능력을 키워주는 데 집중해야 한다. 회사의 규모가 일정 수준 이상 커지면 가업 승계보다는 기업 승계의 관점에서 접근해야 한다. 사회의 존경받는 구성원이 되도록 돕는 것이 진정한 기업 승계이고, 자녀 사랑이다.

만일 경영에 관심이 없거나 능력이 부족할 경우 공정한 경쟁을 통해 기업을 더 크게 키우고, 더 오래 생존시킬 수 있는 열정과 능력을 가진 사람이 경영하도록 하는 것이 기업을 위하고 자녀를 위하는 것이다.

재벌의 불법 행위에 엄격한 해외 사례

미국의 경우 이사회가 분식이나 일반 주주에게 피해를 주는 행위를 했을 때 종신형에 가까운 처벌을 한다. 광복절 특사 같은 것도 없다. 따라서 이러한 일이 발생할 개연성이 낮다. 2001년 엔론의 분식으로 케네스 레이(Kenneth Lay) 엔론 회장과 제프리 스킬링(Jeffrey Skilling) CEO는 24년 형을 선고받았다. 케네스 레이는 선고 직후 심장마비로 사망했고, 제프리 스킬링은 사망 직전 10년을 감형받아 14년을 복역

[도표 2-2] 재벌들의 불법 행위와 처벌 사례

기업	시기	내용	결과	실형
한진	2000	조양호 회장 - 1994~1998년 항공기 도입 과정 리베이트 1,095억 원으로 비자금을 조성 후 273억 원의 세금을 포탈하고 391억 원의 결손금을 과대계상한 혐의	- 1심: 징역 4년 실형 - 2심: 징역 3년/집행유예 5년 확정	X
한진	2015	조현아 부사장 - 항공보안법상 항공기 항로 변경, 항공기안전운항 저해, 폭행과 형법상 위계에 의한 공무집행방해, 강요, 업무방해 등 5개 혐의	- 1심: 징역 1년 실형 - 2심: 징역 10개월/집행유예 2년 - 3심: 2심 확정판결	X
신동아	2002~2003	최순영 회장 - 외화 밀반출 및 계열사 불법 대출 등의 혐의	- 1심: 징역 5년 실형, 추징금 1,964억 원 - 2심: 징역 3년 실형, 추징금 2,192억 원 - 파기환송심: 징역 4년 실형 확정	O
SK	2003	최태원 회장 - 1조 5,000억 원대의 분식회계와 부당내부거래 혐의	- 1심: 징역 3년 실형 - 2심: 징역 3년/집행유예 5년 - 3심: 2심 확정판결	X
SK	2013~2014	최태원 회장 - 수백억 원대 회사 자금을 빼돌린 혐의[특정경제범죄가중처벌 등에 관한 법률상 횡령·배임 등(이하 횡령, 배임)]	- 1심: 징역 4년 실형 - 2심: 징역 4년 실형 - 3심: 2심 확정판결 - 복역 2년 7개월 후 사면	△
SK	2013~2014	최재원 수석부회장 - 수백억 원대 회사 자금을 빼돌린 혐의 (횡령·배임 등)	- 1심: 무죄 - 2심: 징역 3년 6개월 실형 - 3심: 2심 확정판결 - 복역 3년 3개월 후 가석방	△
대우	2006	김우중 회장 - 20조 원대 분식회계, 9조 8,000억 원대 사기대출 등 혐의	- 1심: 징역 10년 실형, 추징금 21조 원 - 2심: 징역 8년 6개월, 추징금 17.9조 원, 벌금 1,000만 원 확정 - 고령으로 법정구속 免	△

현대 자동차	2007~ 2008	정몽구 회장 - 900억 원대 회사 자금을 횡령하고 회사에 2,100억 원대 손해를 끼친 혐의	- 1심: 징역 3년 실형 - 파기환송심: 징역 3년/집행유예 5년 확정 - 방어권 보장 등을 이유로 법정구속 免	X
태광	2011	이호진 회장 - 조세포탈과 횡령 등 혐의	- 1심: 징역 4년 6개월 실형, 벌금 20억 원 - 2심: 징역 4년 6개월 실형, 벌금 10억 원 - 3심: 파기환송 - 파기환송심: 징역 3.5년, 벌금 6억 원 - 재파기환송심: 징역 3.5년, 벌금 6억 원 - 재상고심: 징역 3년, 벌금 6억 원 확정 - 간암 치료 이유로 구속집행 정지 및 병보석, 황제보석 논란	△
LIG	2012	구자원 회장 - 조세포탈과 횡령 등 혐의	- 1심: 징역 3년 실형 - 2심: 징역 3년/집행유예 5년 - 3심: 2심 확정판결	X
		구본상 부회장 - 조세포탈과 횡령 등 혐의	- 1심: 징역 4년 실형 - 2심: 징역 4년 실형 - 3심: 2심 확정판결	O
	2012	구본엽 부사장 - 조세포탈과 횡령 등 혐의	- 1심: 무죄 - 2심: 징역 3년 실형 - 3심: 2심 확정판결	O
한화	2012~ 2013	김승연 회장 - 부실 위장 계열사 부당 지원 3,000억 원대 (배임) - 친족에게 계열사 주식 저가 매각	- 1심: 징역 4년 실형, 벌금 51억 원 - 2심: 징역 3년 실형, 벌금 51억 원 - 3심: 파기환송 - 파기환송심: 징역 3년/집행유예 5년, 벌금 51억 원 확정 - 2014년 1월 수감된 지 4개월 만에 건강 악화 이유로 구속집행정지 결정	X

기업	시기	내용	결과	실형
CJ	2013~ 2014	이재현 회장 - 1,000억 원대 횡령·배임 혐의	- 1심: 징역 4년 실형, 벌금 260억 원 - 2심: 징역 3년 실형, 벌금 252억 원 - 3심: 파기환송 - 파기환송심: 징역 2년 6개월 실형, 벌금 252억 원 확정, 사면(2016)	△
효성	2014~ 2017	조석래 회장 - 1,300억 원 대 탈세 혐의 (조세, 횡령) - 위법 배당 혐의 (상법 위반)	- 1심: 징역 3년 실형, 벌금 1,365억 원 - 2심: 징역 3년 실형, 벌금 1,352억 원 - 3심: 대법원 계류 중	X
		조현준 사장 - 법인 자금 횡령 혐의 (횡령)	- 1심: 징역 1년 6개월/집행유예 3년 - 2심: 1심 유지 - 3심: 대법원 계류 중	X
	2018~ 2019	조현준 사장 - 계열사 자사주 매입 이용한 자금 마련 - 계열사에게 미술품 고가 매각 - 허위 급여 지급	- 1심: 징역 2년 실형 - 2심: 항소심 진행 중	X
금호 석유 화학	2014~ 2018	박찬구 회장 - 미공개 정보 이용 (자본 시장법 위반) - 법인자금 무단 이용(횡령 및 배임)	- 1심: 징역 2년 6개월/ 집행유예 4년 - 2심 :징역 3년/집행유예 5년 - 3심: 상고 기각, 2심 확정판결	X
STX	2015	강덕수 회장 - 분식회계, 횡령·배임 등 혐의	- 1심: 징역 6년 실형 - 2심: 징역 3년/집행유예 4년 - 3심: 대법원 계류 중	X
동국 제강	2015~ 2016	장세주 회장 - 122억 원 횡령 - 공장설비 리베이트 - 상습 도박	- 1심: 징역 3년 6개월 실형, 벌금 1,000만 원, 추징금 5억 1,000만 원 - 2심: 징역 3년 6개월 실형, 벌금 1,000만 원, 추징금 14억 원 - 3심 : 2심 확정판결 - 가석방(2018년 4월)	△

삼성	2017~ 2018	이재용 부회장 - 박근혜 전 대통령과 최순실에게 뇌물공여 혐의 - 회사 자금을 빼돌린 혐의(횡령) - 승마 지원을 위해 해외 계좌에 불법 송금한 혐의(재산국외도피) - 마필 계약서 등 서류를 허위로 작성한 혐의(범죄수익은닉 규제 및 처벌법 위반) - 국회 증언·감정에 관한 법률 위반 혐의 (위증)	- 1심: 징역 5년 실형, 추징금 37억 원 - 2심: 징역 2년 6개월/집행유예 4년 - 3심: 고등법원으로 파기환송 후 계류 중	X
롯데	2017~ 2018	신동빈 회장 - 박근혜 전 대통령과 최순실에게 뇌물공여(제 3자 뇌물) - 롯데시네마 매점임대(배임) - 롯데피에스넷 ATM 구입 관련 끼워넣기 혐의(배임) - 계열사 급여 무단지급 혐의(횡령)	- 1심: 징역 2년 6개월 실형, 추징금 70억 원 - 법정구속 234일 - 2심: 징역 2년 6개월/집행유예 4년 - 3심: 2심 확정판결	X
	2017~ 2018	신격호 총괄회장 - 증여세 포탈 혐의 - 롯데시네마 매점임대(배임) - 계열사 급여 무단 지급 횡령) - 주식 고가 매도(배임)	- 1심: 징역 4년 실형, 벌금 35억 원 - 2심: 징역 3년 실형, 벌금 30억 원 - 건강상 이유로 법정구속 免 - 3심: 2심 확정판결	△
부영	2018	이중근 회장 - 횡령·배임, 조세포탈, 공정거래법 위반, 입찰방해, 임대주택법 위반 등 혐의	- 1심: 징역 5년, 벌금 1억 원 - 2심: 징역 2년 6개월, 벌금 1억 원 - 3심: 상고심 진행 중	X
한국 타이어	2020	조현범 대표 - 하청업체 및 계열사 동원 수억 원대 차명 자금 조성	- 1심: 징역 3년/집행유예 4년, 추징금 6억 1,500만 원 - 2심 : 진행 중	X
	2020	조현식 부회장 - 허위 급여 지급	- 1심: 징역 1년/집행유예 2년 - 2심 : 진행 중	X

출처: 언론 자료 등.

주: 법정 구속을 면하거나 사면가석방된 경우 △로 표시.

[도표 2-3] 국내 및 해외 회계부정 처벌 사례 비교

엔론(미국)	대표이사 징역 24년 형, 회사는 그해 말 파산
월드컴(미국)	대표이사 징역 25년 형
도시바(일본)	과징금 약 74억 엔(약 800억 원)
IHI(일본)	과징금 약 16억 엔(약 180억 원)
STX조선해양	증권발행 제한 12월, 감사인 지정 3년
대우건설	과징금 (회사 20억 원, 대표이사 1,200만 원), 감사인 지정 2년
계룡건설	과징금 1,950만 원, 담당 임원 해임권고, 감사인 지정 2년
대한전선	과징금 (회사20억 원, 대표이사 1,600만 원), 대표이사 해임권고, 감사인 지정 3년
효성	과징금 20억 원, 감사인 지정 3년, 대표이사 해임권고
동양	증권발행 제한 12월, 감사인 지정 3년.
디지텍시스템즈	과징금 3억 5,900만 원, 감사인 지정 3년.

하고 출소한 후 사망했다. 회계법인인 아서앤더슨은 영업정지를 당하고 결국 파산했다.

미국은 엔론 사태 이전에도 화이트칼라 범죄에 대한 처벌은 강력했지만 엔론 사태로 사베인스-옥슬리법(SOX: Sarbanes-Oxley Act, 2002. 07)이 제정되어 상장기업의 공시자료 투명성과 감사인의 독립성 확보를 통한 투자자 보호는 더욱 강화되었다. 그럼에도 불구하고 미국은 화이트칼라 범죄에 대해 처벌 수위를 더욱 강화해야 한다는 여론이 대세다.

그러나 우리나라에서는 아무리 큰 피해를 초래한 분식회계 범죄를

저질러도 임직원 처벌은 징역 7년 이하 또는 벌금 7,000만 원 이하에 불과하다. 기업에 대해 부과되는 과징금도 최대 20억 원에 불과하다. 회계법인에 내린 제재도 등록 취소나 1년 이상의 업무 정지 같은 중징계는 한 건도 없었다. 2조 원대의 분식회계를 저지른 STX조선해양의 감사를 맡은 삼정KPMG가 받은 징계는 해당 법인에 대한 감사업무 제한밖에 없었다.

미국과 같은 수준으로 처벌 수위를 높이는 것이 지배주주의 횡포를 막기 위한 유일한 해결책은 아니다. 그러나 솜방망이 처벌이라는 비난을 피할 최소한의 수준은 갖추어져야 한다. 지배주주들이 일반 주주들의 재산권을 침해하는 범죄를 저질렀을 때, 자신의 커리어 및 재산 상실에 대한 최소한의 두려움은 가져야 하는 것이 당연하다. 기업 지배구조 개선을 위한 법 개정과 재벌 범죄에 대한 공정한 처벌이 코리아 디스카운트 해소를 위한 대한민국 입법부와 사법부의 기본적인 임무다.

불법 행위에 무딘 한국 재벌들

국내 8대 재벌 일가와 300대 부호 등 1,800여 명에 대해 2014년 KBS 탐사보도팀이 찾아낸 미국 부동산이 272건(하와이 110건, 동부 89건, 서부 73건 등)이었다.

이 가운데 투자 금지 기간이었던 2006년 5월 이전에 취득한 것이 64퍼센트였다. 더 놀라운 것은 대부분 조세 회피 지역 법인(paper company)의 명의로 투자하기 때문에 실명으로 된 것은 빙산의 일각에 불과하며 외환거래 신고, 부동산 매입 신고를 하는 경우도 드물었다.

재벌가 자녀들의 직원 폭행은 너무 자주 듣는 소식이어서 새롭지도 않고, 음주, 뺑소니, 패싸움, 마약, 횡령 등 너무 다양한 범법 행위를 접하고 있다.

논어 '안연' 편에 나오는 다음의 글귀를 명심해야 할 시기이다.

齊景公 問政於孔子 孔子對曰 '君君臣臣父父子子'

公曰 善哉 信如君不君 臣不臣 父不父 子不子 雖有粟 吾得而食諸

(제나라 경공이 공자께 정치에 대해서 묻자, 공자 대답하기를 "임금은 임금다워야 하고, 신하는 신하다워야 하고, 어버이는 어버이 도리를 극진히 하며, 자식이 자식 된 도리를 다해야 합니다"라고 했다. 경공이 말하기를 "착한 말이요. 임금이 임금답지 못하고, 신하가 신하답지 못하며, 어버이가 어버이답지 못하고, 자식이 자식답지 못하면, 비록 곡식이 있으나 내 어찌 먹으리요" 했다.)

경영진은 경영진다워야 한다. 그들의 능력과 도덕성이 절실한 상황이다.

재벌, 존경받는 사회 일원으로 거듭나야 한다

창업주였던 할아버지와 아버지 세대에서는 아무것도 없었다. 헝그리 정신과 교육열은 넘치지만 가난한 국민들뿐이었다. 그래도 우리는 이만큼 일구었다. 이제 자본도 있고, 고도로 훈련된 인력은 물론 기술과 노하우도 있다.

스포츠 경기에서도 처음에는 엘리트 대표 선수에게 모든 자원을 집중하지만 어느 순간 사회체육에 그 기능을 맡겨야 한다. 민간에서 자생적으로 선수가 선발되고 육성될 수 있도록 해야 한다.

기업도 마찬가지다. 국가의 지원에만 의존하면 진정한 세계 1등을 유지하는 것은 쉽지 않다. 국가는 다른 유치산업(Infant Industry)도 육성해야 하기 때문이다. 기업이 예전처럼 과거의 사회적 기여만 주장하면서 특별한 대접을 받기 바란다면 다 큰 어른이 신생아의 젖병을 빠는 것과 다르지 않다.

우리의 재벌은 다시 한번 기업가 정신으로 무장된 한국 경제 부흥의 주축이 되어야 한다. 실패를 두려워하지 말고 무언가 새로운 것을 만들고, 글로벌 경쟁에 뛰어들어야 한다. "Make something New! Go to Global!" 이 두 가지만 충실히 해도, 성패와 상관없이 박수를 받을 것이다. 언제까지 '후진적인 지배구조'니 '오너 리스크'니 하는 오명을 뒤집어쓰고 있을 것인가? 기업 본연의 기능인 부가가치와 고용 창출에 더 집중해야 한다.

한강의 기적과 함께한 재벌의 성장

우리나라는 세계 어느 곳에서도 찾아보기 힘든 급속한 성장을 한 국가다. 고속성장을 가능하게 했던 이유는 국가와 국민의 힘도 컸지만 기업의 역할도 중요했다. 삼성, 현대, LG 등 대기업 집단(재벌)이라는 엘리트 대표 선수를 선발해 국가 경제를 일으켜 세우는 중요한 역할을 부여했다. 그들 대표 선수들은 국가를 대신해 경제개발 과정에서 중요한 과제들을 수행했다. 그 대가로 보호와 육성을 넘어 다양한 특혜도 받았다. 유치산업이라는 이름 아래 국내외 잠재 경쟁 기업들로부터 보호받았고, 대주주의 이익 추구 행위와 과오는 눈감아주었다.

우수한 정부와 국민이 있다고, 국가적 지원을 아끼지 않는다고 모두 우리 기업들처럼 글로벌 경쟁에서 승리할 수 있는 것은 아니다. 국가대표 선수들에게 총력 지원을 한다고 항상 금메달을 딸 수 있는 것이 아니듯 말이다. 우리 기업의 남다른 노력과 도전과 성공은 축하하고, 존중할 만하다.

하지만 공이 있으면 과가 따르는 법이다. 우리 대기업 집단의 그늘은 우리나라만의 독특한 기업지배구조의 특징인 '재벌'이라는 단어에 잘 녹아 있다. 재벌은 때로는 대기업 집단을 의미하고 때로는 그 대주주이자 경영권을 가진 총수 일가를 의미하는 단어다.

위키피디아를 보면 재벌은 일반적인 대기업 집단(Conglomerate)과 차이가 있다. 대기업 집단이 재벌이 되기 위해서는 다양한 산업에 걸쳐 많은 계열사를 거느려야 하고, 오너나 오너 일가에 의해 지배되어야 한다. 때로는 법의 권능을 넘어서기도 한다. 위키피디아에는 긍정적인 표현보다 부정적 표현이 많다.

복잡한 지배구조와 문어발식 확장을 통한 선단식 경영과 자녀(주로 아들, 특히 장남)에게 경영권을 물려주는 관행이 재벌의 가장 큰 특징이다. 또한 오너 일가가 일부 회사에 대한 적은 지분으로 여러 회사를 거느리며, 배당을 하지 않는 등 일반 주주를 희생시키는 대주주 중심의 경영 때문에 비판받는다고 기술되어 있다.

초기의 재벌은 폐허가 된 한국 경제를 일으켜 세우는 데 크게 기여했을 뿐 아니라 정치적으로도 중요한 역할을 했다. 현대의 정주영 회장은 정치인으로 변신해 대통령 선거에 나갔고, 이명박 현대건설 사장은 17대 대통령을 지냈다. 이건희 회장은 동계올림픽 유치 등 국가적 기여를 했다.

우리나라 경제는 20세기 중반까지만 해도 농업사회를 못 벗어나고 있었다. 1961년 이승만 정권이 무너지고 박정희 정권이 집권한 이후 강력한 경제 부흥 정책이 이어졌고, 건설, 철강, 화학, 자동차, 조선 등 기간산업을 육성했다. 당시 선택받은 일부 재벌들의 성장 배경에는 정부의 보호와 보증이 있었다. 유치산업 보호라는 명분하에 정부로부터 진입장벽을 제공받았고, 정부 보증으로 외자를 들여오고, 은행으로부터 저렴하게 자금을 조달해 기간산업에 집중적으로 자본을 투입할 수 있었다.

아무것도 없던 시절이라 선택받은 엘리트 기업 집단이 국민 생활과 산업의 모든 영역에 걸쳐 생산·판매는 물론 시장 질서를 수립하고 수입과 수출까지 모든 역할을 담당해야 했다. 당장의 성장이 중요했으므로 지금처럼 정경유착, 독과점, 경제력 집중에 대해 비판할 겨를이 없었다.

한국이 아시아의 네 마리 용 중 하나가 될 수 있었던 것은 1960~1980년대까지 이들 재벌이 나름 사회로부터 부여받은 역할을 잘 수행한 결과로 볼 수 있다. 박정희 정권과 관료들은 재벌에게 수시로 경제 발전을 위한 아이디어를 구했고 이를 경제성장의 수단으로 삼았다. 1960년대에 생필품 수입을 대체하는 것부터 1970~1980년대 중공업과 수출품의 생산까지 경제 전 분야에서 재벌의 역할이 두드러졌다. 기업의 본질적 생산 기능을 넘어 경제의 청사진을 그리는 정책 수립까지 재벌의 역할은 방대했다.

1990년대 이후 우리 산업은 가전, 반도체 등의 하이테크 산업으로의 변신하기 시작했다. 그러나 1990년대 이후 통제되지 못한 재벌들의 욕망이 과도한 오너십 레버리지와 재무적 레버리지로 표출되었고 외환위기의 단초를 제공했다. 이승만 정권에서 잘나가던 부호들은 대부분 부패청산과 함께 사라졌으며, 경제성장은 주로 1970~1980년대에 이뤄졌다.

우리나라의 재벌은 1940~1950년대는 형성기, 1960년대는 현대적 기업으로 변화기, 1970~1980년대는 성장기, 1990년대는 성숙기와 쇠퇴기를 거쳐 1세대의 사이클이 완료되었다고 볼 수 있다.

2000년대는 외환위기를 극복하고 살아남은 기업들의 2세대 상속인이 전면에 나서는 시기였다. 재무구조를 안정화하고, 정부 보호의 그늘에서 벗어나 본격적으로 글로벌 경쟁을 해야 했다. 실제 제조업의 평균 부채 비율을 보면 1996년 말 317퍼센트에서 2016년 6월 말 72퍼센트로 낮아졌다. 철강, 화학, 섬유, 자동차, 중공업, 조선, 디스플레이, 가전, 반도체, 태양광 등 자본집약적 2차 산업에서 세계 일류 기업이 탄생했다. 제2 도약의 시기였지만 한편으로는 냉혹한 글로벌 경쟁에 그대로 노출되어 양극화·차별화되는 시기였다.

외환위기 전과 지금의 30대 기업 집단 현황을 보면 기업들에게 외환위기와 금융위기는 삶과 죽음의 갈림길이었다는 것을 알 수 있다. 방만한 경영을 하는 기업, 경쟁력이 없는 기업은 이러한 위기의 시기에 자연스럽게 걸러진다.

다가올 위기를 준비하지 못한 기업, 압도적 시장 지위와 경쟁력을 갖추지 못한 기업, 재무구조를 튼튼히 하지 못한 기업은 도태되었다. 1970~1980년대 고도성장기 개발경제 시절의 기억만 답습하던 대우, 쌍용, 한보, 기아, 동아건설, 진로, 고합, 해태, 뉴코아, 아남, 거평, 미원, 신호 등 많은 기업 집단이 역사의 뒤안길로 사라져갔다. 2008년 금융위기와 함께 STX, 금호, 웅진, 대한전선 등 레버리지의 단맛에 취해 무분별한 M&A를 진행하느라 재무구조를 튼튼히 하지 못한 그룹과 신흥 재벌들도 도태되었다. 그 사이에 이렇다 할 경영 실패를 하지 않고도 상대 순위가 내려가거나 사세가 기운 기업 집단도 있다. 적절한 시기에 업종 전환이나 업계 지위를 끌어올리지 못한 기업들이다. 현대, 한진, 한솔, 한라, 대림, 동부, 동양, 동국제강, 코오롱과 같은 기업들이 바로 이들이다.

유난히 수명이 짧은 국내 기업들

30대 그룹 가운데 외환위기 이후 20년간 외형을 지킨 그룹은 13개(현대, 삼성, 엘지, SK, 한진, 한화, 롯데, 금호, 두산, 대림, 효성) 정도다. 그중에도 금호와 두산은 실질적인 워크아웃 상태여서 30대 그룹에서 제외하는 것이 맞다. 13개 그룹(대우, 쌍용, 기아, 동아건설, 진로, 고합, 동양, 해태, 뉴코아, 아남, 거평, 미원, 신호)은 부도를 맞았고 7개 그룹(한라, 한솔, 동국제강, 코오롱, 동부, 금호, 두산)은 본체를 잃었거나 30위권 밖으로 순위가 밀렸다. 10위 이내에서도 세 개가 사라졌다. 11~20위권에서는 그 변동이 심해졌고, 21~30위 사이의 기업은 살아 있는 기업이 한일밖에 없다. 1997년 말 이전에도 30대 그룹에 이름을 올리던 많은 기업들이 외환위기로 부도에 이르렀다(한보, 삼미, 삼립, 대농, 한신공영, 쌍방울, 한라, 청구).

1998년 외환위기의 파도가 가장 무서웠다. 재벌 기업 가운데 11개가 1997년 7월에서 1999년 1월 사이에 무너졌다. 우리나라의 외환위기는 원화 가치의 급락에서 촉발되었지만 기업들의 현금 창출력 대비 과도한 외화 부채가 가장 큰 원인이 되었다. 레버리지를 통한 문어발 확장으로 압축 성장을 할 수 있었지만 그것이 과잉투자가 되어 현금 창출력이 떨어진 것이다. 좁은 나라에서 자동차 생산 기업이 일곱 개나 있었으니 얼마나 과잉 투자가 심했는지 알 수 있다. 이러한 과잉 투자는 반도체, 가전, 조선, 화학, 철강 등 제조업과 은행, 보험, 증권 등 금융업을 가리지 않고 일어났다. 부채 비율 1000퍼센트 이상인 기업을 어렵지 않게 볼 수 있었고, 대우나 현대처럼 규모가 큰 기업일수록 자금 조달이 용이해서 부채 비율이 높은 경향이 있었다. 기업의 부실은 결국 은행과 증권의 부실로 전이되어 금융 시스템 전반의 위기로 확대되었다. 정경유착, 뇌물이 오고 간 은행의 부실 대출, 분식회계, 사기, 배임 등의 부끄러운 민낯이 그대로 드러났다. 그리고 문어발식 확장, 레버리지에 의한 글로벌 다각화 등 과거에는 당연시 여겼던 압축 성장의 비법들이 이제는 모두 부실의 원흉이 되었다.

외환위기로 많은 재벌이 무너지자 기업 집단은 삼성, 현대, LG 등의 소수 상위 그룹에 집중되었다. 부채 비율은 낮아졌지만 예전처럼 높은 성장은 어려워졌다. 정부는 기업을 통한 성장보다는 가계부채를 기반으로 한 내수 성장에 더욱 애를 쓰는 모양새였다. 결과적으로 위기는 빨리 극복할 수 있었지만 재벌의 경제력 집중 문제는 더욱 심각해졌다. 삼성그룹이 우리나라 수출과 GDP에서 차지하는 비중은 20퍼센트를 넘어섰다. 범 삼성가로 확대하면 그 의존도는 더욱 높아진다.

[도표 2-4] 외환위기 직전 vs 현재 30대 그룹 변동 현황

	1997				2020			
순위	기업명	소속 회사 수 (개)	자산 총액 (조 원)	자산 비중	기업명	소속 회사 수 (개)	자산 총액 (조 원)	자산 비중
1	현대	57	53.6		삼성	59	802.9	
2	삼성	80	51.7		농협	58	459.8	
3	LG	49	38.4		현대자동차	54	289.7	
4	대우	30	35.5		SK	125	225.5	
5	선경	46	22.9		한화	86	206.8	
1~5위 소계		262	202.1	58.0%		382	1,984.8	60.7%
6	쌍용	25	16.5		LG	70	137.0	
7	한진	24	14.3		롯데	86	129.2	
8	기아	28	14.3		미래에셋	38	120.2	
9	한화	31	11.0		교보생명보험	13	116.7	
10	롯데	30	7.8		포스코	35	80.7	
1~10위 소계		400	266	76.3%		624	2,568.6	78.6%
11	금호	26	7.5		한국투자금융	28	68.3	
12	한라	18	6.6		GS	69	66.8	
13	동아건설	19	6.5		DB	20	65.9	
14	두산	25	6.4		현대중공업	30	62.9	
15	대림	21	6.2		태광	19	49.4	
16	한솔	23	4.3		신세계	41	44.1	

17	효성	18	4.1	KT	44	38.9
18	동국제강	17	4.0	카카오	97	35.7
19	진로	24	4.0	CJ	77	34.5
20	코오롱	24	3.9	한진	31	33.5
21	고합	13	3.7	두산	25	29.3
22	동부	34	3.7	다우키움	48	25.5
23	동양	24	3.4	LS	54	23.7
24	해태	15	3.4	부영	23	23.3
25	뉴코아	18	2.8	대림	32	18.7
26	아남	21	2.7	금호아시아나	27	17.6
27	한일	7	2.6	에쓰-오일	3	16.7
28	거평	22	2.5	현대백화점	25	16.0
29	미원	25	2.2	효성	54	15.7
30	신호	25	2.2	유진	46	14.9
	총계	819	348.7	총계	1417	3,269.9

Top5로 집중이 심화되다

30대 그룹 자료를 분석할 때 착시 요소가 많다. 먼저 3대 그룹이 9개 사로 분화되었다. 삼성그룹에서는 신세계와 CJ가, 현대그룹에서는 현대중공업와 현대백화점, HDC, LG그룹에서는 GS와 LS가 새로 분할

되었다. 이들이 상위에 랭크되어 나머지 그룹들이 자연스럽게 순위에서 밀리는 결과가 되었다. 또한 해체된 대우그룹에서 채권단으로 넘어가 산업은행이 보유하고 있는 대우조선해양과 대우건설도 순위의 착시를 일으키는 요인이다. 민영화로 편입된 포스코, 농협, KT는 원래부터 30대 그룹에 편입될 만한 외형을 갖춘 기업 집단이지만 오너가 있는 대기업이 아니어서 분석에서 제외했다.

이렇게 보면 오너가 있는 30대 그룹에서 Top 5인 삼성, 현대, LG, SK, 롯데의 비중은 1997년 58.0퍼센트에서 65.5퍼센트로 증가했으며, 계열 분리된 그룹들까지 합하면 80.3퍼센트까지 증가한다. 삼성, LG, SK 계열이 가파른 성장을 보였으며 특히 SK그룹은 15.6배나 외형을 키웠다.[1]

시가총액으로 살펴본 국내 재계 순위

공정거래위원회와 각종 법률에서 재계 순위를 자산 규모로만 따지다 보니 경제적 실질을 반영하지 못하는 경우도 많다. 또한 재벌들이 자기자본과 시가총액이라는 실속보다는 자산총계라는 외형에만 집중

1 통계상 자산총계 계산 시 금융보험사는 대차대조표상 자산이 아니라 자본금 또는 자본총계 중 큰 금액을 자산으로 의제(공정자산)해 계산함.

하는 경향을 만들 수 있다. 셀트리온, 네이버, 카카오, 아모레퍼시픽 등 시가총액을 기준으로 보면 사회에 미치는 영향력이 훨씬 크지만 대기업 집단으로서 규제를 피하거나 사회적 의미가 폄하되는 경우가 종종 있다.

반대로 두산, 한진, 금호처럼 부채의 바벨탑을 쌓아 자산 규모만 큰 기업 집단을 재계 서열 상위에 랭크시킴으로써 사회적으로 레버리지를 권하는 결과가 초래되었다. 지금까지 워크아웃과 법정관리에 이르렀던 수많은 기업들이 결국 외형 경쟁에 몰두해왔다는 것은 주지의 사실이다.

기업의 현재는 물론 미래 전망과 대주주의 재산 상태를 동시에 보아야 하므로 시가총액도 동시에 보는 것이 필요하다.

여기서 기업의 순위를 정할 때 시가총액을 적용하느냐 자기자본을 적용하느냐가 중요한 관심사다. 기업의 가치는 지속적으로 변화하므로 공정한 시가가 있다면 자기자본의 가장 정확한 추정치(best estimator)가 될 것이다. 따라서 상장사는 시가총액으로, 비상장 계열사는 자기자본으로 특정 시점의 자기자본 가치를 추정한다면 비교적 정확한 시가가 반영될 수 있다. 이렇게 기업 집단별로 각 계열사들의 자기자본의 시가를 추정해 더한 값이 [도표 2-5]의 마지막 열에 있는 MV_equity다.

이렇게 하면 기업들은 허울뿐인 자산 규모에 집착하지 않고 기업의 경제적 성과와 전망을 반영한, 가장 시세에 가까운 시가총액 가치를 극대화하기 위해 애쓰게 된다. 이는 과거보다는 미래에, 외형보다

[도표 2-5] 시총 및 자산·자본 총계 비교

(단위: 십억 원)

MV_equity 순위	기업집단	시가총액 (19.12.31)	자산 총계	자본 총계	매출액	당기 순이익	MV_equity
1	삼성	479,579	802,722	338,755	314,349	19,605	523,397
2	SK	131,474	225,526	132,708	161,353	7,965	165,330
3	현대자동차	88,140	289,736	151,882	185,315	7,908	105,638
4	LG	83,933	136,967	67,651	122,238	-87	90,136
5	농협	4,242	459,822	53,702	56,233	2,096	52,000
6	롯데	21,819	129,155	61,863	65,271	466	46,724
7	셀트리온	32,793	8,838	5,905	2,409	280	33,775
8	포스코	27,117	80,714	56,369	68,252	2,102	33,360
9	현대중공업	17,375	62,863	36,601	47,877	695	32,854
10	네이버	30,243	10,326	7,172	5,608	783	31,886
11	GS	11,868	66,753	33,067	62,404	1,943	31,236
12	한화	10,674	206,822	41,736	57,921	863	25,984
13	CJ	16,946	34,538	16,189	24,038	335	19,054
14	아모레퍼시픽	18,103	8,289	7,272	5,386	483	19,012
15	카카오	13,234	35,658	10,445	4,301	-240	18,395
16	신세계	8,636	44,088	22,989	29,243	1,026	17,353
17	KT&G	14,135	11,715	9,953	4,730	1,026	16,193
18	넷마블	14,516	8,315	6,074	4,397	387	15,319
19	한국투자금융	4,035	68,272	13,704	11,404	1,330	12,901
20	KT	8,459	38,940	18,883	28,522	729	12,706

21	교보생명보험	335	116,688	13,132	15,706	641	12,506
22	미래에셋	5,904	120,249	17,571	17,003	720	12,289
23	영풍	10,078	12,445	10,348	9,380	703	11,275
24	에쓰-오일	10,819	16,727	6,625	24,677	70	10,958
25	LS	4,215	23,717	13,042	22,975	289	9,951
26	두산	8,136	29,269	12,012	12,003	100	9,710
27	넥슨	241	9,464	8,316	2,561	1,449	8,449
28	현대백화점	5,510	16,027	11,583	8,920	477	8,030
29	한진	5,993	33,549	6,992	16,379	-563	7,081
30	부영	0	23,284	6,881	1,369	-252	6,881
31	대림	3,485	18,695	9,467	13,804	663	6,768
32	DB	5,346	65,936	8,515	21,050	588	6,581
33	한국타이어	5,927	9,387	7,606	4,323	361	6,247
34	호반건설	23	9,147	6,243	4,571	535	6,244
35	하림	4,178	12,606	7,258	7,331	58	5,993
36	IMM 인베스트먼트	0	7,021	5,892	557	65	5,892
37	효성	4,371	15,682	5,783	14,876	243	5,786
38	다우키움	3,522	25,497	4,902	3,712	476	5,417
39	동원	2,398	7,874	4,531	6,105	216	5,289
40	이랜드	895	9,874	4,540	4,562	488	4,750

[도표 2-6] MV_equity 에 따른 실질적 재계 서열 순위

MV_ equity 순위	기업 집단	동일인	계열회사 수	시가총액 순위	자산총계 순위	자본총계 순위
1	삼성	이재용	59	1	1	1
2	SK	최태원	125	2	4	3
3	현대자동차	정몽구	54	3	3	2
4	LG	구광모	70	4	6	4
5	농협	농협중앙회	58	28	2	7
6	롯데	신동빈	86	8	7	5
7	셀트리온	서정진	9	5	48	37
8	포스코	(주)포스코	35	7	10	6
9	현대중공업	정몽준	30	10	14	9
10	네이버	이해진	43	6	38	29
11	GS	허창수	69	15	12	10
12	한화	김승연	86	17	5	8
13	CJ	이재현	77	11	19	14
14	아모레퍼시픽	서경배	15	9	51	27
15	카카오	김범수	97	14	18	20
16	신세계	이명희	41	19	16	11
17	KT&G	KT&G	10	13	35	22
18	넷마블	방준혁	25	12	50	36
19	한국투자금융	김남구	28	31	11	15
20	KT	KT	44	20	17	12

21	교보생명보험	신창재	13	57	9	16
22	미래에셋	박현주	38	24	8	13
23	영풍	장형진	26	18	32	21
24	에쓰-오일	에쓰-오일	3	16	27	34
25	LS	구자홍	54	29	23	17
26	두산	박정원	25	21	21	18
27	넥슨	김정주	18	58	45	25
28	현대백화점	정지선	25	25	28	19
29	한진	조 원태	31	22	20	31
30	부영	이중근	23	60	24	32
31	대림	이준용	32	33	25	23
32	DB	김준기	20	26	13	24
33	한국타이어	조양래	24	23	46	26
34	호반건설	김상열	36	59	47	35
35	하림	김홍국	52	30	31	28
36	IMM 인베스트먼트	지성배	79	60	55	38
37	효성	조석래	54	27	29	39
38	다우키움	김익래	48	32	22	43
39	동원	김재철	25	36	52	45
40	이랜드	박성수	31	54	41	44

출처: 기업집단포털, Quantiwise.

주: 1) 기업집단 선정 기준일: 2020년 5월 공정거래위원회 지정 공시대상 기업 집단, 공기업 제외.

2) 시가총액 기준일: 2019년 12월 31일.

3) MV_equity: 계열회사의 기업가치 총합(상장 시 시가총액, 비상장 시 자본총계).

는 실속에, 형식보다는 본질에 집중할 수 있게 한다.

공정위에서 재계 순위를 정할 때는 금융계열사를 제외한 자산 규모로 판단하므로 MV_equity로 보면 지금처럼 금융사는 자기자본만 더하고 비금융사는 자산 규모를 더해 산출하는 것에 비해 통계적으로 일관되고 합리적이다. 그러나 MV_equity로 볼 경우 너무 유행에 민감해지는 경향이 생길 수 있다. 특정 산업이 버블이거나 심한 디스카운트일 경우 장기적 경쟁력과 경제적 의미에 비해 일시적으로 해당 주가가 과대평가 또는 과소평가될 수 있다. 지금처럼 바이오나 인터넷 기업이 유행인 경우 셀트리온(7위), 아모레퍼시픽(14위), 네이버(10위), 카카오(15위)와 같은 기업이 자산 순위나 매출액 순위에 비해 높은 MV_equity를 보인다. 특히 네이버와 카카오는 연초 대비 주가가 더 많이 올라 그 순위는 상승세에 있다. 2020년 11월 4일 기준으로 시가총액 상위 기업 순위에서는 네이버(4위 49조 원)가 현대차(6위 37조 원)를 앞질렀고, 셀트리온(7위 37조 원), 카카오(9위 32조 원)도 10위 안에 랭크되어 있다.

3장

한·중·일 재벌, 어떻게 다른가?

일본의 재벌 자이바츠

우리나라의 재벌과 같은 한자를 쓰는 일본의 자이바츠(財閥)는 여러 가지 면에서 우리나라 재벌과 닮아 있다. 자이바츠는 메이지유신 이후 일본 제국주의가 시작되는 시점(1868~1887)에 태동해 제2차 세계대전까지 일본 경제 발전의 심장과 같은 역할을 담당했던 기업 집단의 형태다.

우리의 재벌처럼 처음에는 지방에서 출발해서 중앙 무대로 진출해 전국구가 되었고, 혈족이 중심이었다. 자이바츠라는 말은 제1차 세계대전 직후만 해도 잘 언급되지 않던 표현이지만 제2차 세계대전 직전에는 그 막강한 영향력이 절정에 이르고 그 후 다소 부정적이며, 역사적인 단어가 된다.

이들은 적은 자본으로 막대한 부를 통제했으며, 메이지유신에서부

[도표 2-7] 일본의 주요 자이바츠

4대 자이바츠	· 미쓰비시(三菱財閥) · 미쓰이(三井財閥)	· 스미토모(住友財閥) · 야스다 (安田財閥)
2위 그룹	· 아사노 (浅野財閥) · 후지타 (藤田財閥) · 후루카와 (古河財閥) · 모리 (森コンツェルン) · 가와사키 (川崎財閥) · 나카지마 (中島飛行機) · 니치츠 (日窒コンツェルン)	· 닛산 (日産コンツェルン) · 닛소 (日曹コンツェルン) · 노무라 (野村財閥) · 오쿠라 (大倉財閥) · 리켄 (理研コンツェルン) · 시부사와 (渋沢財閥) · 스즈키 쇼텐 (鈴木商店): 부도

터 제2차 세계대전까지 황실 등 정치권과 유착해 특혜와 영향력을 행사했다. 4대 자이바츠는 제1차 세계대전에서 제2차 세계대전 사이에 그 세력이 급격히 커졌으며, 군대는 물론 정부도 통제할 정도로 그 힘이 막강했었다. 4대 자이바츠는 일본 전체 주식 시가총액의 70퍼센트, 기계장비와 대외 무역의 50퍼센트를 차지했다. 또한 화학, 제철, 광산 등 주요 기간산업의 30퍼센트 이상을 점유했다.

우리나라처럼 일본의 재벌도 종종 책, 보드게임, 비디오게임, 코믹물, 액션물 프로그램 등의 소재로 사용되었다. 야쿠자와 거래하는 은밀하고 부정적인 이미지가 많았지만 부러움의 대상이기도 했다. 「꽃보다 남자」의 주인공 F4는 4대 재벌가의 상속자들이다.

우리나라 재벌과의 차이점은 우리가 피라미드식 출자와 순환출자 구조였다면 자이바츠는 지주회사 체제를 갖추고 있었다. 오너가 지주회사를 통제하고 지주회사의 자회사와 손자회사 증손자회사로 내려가는 수직적 지배구조였다. 또한 우리나라는 지주회사 안에 금융사를 둘 수 없지만 일본은 주로 은행이나 보험사를 중심으로 큰 그룹을 이루는 경우가 많았다. 또한 자이바츠는 재벌과 비슷하지만 보다 개방적이었는데, 경영에 재능 있는 사람을 가문에 양자로 들여 실제 경영권을 물려주기도 했다.

제국주의 시기에 4대 자이바츠는 경제뿐 아니라 군대에까지 영향력을 미쳤다. 제2차 세계대전 당시 미쓰이는 입헌정우회(立憲政友会)라는 정당을 통해 육군을 손아래 두었으며, 미쓰비시는 입헌민정당(立憲民政党)을 통해 해군을 통제했다.

맥아더(Douglas MacArthur) 장군은 제2차 세계대전 이후 자이바츠들이 지주회사를 통해 적은 자본으로 막대한 부를 거느리면서 침략전쟁의 전주 노릇을 한다는 이유로 이를 해체시켰다. 동시에 다른 회사를 지배하기 위해 존재하는 지주회사를 법으로 금지시켰다. 우리나라에서 1981년 신군부가 재벌을 견제하기 위해 지주회사를 법으로 금지시켰는데 그것은 일본의 법을 그대로 가져온 것이다.

아이러니하게도 일본 재벌을 해체한 미군은 우리나라에서는 재벌의 씨를 뿌렸다. 일제가 한반도에 남기고 간 수탈의 도구였던 기업과 재산을 미군정이 민간에 팔았다. 적산 기업은 재벌의 기원이었다. 한때 여당 대표였던 김무성 대표와 김문희 씨(현대그룹 현정은 회장의 어머니)의 아버지인 김용주도 그 예다. 식민지 시절에 '일본과 조선은 한민족'이라 설파하던 그는 광복 이후 미군정으로부터 적산 기업을 불하받아 전남방직을 설립했고 1950년대 대기업 23곳 중 하나의 회장이 됐다. 세월이 흐르면서 그 영향력이 약화되었으나 재벌에 대한 반감의 기저에는 이러한 역사적 배경이 있다.

[도표 2-7] 일본의 4대 자이바츠

미쓰이	미쓰이는 에도 시대의 상인이었던 미쓰이가 창업한 그룹으로 현재 SMFG(Mitsui Sumitomo Financial Group)를 중심으로 다양한 업종에 진출한 재벌가.	MITSUI SMFG
미쓰비시	미쓰비시는 이와사키 야타로가 세웠던 미쓰비시 상회가 효시, 지금은 화학, 중공업, 에너지, 금융, 해운, 식품, 유통 등 미쓰비시가 진출하지 않은 분야가 없을 정도로 큰 영향력을 미치며 활동하고 있는 재벌가.	MITSUBISHI
스미토모	스미토모는 스미토모 도모치가 세운 구리제련 사업에서 출발해서 오늘날 약 400년이 넘는 세월을 이어온 세계에서 가장 오래된 재벌가.	SUMITOMO
야스다	야스다 젠지로가 세운 환전상에서 출발해 금융에 강점을 가진 일본의 대표 금융 재벌가. 일본 3대 금융 그룹인 미즈호 파이낸셜 그룹을 비롯한 야스다 부동산과 메이지 야스다 생명보험, 손포재팬 등을 거느림.	YASDA

자이바츠는 1920~1930년 사이에 좌우 가를 것 없이 정치적 스펙트럼을 넓혔다. 1929년 대공황에도 불구하고 환투기, 저임금, 전쟁물자 조달로 안정적인 성장가도를 달렸다.

1932년 2월 9일 이노우에 준노스케(井上準之助) 전 대장대신(재무부 장관)이 암살당했다. 그는 미쓰비시 그룹 총수의 동서였다. 같은 해 3월 5일에는 일본 양대 재벌의 하나였던 미쓰이 이사장 단 다쿠마(團琢磨)가 미쓰이은행 현관 앞에서 혈맹단(血盟團)이라는 극우 단체에 의해 살해됐다. 이를 계기로 일본의 자이바츠는 사회 기부를 늘리는 등 이미지 개선에 힘을 썼다.

제2차 세계대전 직후 연합군의 자이바츠 재산 압류

러일 전쟁(1904) 이후에는 일명 2군 자이바츠가 생겨났다. 대부분 사업의 결합과 수익성 높은 군대와의 계약을 따낸 기업들이다. 오쿠라, 후루카와, 나카지마 그룹 등이 2군 자이바츠다. 1930년대에는 일본의 산업화 경험을 만주국으로 확장하면서 이들 기업끼리 연합을 통해(Business circle) 독점력을 높이는 관행도 있었다. 이 과정에서 닛산과 같은 신흥 자이바츠들이 탄생했다. 이러한 신흥 자이바츠들은 기존의 특정 재벌가에 의해 통제되지 않는다는 측면에서 전통적 자이바츠와 구별된다.

자이바츠는 군대에 의해 많은 특혜를 받아 성장했지만 결국 너무 군대에 의존한 결과 파괴되고 해체되었다. 미군정에서는 16개의 대표적 자이바츠를 완전히 해체시켰고 26개는 재구성했다. 전범을 처벌한다는 의미도 있었지만 특정 자이바츠가 공정한 경쟁을 침해하고 독점적으로 특혜를 누리는 것은 민주적이지 않고 시장의 효율성을 침해한다고 보았기 때문이다.

1947년 아사노, 후루카와, 나카지마, 닛산, 노무라, 오쿠라 등이 해체 대상이 되었고 야스다는 1946년 스스로 해체했다. 가족 재산은 차압되고, 지주회사는 해체되었으며, 이사회 겸직도 금지되었다.

마쓰시다(지금의 파나소닉)는 자이바츠는 아니었지만 해체 대상이었다. 다행히 1만 5,000여 명의 노동자와 그 가족들의 탄원으로 해체에서 제외되었다. 그러나 완전한 재벌 해체는 불가능했다. 아시아의 공산화가 가속화되자 미군정은 이를 막기 위해 일본의 산업화를 진행했고 재벌 해체 명령은 폐지되었다.

오늘날 일본의 기업 집단은 자이바츠 가문의 이름을 쓰거나 그 후손들을 주주로 일부 참여시키고 있지만 특정 가족에 의해 통제되지는 않는다. 더 이상 정치 권력과 결탁해 특혜를 누리지도 않는다. 지주회사를 통한 문어발식 확장으로 경제 전반을 주무르지도 않는다. 그러한 의미에서 자이바츠는 성공적으로 해체되었다고 볼 수 있다. 이제는 수평적 지배가 이루어지는 게이레츠(系列) 체제에 가깝다.

제2차 세계대전 이후 새롭게 떠오른 신흥 세력 게이레츠

우리나라 재벌은 흔히 일본의 게이레츠와 비교되기도 한다. 게이레츠는 제2차 세계대전 이후 일본에서 형성된 특유의 기업 결합 시스템이다. 게이레츠는 전쟁 후 해체된 자이바츠들이 서로 상대방 회사의 주식을 20~30퍼센트 정도 보유해 거래상 시너지를 창출하기 위한 것이었다.

게이레츠는 전후 경제 복구 과정에서 기업의 돈 줄을 쥐고 있던 은행들을 중심으로 형성되었다. 이에 비해 재벌은 대기업 집단의 총수를 중심으로 만들어진 인적 결속력이 높은 결합이라는 차이가 있다. 일본의 게이레츠는 은행의 전문적 관리인이 통제하지만 우리나라는 재벌가의 가족이 경영과 통제를 한다는 점이 특징이다. 게이레츠는 통제력이 분산되어 있지만 재벌은 통제가 일원화되어 있다.

우리 재벌은 생산의 전 과정을 계열 자회사들이 책임지지만 일본 기업들은 생산 과정에서 많은 부분을 협력사에 아웃소싱해왔다. 이에 따라 게이레츠는 같은 금융기관에 의해 통제되고, 거래 관계에 따라 자연스럽게 형성된 지분의 결합으로 볼 수 있다. 게이레츠 안에는 반드시 금융기관이 존재하며 금융기관과 긴밀한 관계를 유지하지만 우리나라 재벌은 은행을 소유할 수 없다. 초기 자이바츠는 금융기관보다는 정부와 더 긴밀한 관계를 유지했다. 정부가 은행을 직간접적으로 지배하고 있었으므로 정부 관료를 통하면 은행 대출이 어렵지 않았기 때문이다.

게이레츠는 계열 은행(affiliated bank)을 통해 무한대 대출이 가능했다. 1980년대 후반 은행은 기업에 무한대 대출을 해주었고, 부동산은 한없이 올랐다. 기업은 본업을 망각하고 부동산 투자에 골몰했다. 1985년 플라자합의로 엔화 가치가 두 배로 폭등하자 일본의 버블은 심각해졌다. 1988년 기준 일본 주식 시장의 시가총액은 480조 엔으로 미국보다 1.5배 컸으며, 국토 총평가액은 1,600조 엔으로 미국의 네 배였다. 국가 경제 악화, 산업 환경 악화, 과도한 확장 등 기업 고유의 요인으로 게이레츠 전반의 신용도가 떨어지자 은행의 신용도도 함께 악화되었다. 기업의 리스크가 은행의 리스크로 그대로 전이된 것이다.

1990년 주식 시장 붕괴와 1991년 부동산 버블 붕괴로 이른바 일본의 좀비 은행이 만들어지게 되었다. 한 번 좀비 은행이 만들어지면 그 굴레를 빠져나오기 힘들었는데, 부실을 숨기기 위해 부실 대출자들에 오히려 더 많은 대출을 해주었기 때문이다. 2003년 우리나라 카드 위기 때도 마찬가지였다. 그래야 연체율과 대손율이 낮아지기 때문이다. 그리고 이미 부실해진 은행들은 안전하지만 낮은 금리의 대출보다는 이른바 '부활을 위한 도박'을 벌이는 경향이 있다. 이렇게 되면 건전한 기업들은 오히려 대출을 받기 어려워진다. 2005년까지 일본의 은행 부문 부실채권 처리액은 118조 엔으로 잃어버린 20년을 만든 중요 원인 중 하나였다.

그래도 우리나라는 정부가 은행을 통제하고 있었으므로 은행이 부실화되는 것은 상대적으로 덜했다. 외환위기 당시 8대 시중은행의 무수익 여신은 35조 8,000억 원이었다. 우리도 심각하긴 했지만 뱅크런과 상환 불능 상태는 아니었다.

중국 4대 가족과 권력

중국의 4대 가족은 국민당 정부가 국공 내전으로 본토에서 밀려나기 전까지 장제스의 주위에서 중국의 정치와 경제 전반을 장악하고 있던 네 가문을 가리킨다. 각각 장제스(蔣介石) 가문, 장제스의 부인 쑹메이링(宋美齡)의 가문, 장제스의 동서 쿵샹시(孔祥熙)의 가문, 장제스의 선배 천리푸(陳立夫)·천궈푸(陳果夫)의 가문이다. 이 네 집안은 장제스를 중심으로 하는 혈연 관계 혹은 인척 관계에 있으며, 중국

장제스

쑹메이링

쿵샹시

을 정치·경제적으로 지배했다.

'4대 가족'이라는 명칭은 마오쩌둥(毛澤東)이 1947년 12월의 중국 공산당 중앙위원회 전체회의에서 한 보고와 천보다(陳伯達)의 저서 『중국 사대가족』(1946)에 의해 유명해졌다. 4대 가족은 원래는 지방의 소자산가(小資産家) 내지는 매판(買辦)에 지나지 않았는데, 내전의 과정에서 점차 부를 쌓았으며, 특히 장제스가 1927년에 정권을 잡은 뒤 국민당 및 정부와 긴밀히 맺어져, 중국 경제의 지배권을 확립하기에 이르렀다. 이것이 이른바 '관료자본(官僚資本)'으로, 중국의 독특한 국가독점자본이다. 그 후 이들은 중일 전쟁 시기에 거대한 부를 축적했는데, 공산 정권이 성립하면서 전 재산이 몰수되었다. 4대 가족은 일부가 타이완으로, 다른 일부는 미국이나 그 밖의 지역으로 탈출했다.[2]

중국 4대 가문과 그 구성원들의 인생은 근대 중국에 존재하고 있던 극적인 인간 군상들의 모습을 고스란히 보여주고 있다. 그 시작으로 장씨는 절강의 유복한 '소금상인'이었고, 쑹씨는 해남의 찢어지게 가난한 '농민'이었고, 쿵씨는 산서의 빈한한 '지식인'이었고, 천씨는 절강의 몰락한 '지방 유지'였다. 오늘날 중화인민공화국에서 사용되는 오성홍기(五星紅旗)의 작은 네 별이 각각 노동자, 농민, 지식인, 민족자본가를 상징한다는 점을 생각하면 중국 4대 가문의 이러한

---

2 두산백과 (https://m.doopedia.co.kr/doopedia/master/master.do?_method=view&MAS_IDX=101013000859736) 참조.

출신 성분은 중국을 지리적·신분적으로 아우르는 자못 의미심장한 부분이다.

주목할 점은 이들이 철저히 국가 권력과 유착하는 모습을 보였다는 사실이다. 쑹메이링의 오빠 쑹쯔원이 재정부장을 역임하고 그 지위를 이용해 중국 내 투자 자본을 결집한 뒤 금융 자본의 지분을 차지한 사실이나 쿵샹시가 옌시산(閻錫山)의 막하로 들어갔다가 국민정부에서 재정부장을 역임했던 사실은 이들의 정권 유착적인 면모를 잘 보여준다.

결과적으로 1930년대 중반부터 경제 전반으로 확장된 4대 가문에 의한 독과점적 경제 지배는 기존의 중국 재벌 사회를 구조적으로 변화시켰다. 4·12 쿠데타 이래로 장제스와 유착하고 있던 상하이의 절강재벌과 암흑가 조직은 그로부터 나온 4대 가문이 전 중국의 금융을 장악하게 되면서 거꾸로 여기에 종속되거나 억압받는 처지에 놓이게 되었다.[3]

우리의 기업 집단과 재벌의 의미를 이해하기 위해서 미국과 유럽의 비슷한 개념과 비교할 필요가 있다. 자본주의를 먼저 경험한 서양에서 비슷한 개념들로 콩글로머리트(conglomerates)와 콘체른(Concern), 트러스트, 카르텔(cartel) 을 들 수 있다.

---

3 나무위키(https://namu.wiki/w/4%EB%8C%80%EA%B0%80%EC%A1%B1) 참조.

콩글로머리트

콩글로머리트란 서로 기능적 관련이 없는 복수의 상품 또는 서비스를 생산·판매하는 기업, 혹은 시장 조건이 달라 상호 경쟁 관계가 없는 복수의 지역 시장에서 사업 활동을 영위하는 기업을 말한다. 상호 관련이 없는 기업을 인수합병에 의해 지배하는 것으로 서양의 기업 집단 형태 가운데 우리나라 재벌과 가장 흡사한 구조다. 재벌은 콩글로머리트 중에서 가족 중심과 정경유착의 특징을 강조한 개념으로 볼 수 있다.

미국에서는 1950년대 이후 특히 1960년대 콩글로머리트 합병이 크게 증가했다. 그 원인으로 네 가지를 들 수 있다. 첫째, 제2차 세계대전 전후에 과학기술과 군사기술이 크게 발전했는데 이를 산업 현장에 적용함으로써 새로운 제품과 산업이 탄생한다. 다양한 산업에서 과학기술을 융합하면서 콩글로머리트도 커졌다. 둘째, 컴퓨터가 보편화되면서 경영 관리의 시스템화로 관리의 범위가 넓어지고 효율성도 커졌다. 셋째, 미국의 독점 금지 정책이 수평적 및 수직적 결합은 크게 규제된 반면, 콩글로머리트 합병은 법정에서 독점력 강화 효과를 입증하기가 어려웠다. 넷째, 시장의 평가도 중요한 역할을 했다. 증시 호황 중에 신흥 콩글로머리트의 성장으로 주가가 급등했고, 자금을 모으기가 더욱 쉬워졌다.

콩글로머리트 합병은 다른 업종 간 합병이기 때문에 직접적으로 시장 집중도를 높이지는 않는다. 그러나 그 결과 생겨나는 대규모 콩글로머리트들은 어떤 상품에 대해 강력한 구매자로서의 지위를 이용해

한 상품의 구매 시 상대방으로 하여금 자신의 상품을 구매하도록 하는 호혜정책(reciprocity), 약탈적 가격 인하 등 강압 정책을 실행하는 보조금 정책(subsidization), 확립된 브랜드나 판매 루트를 이용해 다종 제품의 판매 촉진을 추진하는 통일 판매 정책(full-line selling) 등으로 특유의 시장 지배력을 높인다.

콘체른

미국과 유럽의 학자들은 다양한 기업 결합 형태를 콘체른이라고 불렀다. 경제용어 사전에서 정의하는 콘체른은 법률적으로 독립하고 있는 몇 개의 기업이 출자 등의 자본적 연계를 기초로 하는 지배·종속 관계에 의해 형성되는 기업 결합체다. 콘체른은 한국의 재벌과 일본의 자이바츠와 같은 개념을 포함하는 보다 광의적인 단어다.

카르텔이 개별 기업의 독립성을 보장하고, 트러스트가 동일 산업 내의 기업 합동인 점과는 대조적으로, 콘체른은 각종 산업에 걸쳐 다각적으로 독점력을 발휘하는 거대한 기업 집단이다. 콘체른에는 자본의 유효한 활용을 목적으로 하는 금융자본형 콘체른과, 생산·판매상의 필요에 의해 이루어진 산업자본형 콘체른이 있다.

일반적으로 금융자본형 콘체른이 좀더 강력하다. 그 이유는 중심이 되는 금융기관이 존재하기 때문이다. 그 최고의 형태가 지주회사를 정점으로 하는 콘체른이다. 미국의 모건·록펠러, 일본의 미쓰이·미쓰비시가 여기에 속한다.

산업자본형 콘체른은 중심이 되는 금융기관을 가지지 않고 산업자본이 거대화해 타 기업을 산하에 두게 된 것이므로, 콘체른으로서의 파워는 그만큼 약하다. 산업자본형 콘체른은 다시 수평적 콘체른과 수직적 콘체른으로 분류하기도 하는데, 수평적 콘체른은 생산 분야의 전문화나 시장 분할 점유 등을 목적으로 하는 것이므로 연휴성(連携性) 트러스트라고 한다. 한국의 독점 규제 및 공정거래에 관한 법률은 기업 결합의 제한 및 경제력 집중을 억제하고 있으나, 공정거래위원회가 산업합리화나 국제 경쟁력의 강화를 위해 필요하다고 인정한 때는 콘체른이 허용된다.

카르텔

기업 상호 간의 경쟁 제한이나 완화를 목적으로, 동종 또는 유사 산업 분야의 기업 간에 결성되는 기업 담합 형태다. 동일 산업 내에서 시장을 통제하기 위한 목적이라는 점, 카르텔에 참여하는 기업들이 각각의 독립성을 유지한다는 점이 특징이다. 주로 상품의 생산량이나 가격에 관한 다양한 협약(협정)을 맺는다. 일반적으로 카르텔은 가맹 기업의 자유의사에 의해 결성되나, 국가에 의해 강제적으로 결성되는 경우도 있다.

대부분 경쟁을 피하고 이윤을 극대화하기 위한 부정한 기업 활동으로 그 피해는 결국 소비자에게 돌아가므로 부실 산업이나 유치산업 지원을 위해 예외적으로 국가가 허용한 카르텔을 제외하고는 우리나라의 '공정거래위원회'와 같은 국가 감독 기관에서 '담합(collusion)'으로 보아 엄격히 금지하고 있다.

트러스트

트러스트는 기업 합동이라고도 하며, 법률상뿐만 아니라 실질적으로 완전히 결합된 기업 결합 형태다. 일반적으로 거액의 자본을 고정설비에 투하하고 있는 기업의 경우에 이러한 형태가 많다. 시장 지배를 목적으로 동일한 산업, 동일한 생산 단계에 속한 기업들이 하나의 자본에 의해 결합되는 것이 특징이다. 트러스트라는 용어의 유래는 1879년 석유 재벌 록펠러의 스탠더드 오일 트러스트에서 유래되었다.

4장

부의 대물림

상속과 승계의 어려움

"부자는 3대를 못 간다"는 속담이 있다. 이러한 내용의 속담이 우리나라에만 있는 것은 아니다. 중국에는 "논마지기도 3대를 못 간다"는 말이 있고, 미국에는 "셔츠 바람으로 시작해서 3대 만에 셔츠 바람으로(Shirtsleeves to shirtsleeves in three generations)"라는 속담이 있다. 영국, 일본 등 여러 나라에도 이와 비슷한 속담이 있다. 속담에서 그치지 않고 이를 뒷받침하는 연구 결과도 있다. 가족 기업 중 2세대로 이어지는 경우는 30퍼센트 정도라고 한다. 가족 기업의 70퍼센트가 자식 세대로 넘어가기 전에 청산되거나 매각된다는 것이다. 손자 세대까지 이어지는 경우는 12퍼센트, 증손자 세대 이상은 3퍼센트에 지나지 않는다. 이 비율은 어느 나라에서나 거의 비슷하다고 한다.

[도표 2-9] 멜서스의 법칙과 세금

- 시간이 흐르면 지분율 감소는 불가피
- 자녀 수 증가와 세금을 고려하면 3대 세습은 사실상 불가능

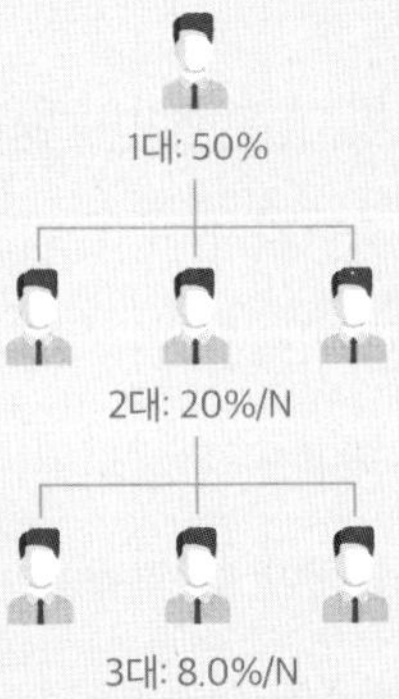

상속액(1+I)n=
세후상속액×[(1+R(1-T)]n+ WT +WE

I : 인플레이션율　T : 유효 법인세율
R : 상속받은 기업의 세전 투자수익률
WT : 일감 몰아주기를 통한 이익
WE : 편취를 통해 대주주일가가 취한 이익

- 한 자녀에게 몰아주어도 연 6.8%씩 30년을 벌어야 아버지 세대의 지분 유지 가능(대주주 할증 120%를 고려한 최고 상속세율 60%, 소득세율 47.5% , 법인세율 24.2%, 인플레이션율 2%를 가정)
- 한국전쟁 후 60년 3세대 경영 본격화
- 선대의 경영권 유지를 위해 '일감 몰아주기'와 '편취' 동기 강함

주: 대주주 할증 20%를 한 후 상속세 최고세율 50%로 계산하여 유효세율을 60%로 계산한 후 이를 전부 물납한다고 가정, N: 자녀의 수.

이러한 현상이 생기는 원인은 무엇일까? 자녀가 여럿이면 창립자의 지분이 아무리 많아도 특정 자녀가 기업을 물려받는 것은 어려워진다. 멜서스의 법칙처럼 자녀 수는 기하급수로 증가하기 때문이다. 한 자녀에게 몰아주어도 우리나라에서는 상속 자산 30억 원 이상에 대해서는 상속세로 최대 50퍼센트를 내야 하므로 지분 감소를 피할 수 없다. 최대주주의 지분에 대해서는 120퍼센트를 할증해야 하는 것도 부담이다. 3대까지 경영권을 유지하는 것은 불가능에 가깝다.

너무 과도한 상속·증여세

우리나라의 상속·증여세율은 최대주주의 경영권 프리미엄 할증 과세를 감안하면 최고 60퍼센트에 이른다. 다른 상속 재산이 없어 상속받은 지분을 물납한다는 가정하에 창업주 자녀의 손에 들어오는 지분은 40퍼센트다. 경영권과 소유권을 유지하기에는 역부족이다. 그나마도 3대째에 가면 남아 있는 지분은 16퍼센트밖에 되지 않는다. 이렇다 보니 기업가가 기업 가치 증대에 집중해야 할 역량을 편법 상속과 탈세에 분산할 수밖에 없는 상황이 되는 것이다.

한국전쟁 이후 약 70년이 흐른 지금, 우리나라는 3세 또는 4세 경영이 본격화되고 있다. 이재용 삼성전자 부회장은 삼성물산과 제일모직의 합병을 통해 계열사에 대한 지배력을 강화하는 과정에서 미국계 헤지펀드 엘리엇과 분쟁에 휘말렸고, 사조그룹, 하이트진로그룹, SPC 등은 일감 몰아주기로 편법 상속 논란에 휘말렸다. 3세로의 경영권 승계 잡음은 앞으로도 계속될 것으로 보이며 법망은 재계에 앞서 편법 상속을 막을 수 없다. 항상 한 발 앞서가는 것은 그들이다.

그렇다면 정부가 고육지책으로 내놓은 일감 몰아주기 증여세는 효과를 발휘하고 있을까? [도표 2-11]은 2011년 시행 이후 최근 5년 일감 몰아주기 증여세 납부 현황이다.

일감 몰아주기 증여세 납부세액은 2017년까지 하락세를 보이며 최저점을 찍은 이후 급격히 증가했다. 일감 몰아주기 증여세 효과에 대

[도표 2-10] 기업의 자본 세습과 정부의 대응

1세대에서 2세대로의 권력 승계

공익법인, 불공정 자본거래, 차명주식

- 삼성: 창업주 故 이병철은 삼성문화재단 등 공익법인에 재산을 기부해 증여세를 면제받고 이건희 회장이 다시 되사는 방식으로 경영권 승계, 약 4조 원 규모의 차명주식 활용.
- 한진: 창업주 故 조중훈은 인하학원 등 공익법인과 함께 대한항공 등 주요 계열사에 지분을 기부해 간접적으로 경영권 승계, 한진그룹의 지주회사 격인 정석기업의 보유 지분을 경영상 타당한 이유 없이 무상감자하며 자녀에게 불공정 이익 분여.
- 현대: 창업주 故정주영은 현대중공업과 한라건설의 불공정 합병을 통해 자녀들에게 이익 분여, IPO를 준비하고 있던 비상장법인의 계열사 지분을 저가에 취득하게 한 후 상장을 통해 이익 분여.

정부의 반격

- 1990. 12. 31. 불공정 합병 및 불균등 증자·감자에 대한 증여의제 조문 추가. 공익법인이 발행주식 총액의 20퍼센트 초과 취득 시 증여세 부과.
- 1993. 8. 12. 금융실명제 시행

2세대에서 3세대로의 경영권 승계

CB, BW, 미공개 정보 이용(IPO), 일감 몰아주기

- 삼성: 이재용 부회장은 이건희 회장으로부터 현금 60여억 원을 증여받고 16억 원의 증여세를 납부한 후 비상장회사인 에스원과 삼성엔지니어링 주식을 매입. 이듬해 에스원과 삼성엔지니어링이 상장되며 얻은 막대한 시세차익으로 삼성그룹의 지주회사인 에버랜드의 전환사채와 삼성SDS의 BW워런트 저가 매입.
- 한진: 비상장 계열회사인 싸이버스카이 및 한진지티앤에스에 일감을 몰아준 후 대한항공 주식 매입.
- 현대차: 현대자동차 계열사들이 글로비스에 일감을 몰아주어 기업을 성장시킨 후 상장, 글로비스 최대주주 정의선 부회장은 막대한 상장 차익으로 기아자동차 주식 매입.

정부의 반격

- 1996. 12. 31 공익법인이 발행주식총액 또는 출자총액의 5% 초과 취득하는 경우(성실공익법인은 10%)에는 증여세 부과.
- 1997. 12. 31. 특수관계자에게 무상 증여, 전환사채 이익에 대한 증여, 특정법인(결손법인)과의 거래를 통한 증여의제 조문 추가.
- 1999. 12. 28. 주식 또는 출자지분 등의 상장에 따른 이익의 증여의제 조문 추가.
- 2000. 10. 29. 자본거래관련 포괄주의 증여의제 조문 추가(이미 열거된 조문과 거래 방법 및 이익이 유사한 경우에 증여받은 것으로 봄).
- 2003. 12. 30. 완전포괄증여제도 시행(조세법률주의 위반 등으로 많은 과세 다툼 발생).
- 2011. 12. 31 일감 몰아주기 증여세 시행.

[도표 2-11] 최근 5년 일감 몰아주기 증여세 납부 현황

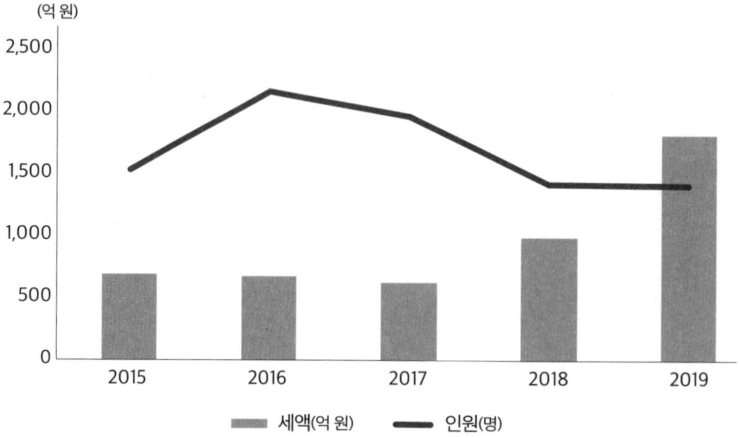

출처: 국세청.

한 의문을 종식시키고자 문재인 정부는 일감 몰아주기 규제 강화 정책으로 2019년 6월 신고분부터 관련 세법을 개정했고, 이에 따라 과세 대상과 과세 금액을 확대하게 되었다.

기존 상호출자제한 기업 집단(자산 10조 원 이상)에서 공시 대상 기업 집단(자산 5조 원)으로 과세 대상을 넓히고, 특수관계법인 거래 비율을 30퍼센트 초과에서 20퍼센트 초과로 낮췄다. 또한 특수관계법인 매출액 1,000억 원인 경우로 과세 요건을 조정했다. 추가로 과세 금액 역시 공제 부분을 축소함으로써 대폭 상향되었다.

최근 삼성물산-제일모직 합병 비율에 대한 이슈가 지속되면서 또 다른 뒷북 대응 논란이 있다. 상장회사와 비상장회사의 가치 산정에 대한 규정의 불완전으로 각 회사의 가치를 조정할 수 있는 여지를 줌으로써 대주주는 자신의 지분율을 확대하는 데 계열사들을 사용할

[도표 2-12] 일감 몰아주기 증여세 개요

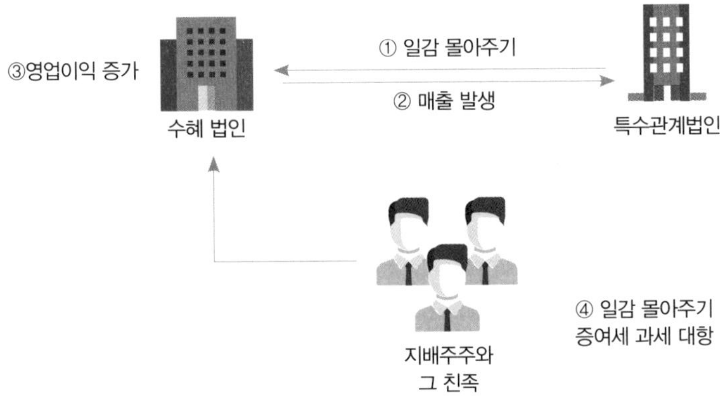

출처: 국세청.

수 있게 된다. 대주주의 지분율이 높은 기업의 가치를 높이고 지분율이 낮은 기업의 가치를 낮추게 되면 합병 시 대주주는 합병 법인의 지분율을 높게 가져갈 수 있다. 승계 방법의 진화와 대응의 굴레는 근본 원인인 과도한 상속·증여세 문제가 해결되지 않는 한 끊임없이 지속될 것으로 보인다.

엔트로피의 법칙

문제는 자녀 수 증가(멜서스의 법칙)와 세금뿐만이 아니다. 보다 근본적인 자연의 섭리도 숨어 있다. 바로 엔트로피(entropy)의 법칙이다.

『부의 대물림』의 저자이자 가족 기업 연구의 대가인 제임스 휴즈는 부자가 3대를 넘기지 못하는 메커니즘을 이렇게 설명한다. "공교육도 제대로 받지 못하고 힘든 일만 하면서 검소하게 살았던 1세대가 고생해서(운 좋게도) 마침내 큰 재산을 모았다. 2세대는 대학을 나와 유행하는 비싼 옷을 입고 도시의 아파트에 살면서 시골 부동산에 투자도 해 마침내 상류사회로 진입했다. 그러나 3세대는 어릴 때부터 사치스럽게 자라서 일도 거의 하지 않고 돈만 물 쓰듯 하다가 마침내 물려받은 재산을 날려버리고 만다. 그 결과 다시 허리띠를 졸라매게 된다."

즉, 1단계는 재산 형성기이고 2단계는 안정 또는 현상 유지기, 3단계는 탕진기라고 요약할 수 있다. 이는 물리학에서 말하는 에너지 순환 단계와 같다. 달이 차면 기운다는 동양의 음양 이론과 서양의 '엔트로피 법칙'이 여기에서도 성립한다.

'재산 형성 → 현상 유지 → 탕진'의 이른바 '부불삼대(富不三代)'의 악순환에서 벗어나는 방법은 없을까?

세금, 가업 승계를 어렵게 하는 주된 이유

부의 대물림을 어렵게 하는 마지막 가장 직접적 원인은 세금이다. 상속 증여세율이 높은 한국은 더욱 그렇다.

설문조사를 통해서도 우리나라에서 승계가 어려운 이유가 주로 세

[도표 2-13] 가업 승계 시 어려움을 겪는 이유

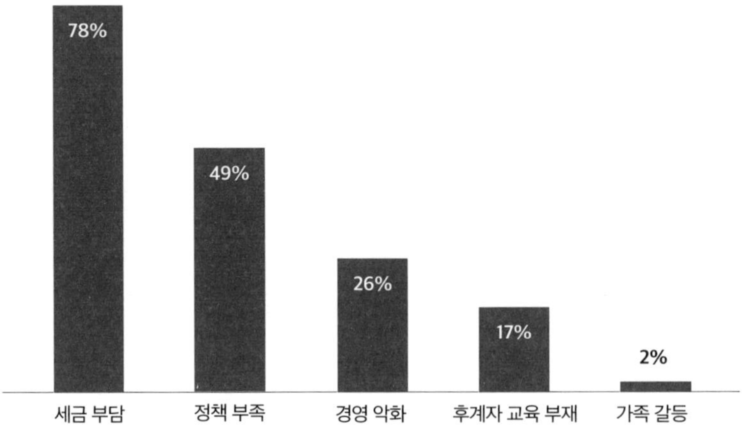

출처: 2019 중소기업 가업 승계 실태 조사(중기중앙회).

주: 중복 응답 가능.

금 때문임을 알 수 있다. 업계에서 10년 이상 운영해온 기업 대표 및 가업 승계 후계자 500명을 상대로 실시한 설문조사 결과, '중소기업의 영속성 및 지속 경영을 위해 가업 승계를 하고 싶으나 세금 부담으로 인해 가업 상속이 어렵다'는 답변이 가장 많았다. 가업 승계를 대신해 사모펀드 등에 회사를 넘기는 것을 고려하는 창업주 및 기업 대표의 고민이 줄을 잇는 상태다.

상속세는 상속인이 다른 사람에 비해 불공정하게 이익을 받아 기회의 균등을 저해하고 공정함을 상실하게 되는 것을 방지하기 위해 제정되었다. 과연 상속세가 '공정사회'를 위한 충실한 기능을 하고 있을까? 1950년 상속세법 제정 이후 우리는 더 평등해졌을까?

수저계급론이란 신조어가 생겨나며 계층 갈등은 심화되고, 청년은 자신의 노력으로 개선할 수 없는 상황에 절망감을 느끼며 '헬조선'을 외치고 있는 세상이다. 공정과 평등은 거리가 멀어 보인다. 기회의 불균등은 우리가 생각하는 것보다 많은 사회적 문제점을 야기한다. 불평등을 완전히 없앨 수는 없다. '다 같이 평등하게'를 외치는 공산주의 사회에서도 불평등은 존재할 수밖에 없다. 인정할 것은 인정하고 이제는 조금 다른 시각에서 보아야 하지 않을까? 지난 70여 년의 시행착오를 헛되이 하지 않으려면 말이다.

세금 내기 싫어
이민 간다

국내의 높은 상속 및 증여세율을 피해 이민을 고민하고 있는 한국의 부자들이 늘고 있다. 외교부 해외 이주 신고 건수에 따르면 해외 이주를 신청한 사람은 2018년 2,200명으로 2017년 825명 대비 큰 폭으로 증가했다. 2017년 말 해외이주법이 강화되어 자진 신고 건수가 늘어난 것에서 원인을 찾을 수도 있지만, 사회 전반적으로 해외 이주에 대한 관심이 매우 높아진 것으로 보인다. 이에 더해 이민 컨설팅 업체의 '50~60대 상속을 목적으로 한 이민 상담'이 늘어난 것 역시 상속 및 증여세를 절감하기 위한 이주가 증가한 것을 뒷받침해주고 있다. 특히 이들의 이민 고려 대상 국가는 미국, 캐나다, 호주, 싱가포르와

[도표 2-14] 해외 전출 국민 수(단위: 명)

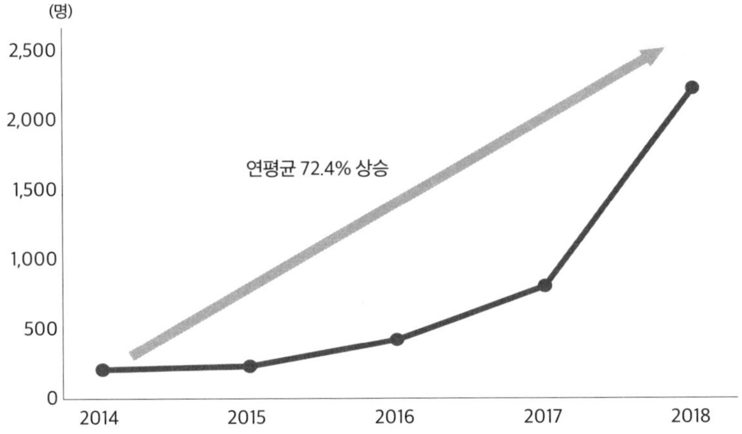

출처: 외교부.

같이 상속 및 증여세가 낮으면서 인프라가 잘 갖추어져 있는 나라다.

이에 심각성을 느낀 정부는 2018년 1월 1일 부로 국외전출세(Exit tax)를 도입했다. 해외 이주 등을 사유로 출국을 하는 경우 출국 당시 소유하는 국내 주식을 매각한 것으로 간주해, 평가 이익에 대해 양도소득세를 과세하는 것이다. 물론 미국, 일본 등에서도 국외전출세를 운영 중이며, OECD 또는 EU의 보고서에서도 역외 탈세 등을 방지하기 위해 국외전출세 도입을 권고하고 있다. 하지만 과도한 상속 및 증여세 자체에 대한 인식과 제도 개선에 힘쓰기보다 이번에도 역시 상속 및 증여세를 절감하기 위한 대안을 '규제'하는 방향으로 과세 제도가 만들어지는 것에 아쉬움을 느낀다.

국외전출세 신설을 단순히 세금을 절감하고자 하는 사람들과 그를

[도표 2-15] 국외전출세 요건 및 내용

구분	내용
개요	2018. 1. 1 부터 대주주인 거주자가 해외 이주 등의 사유로 출국하는 경우 출국 당시 소유하고 있는 국내 주식 등의 평가 이익을 양도소득으로 보아 양도소득세를 과세.
국외 전출자 요건	출국: 거주자가 주소 또는 거소를 국외로 이전하는 것.
	출국일 전 10년 중 5년 이상 국내에 주소 또는 거소를 둘 것.
	출국일 직전연도 종료일 현재 소유 주식 등의 비율, 시가총액 등을 고려해 대주주에 해당할 것.
산출 세액	양도소득 과세표준에 아래의 세율을 곱해 산출세액을 구함.
	2018.12.31 이전 출국 시: 20% 단일세율.
	2019.01.01 이후 출국 시: 과세표준 3억 원 이하는 20% 과세표준 3억 원 초과분은 25%.
신고 및 납부 기한	출국일이 속하는 달의 말일부터 3개월 이내 납세지 관할 세무서장에게 양도소득세를 신고 납부.

출처: 국세청(2020.08).

[도표 2-16] 국외전출세 대주주 요건 (억 원)

출국일	상장 주식						비상장 주식			
	유가증권		코스닥		코넥스		벤처기업		기타	
	지분율	시가 총액	지분율	시가 총액	지분율	시가 총액	지분율	시가 총액	지분율	시가 총액
2018. 3.31 까지	1%	25	2%	20	4%	10	4%	40	4%	25
2018. 4.01 이후	1%	15	2%	15	4%	10	4%	40	4%	15

출처: 국세청(2020.08).

방어하려는 정부의 움직임으로 보아서는 안 된다. 문제를 발생시키는 근본에 대한 해결이 선행되지 않으면, 국내에서 요긴하게 쓰일 수 있는 성장 재원들이 상속 및 증여세를 절감하기 위해 해외로 유출되는 것을 막을 수 없다. 절세를 원하는 수많은 이들은 다른 대안을 찾기 위해 노력할 것이며 정부는 새로 만들어진 대안을 규제하기에 급급한 악순환이 지속될 것이다. 이 과정에서 중요한 곳에 자본이 투자되어 새로운 자본을 낳고 또 그 자본이 적재적소에 투자되어 새로운 가치를 창출하는 자본주의의 선순환 구조는 영영 그 기능을 잃어버릴 수 있다. 지금이라도 문제를 발생시키는 그 근본 원인에 집중을 해야만 한다.

우리나라의 상속·증여세 및 가업 승계 관련 세제 혜택 현황

우리나라 상속·증여세는 1) 과세방식(유산과세) 2) 높은 세율 및 낮은 공제한도 3) 최대주주 주식에 대한 할증 평가 4) 과세 시점의 비합리성이 있으며, 그에 따라 주요국 대비 세 부담이 과중한 것으로 보인다.

OECD 국가(총 36개국) 중 상속·증여세를 부과하는 국가는 19개국이며, 상속·증여세가 아닌 다른 소득으로 과세하는 국가는 2개국, 상속·증여세를 과세하지 않는 국가는 15개국인 것으로 나타났다. 호주,

[도표 2-17] 우리나라 및 주요국 상속/증여세제 현황

구분	한국	독일	영국	일본	미국
과세 방식	상속세: 유산과세 증여세: 취득과세	취득과세	상속세: 유산과세 증여세: 無[1]	취득과세(상속인별 상속세 계산 후 합산, 총액을 실제 상속 재산별로 분배)	연방정부: 유산과세 지방정부: 유산 or 취득과세
세율 구조	누진과세	누진과세	단일세율 (단, 7년 이내 사망 시 체감 공제율 적용)	누진과세	누진과세
최고 세율	50%	Class1: 30%(배우자, 자녀) Class2: 40%(형제자매) Class3: 50%(그 외)	40% (36%)[2]	55%	40%
최고 세율 적용과표	30억 원 이상	약 350억 원 이상	-	약 70억 원 이상	약 12억 원 이상
공제 제도 (면세점)	10억 원 (배우자 5억 원, 일괄 공제 5억 원)	120만 8,000유로 (한화 약 16억 원) 그 외 거주주택 등은 전액 공제	32만 5,000파운드 (한화 약 5억 원)	2,300만 엔 (한화 약 23억 원)	배우자 공제, 기부금 공제 등 이외 통합 세액 공제 214만 1,800달러 (한화 약 24억 원) 면세점 549만 달러(약 61억 원)
최대주주 할증평가	20%	-	-	-	-
할증 후 세율	60%	30%	상속: 40%(36%)	55%	40%
상속세 실효세율[4]	28.09%	21.58%	-	12.95%	23.86%
비고	상속 개시 전 10년 이내 증여 재산 합산	상속 개시 전 10년 이내 증여 재산 합산	상속 개시 전 7년 이내 증여 재산 합산(기간별 비율 차감)	증여: 역년과세 (기간별 분산 증여 가능)	평생 합산 배우자 공제 한도 없음

출처: 한국경영자총협회(2017).

주: 1) 증여세가 상속세의 보완 제도인 한국과 달리 영국은 증여세가 별도로 없고 증여는 자본이득의 차원에서 취급한다.
2) 상속 재산 중 10퍼센트 이상 기부하면 적용 세율 36퍼센트로 인하한다.
3) 용어 설명 ① 유산과세: 피상속인의 유산총액을 과세표준으로 하여 세율 적용, ② 취득과세: 상속인 각자의 상속분을 과세표준으로 하여 세율 적용.

[도표 2-18] OECD 국가의 상속/증여세 과세 현황

구분	국가명
상속 및 증여세 부과	한국, 그리스, 네덜란드, 덴마크, 독일, 스위스, 미국, 벨기에, 스페인, 아이슬란드, 아일랜드, 영국, 이탈리아, 일본, 칠레, 터키, 폴란드, 프랑스, 핀란드, 총 19개 국가
자본이득세 부과	캐나다, 호주, 총 2개 국가
비과세	노르웨이, 뉴질랜드, 라트비아, 리투아니아, 룩셈부르크, 멕시코, 스웨덴, 슬로바키아, 슬로베니아, 에스토니아, 오스트리아, 이스라엘, 체코, 포르투갈, 헝가리, 총 15개 국가

출처: 자유경제포럼(2019).

캐나다는 상속·증여세 대신에 자본이득으로 과세하고 있고, 노르웨이, 뉴질랜드, 라트비아, 리투아니아, 룩셈부르크, 멕시코, 스웨덴, 슬로바키아, 슬로베니아, 에스토니아, 오스트리아, 이스라엘, 체코, 포르투갈, 헝가리는 상속·증여액에 과세하지 않는다.

과세 방식(유산과세 vs 취득과세)

유산과세 방식은 피상속인(증여자)이 남긴 유산 총액의 이전을 과세물건으로 해 피상속인 기준으로 과세하는 방법이다. 자식이 몇 명인지에 관계없이 피상속인의 재산을 기준으로 과세표준을 산정하고 해당 과세표준 구간에 대한 세율이 적용되므로, 누진세율이 적용된다는 가정하에 취득과세 방식과 비교해 세 부담이 더 커진다. 유산과세 방식을 지지하는 주요 이유는 피상속인이 부를 축적할 때 세제상의 혜택이나 조세 회피가 있었을 것을 가정하고, 사망할 때 이를 바로잡는 소득세의 보완적 기능을 수행할 수 있기 때문이며, 상대적으로 세수

입이 더 커지고 상속인이 받는 재산이 줄어들어 부의 집중을 완화할 수 있기 때문이다. 하지만 피상속인이 조세를 회피했다는 가정이 잘못되었을 경우 정당하게 소득세를 납부한 납세자의 이중 과세 문제에 직면하고, 취득한 유산의 규모에 관계없이 동일한 한계 세율을 적용 받아 응능부담(ability-to-pay)의 원칙에 위배된다. 또한 상속인 간 부의 배분에는 오히려 나쁜 영향을 끼친다.

우리나라 세법 제정의 토대가 되었던 일본의 경우 상속세 제도는 취득과세 방식을 기초로 하되 피상속인의 유산액을 과세 물건으로 하는 유산과세 방식을 가미한 형태다. 우선 상속세 총액 산정 시에는 실제 유산 분할과 관계없이 유산 총액 및 법정 상속인의 수, 그리고 법정 상속분이라는 객관적인 기준에 따라 산정한다. 그다음에 각 상속인의 납부 세액 산정에서는 상속세 총액을 실제 상속인이 상속받는 비율에 따라 산출세액을 계산하고 이 산출세액으로부터 각종 개인 사정을 고려한 세액 공제 조정이 이루어져 최종 상속세액을 산출하게 된다. 결론적으로 누진과세 체계하에서 유산과세 방식을 취하는 우리나라에 비해 낮은 세율이 적용되어 실질 세 부담은 낮다.

세계적으로도 취득과세가 유산과세보다 더 널리 쓰이고 있다. OECD 회원국 가운데 한국, 미국, 영국, 터키, 헝가리 5개국을 뺀 나머지는 상속세를 폐지했거나 취득과세 방식을 적용하고 있다. 대통령 직속 정책기획위원회 산하 재정개혁특별위원회도 2019년 2월 정부에 제출한 '재정개혁 보고서'에서 상속세를 취득과세 방식으로 변경

하라고 권고했다. 하지만 기획재정부는 세수 감소 등의 이유를 들어 세법 개정안에 반영하지 않았다.

그뿐만 아니라 상속세와 증여세의 과세 방법을 일반적으로 동일하게 적용하나, 우리나라는 엇갈린 과세주의를 채택(상속세는 유산과세, 증여세는 취득과세)하고 있어 그 형태도 비정상적이라고 할 수 있다.

높은 세율 및 낮은 공제한도

우리나라 상속세율은 최대주주 주식에 대한 할증 평가 20퍼센트를 반영하면 최대 60퍼센트로 OECD 회원국(평균 26.5퍼센트) 중 최고다. 일반적으로 세율이 높아질수록 세수입이 늘어날 것이라고 생각하지만 과도한 세율은 조세 저항으로 이어져 오히려 세수를 감소시킨다. 세율은 세계 최고 수준이지만 GDP 대비 상속·증여세 수입은 겨우 0.4퍼센트 수준임을 보면 알 수 있다. 그렇다면 조세 회피에 대한 책임을 준법정신과 도덕성이 부족한 국민성으로만 몰아가도 되는 것일까?

상속·증여세 공제를 고려하더라도 실제 부담하는 상속·증여세 실효세율은 다른 나라에 비해 높은 편에 속한다. 자산을 한 번에 자녀에게 이전할 경우 상속·증여세율은 최고 수준이다. 20년에 걸쳐 지속적으로 이전을 계획해 상속 및 증여를 진행해도, 상속·증여세 부담은 만만치 않다. 10억 원 이하의 상속가액에 대한 우리나라의 세 부담은 주요국과 비교해 높은 수준이 아니나, 상속가액이 높은 구간에서는 우리나라의 세 부담이 주요국과 비교해 높은 수준이다. 우리나라

[도표 2-19] OECD 회원국 직계비속 상속세 최고 세율 현황

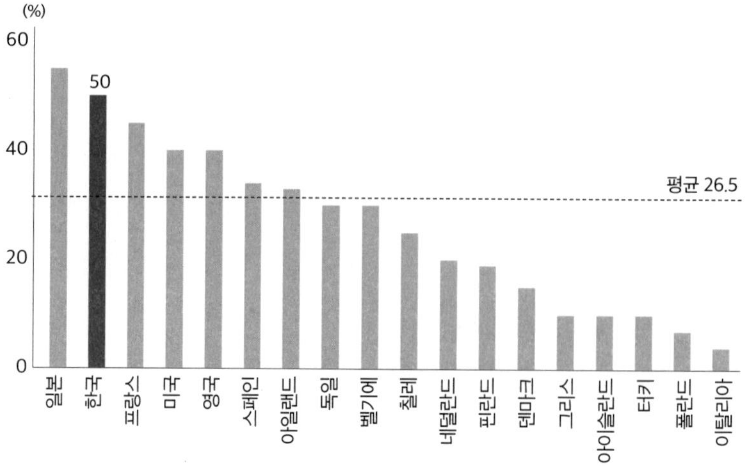

출처: EY worldwide estate and inheritance tax guide(2018) 및 한국경제연구원(2019).
주: 노르웨이, 뉴질랜드, 라트비아, 리투아니아, 룩셈부르크, 멕시코, 스웨덴, 슬로바키아, 슬로베니아, 에스토니아, 오스트리아, 이스라엘, 체코, 캐나다, 포르투갈, 헝가리, 호주는 상속세 없음.

도표 2-20] OECD 회원국 GDP 대비 상속·증여세 수입 현황(단위: %)

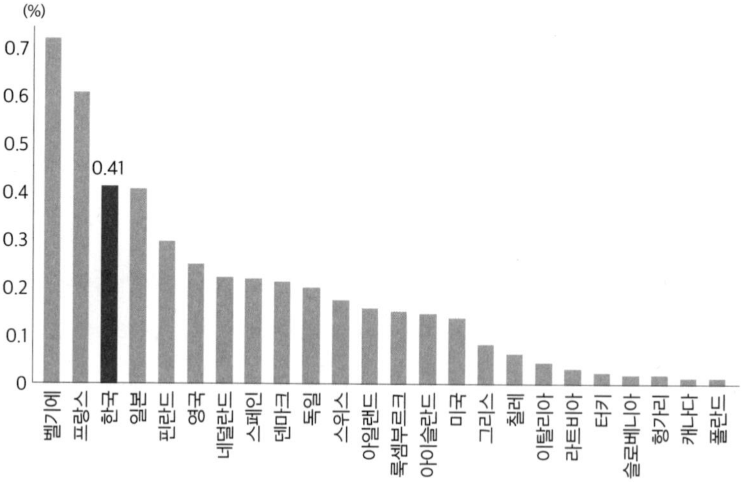

출처: OECD(2018).

[도표 2-21] OECD 회원국 총 조세 수입 대비 상속·증여세 수입 현황(단위: %)

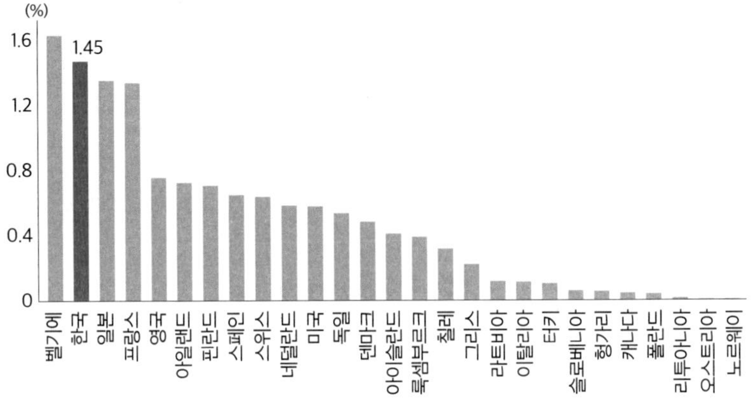

출처: OECD(2018).

[도표 2-22] OECD 주요국 상속인별 최고 상속세율 비교(단위: %)

국가	자녀	배우자	부모	제3자
대한민국	50	50	50	50
일본	55	55	55	55
프랑스	45	비과세	45	60
미국	40	40	40	40
영국	40	비과세	40	40
독일	30	30	30	50
벨기에	30	30	30	80
네덜란드	20	20	20	40
핀란드	19	19	19	33
덴마크	15	비과세	15	36.25
이탈리아	4	4	4	8

출처: 제21대 국회 주요 입법·정책 현안.

는 세 부담 측면에서 상속보다 증여가 불리하게 설계되어 있고, 증여세 부담 또한 다른 주요국에 비해 높은 편이다.

최대주주 주식에 대한 할증 평가

피상속인의 상속 재산 중 최대주주 등이 소유하는 주식이 포함되어 있는 경우 재산 평가 시 20퍼센트를 할증해 평가한다. 최대주주 등이 소유하는 주식에는 경영권 프리미엄이 포함되어 있다고 보고 그 가치를 주식 가치의 20퍼센트로 산정한 것이다. 최대주주는 일반 주주와는 달리 회사에 대한 경영권이 있으므로 경영권 프리미엄에 대한 과세를 해야 한다는 것은 일면 논리가 타당해 보인다. 하지만 왜 20퍼센트일까? 경영권 프리미엄 가치에 대한 개정 연혁을 살펴보면 아래와 같다. 최근 기업 규모와 지분율에 의해 차등 적용하던 부분을 개정해, 중소기업은 최대주주 할증 과세를 면제해주기로 했지만 그 외 기업들에 대해서는 20퍼센트의 할증 과세가 남아 있다. 하지만 뚜렷한 논리와 이유 없이 제정과 개정이 이루어졌다.

납부 시점

상속세의 신고 및 납부 기한은 상속 개시일(피상속인의 사망일)이 속하는 달의 말일부터 6개월 이내(증여세의 경우 3개월)다. 자산의 종류와 관계없이 현금 납부가 원칙이다. 일정 요건을 충족할 경우 물납이 인정되기는 하지만 이조차도 관할 세무서장의 사전 허가가 필요하다. 비상장 주식의 경우 2008년 1월 1일 이전에는 제한 없이 물납이 허

[도표 2-23] 최대주주 주식에 대한 할증률 개정 연혁

구분	1999. 12. 31. 이전	2000. 1. 1. 이후	2003. 1. 1. 이후		2020.1.1 이후	
			중소기업	대기업	중소기업	대기업
지분율 50% 이하	10%	20%	10%	20%	0%	20%
지분율 50% 초과		30%	15%	30%		

출처: 국세청.

용되었으나 이후 상속분은 일정한 사유가 있는 경우에 한해 물납이 가능하다. 물납 승인 이후에도 선불리 물납을 하기 어려운 상황도 있다. 만약 상속 재산이 비상장회사의 주식 100퍼센트밖에 없을 경우를 예로 들어보자.

비상장이기 때문에 유통 시장이 없고 매각이 어려워 물납을 신청했고 사전 승인도 받았다고 가정하면, 납세자는 최대주주 할증 평가까지 적용해서 총 60퍼센트의 지분을 상속세로 납부했을 것이다. 과세 관청은 물납으로 징수한 주식을 보유하지 않고 시장에 처분해 국고로 귀속시켜야 한다. 어느 날 갑자기 제3자가 40퍼센트 이상의 지분을 취득하면 경영권을 상실하게 되는 것이다. 이런 상황에서 어떤 창업자가 성실하게 상속세를 납부하려고 하겠는가? 상속은 의도하지 않은 순간에 발생한다. 상속 이후 6개월 이내에 자산을 현금화해 납부하기란 쉽지 않은 일이다. 특히나 기업의 성장에 일생을 바친 창업주들의 상속 재산은 창업 기업의 주식이다. 비상장 주식은 현금화시켜 상속세를 내기도 버겁지만, 그보다는 세금을 납부하기 위해 성장 가능성이 있는 기업을 매각해야 한다는 사실은 더욱 이해하기

어렵다.

과세 당국은 이러한 불합리를 개선하고 부의 대물림에 대한 부작용보다 기업 발전에 따른 긍정적 영향을 고려해 1997년 가업상속공제 제도를 시행하고 있다.

상속 및 증여세제
개선 방향

2013년 대한민국을 대표하는 종자기업인 농우바이오는 창업자 고희선 회장의 갑작스러운 별세로 위기를 맞았다. 유족이 상속받은 지분에 대한 상속세가 약 1,000억 원대에 달해 세금을 납부하기 위해서 회사를 매각해야 할 처지에 놓인 것이다. 1967년 창업한 농우바이오는 국내시장 점유율 1위에 만족하지 않고 중국, 미국, 인도네시아, 인도 등에 수출을 확대하며 꾸준한 성장을 기록 중이었지만, 예상치 못한 상속에 대한 대비는 부족했다. 당시 인수 후보로 미국계 종자 업체인 몬산토, 골드만삭스 PE 등 외국계 업체가 거론되며 종자주권에 대한 우려가 쏟아져 나왔다. 다행히 최종 인수자로 농협경제금융지주가 선정되어 종자주권을 지킬 수 있게 되었지만 토종 종자 기업이 멸종될 뻔한 아찔한 상황이었다.

농우바이오의 상속은 현재 우리나라의 상속 및 증여세제가 가지고 있는 문제점이 총망라된 사례로 볼 수 있다. 고희선 회장은 당시 새

누리당 국회의원으로 약 1,900억 원을 보유 재산으로 신고했고 그 중 약 1,700억 원이 농우바이오 주식이었다. 농우바이오는 2002년 코스닥 시장에 상장한 상장 주식으로 물납이 불가능했기에 유족들은 상속세를 납부하기 위해서 보유 지분을 매각할 수밖에 없었다. 상속세 최고 세율이 50퍼센트이므로 간단히 보유 지분의 절반을 매각해서 상속세를 납부할 수 있다고 생각하면 큰 오산이다. 상장 주식의 경우 상속 개시일 전후 2개월의 주가를 평균해 상속 재산을 평가하기 때문에 상속인의 매도 가격은 관계가 없다. 또한 고희선 회장이 별세 전 보유하고 있던 주식은 55.24퍼센트로 50퍼센트를 초과하는 지분율 때문에 경영권 프리미엄 30퍼센트를 가산해서 상속세 과세가액을 계산해야 했다. 상속인들이 상속 개시일 전후 2개월의 평균가액으로 매도를 했다고 가정하더라도 1,700억 원의 지분 상속에 1,100억 원이 넘는 금액을 세금으로 납부해야만 했던 것이다. 내가 유족이라면 1,100억 원의 세금이 합리적으로 느껴질 수 있을까? 여타의 대기업처럼 법의 허술함을 이용해 상속세를 피하지 않고 성실하게 납부한 기업가가 평생 일궈온 기업을 잃게 되었다.

사전에 상속을 준비하지 못한 기업이 경영권을 잃었다면, 이른 시점부터 승계에 관해 고민해오던 기업들은 공익법인, 불공정 자본 거래, 차명주식, CB, BW, 미공개 정보 이용(IPO), 일감 몰아주기 등의 방법들을 고안해내며 경영권을 승계한다. 공격과 수비의 진영에서 각자 최선을 다했지만, 이기고자 하는 유인은 공격 측이 훨씬 강하기에, 수비 진영은 항상 '소 잃고 외양간 고치는 격'으로 대응할 수밖에 없었다. 그 과정에서 행정 및 사법력의 낭비는 지속되었고 막대한 사회적 비용이 지출되었다.

또한 기업들이 승계 방법을 고민하기 위해 본업과는 상관없는 계열사 합병 및 분할, 일감 몰아주기 등으로 경영 비효율성이 극대화되었고, 사업 집중화 및 효율화에 투입되어 회사의 경쟁력을 높여야 하는 시간과 비용이 대주주의 승계로 흘러 들어감에 따라 글로벌 시장 경쟁에서 성장 속도가 뒤처지는 기회비용도 발생했다.

지배주주의 승계 과정에서 피해를 본 일반 주주와 국민들은 소외감과 박탈감을 느꼈고, 점차 기업을 직접 창업해 이끌어온 기업가에 대한 사회적 인식은 악화되었다. 상속세를 회피하면서 승계를 이루어낸 2세 경영자들을 보면서 기업에 대한 사회적 인식은 곤두박질치게 되었다. 기업가가 존경받는 건전한 자본주의 문화의 정착은커녕 '부자 vs 가난한 자'의 프레임으로 기업가를 대하기 시작한 것이다.

주식 시장의 코리아 디스카운트, 행정 및 사법력의 낭비, 승계를 위한 경영비효율 등을 고려해봤을 때 문제의 근본적 원인이 되는 상속세 세제 근본적 변화가 필요하다.

징벌적인 세율과 재산 상황을 고려하지 않은 납부 시기, 업종이나 회사의 특성을 무시한 경영권 프리미엄 산정 방법, 유명무실한 가업상속 관련 세제 특례 등의 문제를 계속 이대로 둬도 되는 것일까? 실효성 없는 제도를 유지하는 것처럼 어리석은 일도 없을 것이다.

상속·증여세제의 개선 방향은 크게 세 가지다.

[도표 2-24] 세율과 세수입의 관계

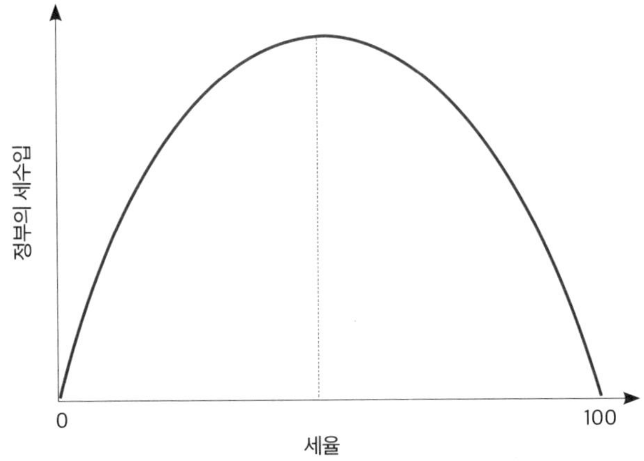

1) 징벌적 세율 낮추고, 납부 시점을 연장

논리적으로 세율이 높아지면 세금의 징수 금액도 높아질 것이라 생각하는데 사실은 그렇지 않다. 높은 세율은 더 큰 조세 저항을 불러온다. 적정 세율은 사회적 합의를 이루어 결정해야 하겠지만 일감 몰아주기와 같은 조세 차익 거래 동기를 낮추려면 우리나라 자본이득세율이 20퍼센트 수준인 것을 고려해 20~30퍼센트 사이가 적정해 보인다.

과세 시점 또한 유연하게 부여해야 한다. 현금이나 유동성이 좋은 유가증권은 현행 제도를 유지하되, 매각에 시간이 걸리는 부동산 및 유동성이 부족한 자산들에 대한 납부 기한은 조금 늦춰줘도 되지 않을까? 연부연납 및 분납 제도가 있지만 이자 성격인 가산금을 고려하면 쉽지 않은 결정이다. 현재 OECD 회원국 36개국 중 19개국이 상

[도표 2-25] 주요국의 최대주주 할증평가 제도 현황

한국	독일	영국	일본
20%	최대주주 할증평가 제도 없음. 소액주주 주식에 대해 할인 평가(10%).	최대주주 할증평가 제도 없음. 소액주주 주식에 대해 할인 평가(할인율에 관한 구체적 규정 없음).	지배주주와 소액주주 주식의 평가 방법 이원화. - 지배주주: 순자산, 유사상장회사 주가 등을 기초로 평가. - 소액주주: 배당금을 기초로 평가.

속세 폐지 국가다. 상속세는 폐지했더라도 자산의 매각 시점에는 대부분 과세를 한다. 적어도 세금을 납부하기 위해 자산을 헐값에 팔아야 하는 불합리한 점은 개선해주어야 하지 않을까?

2) 과세 방식의 변화

시가가 아닌 장부가로 부과하고, 물납을 수월하게 해야 한다. 또한 최대주주의 경영권 프리미엄 가액 산정 방법을 합리적으로 개선해야 한다.

상장사의 경우 시가를 기준으로 상속·증여세가 결정된다. 상속세는 사망 전후 2개월, 총 4개월의 주가를 평균해 세금을 물린다. 그 결과 대주주는 주가를 낮추어야 상속세를 덜 내는 이상한 상황이 지속된다. 배당도 안 하고, 좋은 뉴스를 감추고, 나쁜 뉴스를 만들어낸다. 지배구조는 불투명해지고, 도덕성은 떨어진다. 기업의 장기적 성장에 큰 장애 요소가 된다.

만일 상속세를 장부가로 물리게 되면 이렇게 시가를 높이는 것이 주주에게 더 도움이 되는 상황이 만들어진다. 장부가 조작과 지나친

주주환원(배당, 자사주매입)으로 기업의 장기적 성장성이 떨어질 수 있지 않을까 우려할 수 있다. 그러나 우리는 이러한 걱정을 하기에는 너무 나눠주지 않아서 문제가 되는 나라다. 또한 시가총액은 성장동력 없이 배당과 자사주 매입만으로 오르는 데에는 한계가 있다.

우리나라 상장사의 평균 PBR은 0.9배로 장부가에 비해 시가가 저평가된 기업들이 더 많다. 상속세를 장부가로 책정하면 저평가가 심한 기업들의 경우 미리 배당을 많이 해 저평가를 해소하려고 애쓸 것이다.

그럼에도 불구하고 배당소득세 때문에 배당을 하고 상속세를 내는 것이 어려운 기업의 경우는 물납이 가능하도록 해줘야 한다. 현재 우리나라의 경우 주식의 물납은 현금성 자산, 금융 자산, 부동산 등 유동성이 높은 자산부터 전부 납부하고 나서야 가능하도록 함으로써 현실적으로 매우 어렵게 만들어져 있다. 물납이 수월하도록 하는 것도 필요하다.

최대주주 주식에 대해 할증 평가 제도를 시행하는 나라는 주요국 중 우리나라밖에 없다. 독일은 장래 지속적으로 달성할 수 있는 연간 수익을 자본화 계수에 곱해 수익 가치를 구하고, 수익 가치에 자산 가치를 감안해 기업의 공정 가치를 구하는데, 이러한 기업의 공정 가치 평가는 대주주를 전제로 평가한 것으로 본다. 일본은 지배주주와 소액주주 주식의 평가 방법을 이원화해 계산하는데, 지배주주는 순자산 가치 등을 평가함에 있어 경영권 프리미엄이 포함되어 있다고 보며 소액주주는 배당금을 기초로 평가한다. 우리나라는 부동산 과다보유 법인 등을 제외하고 순손익 가치와 순자산 가치를 3 대 2로 가중 평균한 가액을 기업의 공정 가치로 평가하는데, 순자산 가치를 평가할 때 영업권의 가액을 포함해 계산한다. 이처럼 주식 평가에 이미 영업권을 반영하고 최대주주 등의 주식에는 추가로 경영권 프리미엄에 대한 할증 평가를 하는 것이다. 업종 및 경영 환경 등을 고려하지 않고 경영권 프리미엄을 획일적으로 평가하는 것은 실질 과세의 원칙에 부합하지 않으며, 순자산 가치를 평가할 때 이미 영업권에 대한 가액을 포함시키고 추가로 경영권 프리미엄을 과세하는 것은 이중 과세다. 이를 개선하기 위해서는 획일적인 할증률 적용을 폐지하고 순자산 가치에 포함되는 영업권 가액의 평가 방법을 개선해 이중 과세의 문제도 해결함이 바람직해 보인다. 소액주주는 해당 영업권의 가액을 제외한 가치를 평가가액으로 하면 될 것이다.

3) 가업 상속 관련 세제 혜택의 실효성 제고

앞서 지적한 바와 같이 우리나라의 가업 상속 관련 세제 혜택은 지나치게 경직되고 엄격한 기준으로 인해 제도의 실행 취지가 무색해졌다. 부의 대물림이라는 부정적인 면만 볼 것이 아니라 고용 확대, 경제 활력 제고 등의 긍정적인 면도 바라보아야 한다. 실제 상속·증여 세제가 국세 수입에서 차지하는 비중은 3퍼센트(2019년 기준) 남짓임에도 불구하고, 부자 감세라는 부정적인 여론에 쉽사리 개선하지 못하고 있다.

잊지 말아야 할 것은 부자를 위해 상속세를 줄이자는 것이 아니라 개미투자자와 국민연금, 퇴직연금을 위해 그렇게 하자는 것이다. 상속세를 줄이려고 주가를 낮추고 배당과 자사주 매입 소각도 안 하고 편법적 승계만 집중하면 막을 수도 없고 기업 경쟁력은 떨어지고, 일자리는 줄고, 코리아 디스카운트만 생긴다.

5장

장수 기업의 조건

짧아지는 기업의 수명

근대적 기업을 영어로 'going concern(계속기업)'이라고 한다. 즉 기업은 1회적 사업이 아니라 유기체처럼 생명(법인격)을 가지며, 계속적으로 존재한다는 가정 아래에서 기술 개발, 생산, 구매, 판매 등의 활동을 영위한다는 것이다. 재무제표도 이러한 인식의 출발점(공준, Postulate)에 의해 만들어진다. 그러나 이름과 어울리지 않게 현실에서 기업들의 수명은 인간보다 짧다. 사람들이 장수를 바라는 것처럼 기업도 오랫동안 살아남아 번영하기를 바란다.

인간의 평균 수명은 점점 길어지고 있지만, 기업의 수명은 오히려 짧아지는 추세다. 《포천》이 1970년에 선정한 500대 기업 중 3분의 1이 13년 후 역사의 뒤안길로 사라졌다. 또 1982년 세계적인 베스트셀러 『초우량 기업의 조건』에서 그 당시 초우량 기업 46개를 선

정했는데 그 가운데 최근까지 생존해 있는 기업은 모두 6개에 불과했다.[4]

그마저도 계속 짧아지고 있다. 기술 진보의 속도가 빨라지기 때문이다. 2010년 경영컨설팅 회사인 액센추어는 S&P500 지수 편입 기업의 평균 수명이 1958년 61년, 1990년 50년이었다가 2010년 15년으로 줄었고, 오는 2020년엔 10년으로 줄어들 것으로 예측했다. 권불십년 화무십일홍(權不十年 花無十日紅)이라는 말이 실감난다.

맥킨지 컨설팅은 글로벌 기업의 수명이 1935년 90년, 1975년 30년, 2015년 15년으로 줄고 있다고 보고했으며, S&P는 2020년에는 10년 내외로 단축될 수도 있다고 보았다. 인간의 수명이 계속 늘어나고 있는 것과는 달리 기업의 수명은 갈수록 짧아지는 추세다. 기업 인수합병이 활발해진 것과 함께 기술과 시장의 변화 속도가 빨라졌기 때문이다. 기술과 제품의 수명이 줄어들면서 기업의 수명도 단축되고 있는 것이다.

하지만 이례적으로 장수하는 기업도 적지 않다. 일본에는 100년 이상의 역사를 가진 기업이 2만 개를 넘는다. 1,000년 이상 초장수 기업도 있다. 유럽에도 수백 년을 이어온 기업들이 무척 많다.

가족 기업의 수명이 특별히 더 짧은 것은 아니다. 이들 장수 기업은 대부분 비상장 가족 기업이다. 성장보다 안정을 중시하고 있고, 기업 규모도 대체로 작은 편이어서 국가 경제적으로 의미는 미미하지만

4 김재진, 「재미있는 경영이야기」 "기업은 몇 살까지 살 수 있을까" 《매일경제》, 2011. 9. 22

오늘날의 경영자들이 본받을 만한 점들은 있다.

전 세계적으로 가족 기업의 특성을 유지하면서 성공한 사례는 손가락으로 꼽을 수 있을 정도로 적다. 에릭슨(정보통신), 사브(자동차·비행기 엔진), 스카니아(트럭), 일렉트로룩스(가전) 등 스웨덴 주요 대기업들을 소유하고 있는 '발렌베리 그룹'이 변화를 거듭하면서 다국적 대기업으로 성공한 사례다. 그 외에 프랑스와 이탈리아의 명품 패션 브랜드, 혹은 와인과 같이 새로운 가치보다 전통적 가치가 중요한 일부 산업을 제외하면 찾기가 어렵다. 불행히도 전쟁의 폐허와 자본주의 역사가 짧은 우리에겐 이러한 산업은 경쟁력이 미흡하다.

우리나라도 다르지 않다. 대한상공회의소 자료(「100대 기업의 변천과 시사점」 2011. 7. 28)에 따르면 국내 1,000대 기업의 평균 수명은 27.2년에 불과하다. 중소 제조 업체는 그 절반밖에 안 되는 12.3년을 버틴다. 같은 해 코트라(KOTRA)가 발표한 우리나라 상장기업 평균 수명은 20년이었다.

전 세계적으로 자본주의의 역사가 길어지고 경쟁은 치열해졌다. 제2차 세계대전 이후 이렇다 할 산업 시설의 파괴가 없었고, 신자유주의와 신경제를 거치면서 자본의 축적은 지속되었다. 저금리가 오래되면서 자본이 흔해졌고, 금융 시장과 금융 상품의 발달로 자본 조달은 보다 수월해졌다. 돈이 없어도 기술(또는 노하우)과 아이디어만 있으면 기업을 이루기 쉬워졌다. 또한 정보화의 진전으로 기술의 변화는 급속히 빨라졌고, 어제까지 없던 산업이 생겨나고, 10년 전에만 해도 없던 산업에서 글로벌 초일류 기업이 생겨나고 있다.

[도표 2-26] 전 세계 시가총액 상위 기업 현황

(단위: 십억 달러)

이름	주 제품, 서비스	국적	시가총액 (2020.10.18)	시가총액 (2017.2.2)	현재 순위	전년 순위
애플	핸드셋	미국	814.4	674.3	1	1
알파벳	OS, 검색엔진	미국	774.9	558.4	2	2
마이크로소프트	OS	미국	706.7	488.2	3	3
아마존	전자상거래	미국	692.3	399.1	4	5
페이스북	인터넷	미국	557.4	378.0	5	6
텐센트	인터넷	중국	549.4	250.6	6	14
버크셔해서웨이	투자회사	미국	516.4	401.8	7	4
알리바바	전자상거래	중국	479.7	251.6	8	13
중국공상은행	금융	중국	407.2	235.5	9	16
JP모건체이스	금융	미국	396.5	302.7	10	9
존슨&존슨	제약	미국	370.0	309.0	11	8
삼성전자	반도체, 전기전자 제품	한국	283.1	242.4	18	15

출처: Bloomberg.

기업가도 직장인도 기업에 대한 생각을 달리 해야 한다. 가업 승계, 평생직장, 평생직업은 힘든 세상이다. 해당 업종의 쇠퇴로 아버지, 할아버지 때부터 해오던 사업을 그대로 이어받는 것은 불가능해졌고, 평생직장을 만들고 싶어도 그럴 수 있는 회사가 별로 없다. 변화와 혁신을 넘어 창조적 파괴와 버림이 없으면 기업도 유지될 수 없고, 직업도 유지될 수 없다.

세계에서 가장 자본주의가 발달한 미국의 사례를 보자. 오래되지 않은 기업들조차 1대에서 2대로 기업을 물려주어 잘된 회사들이 많지 않다.

기업가에서 자본가로

창업 1세대는 주로 혁신을 주도하고 세상에 없던 제품과 서비스를 제공하는 사람이다. 이론적으로는 부족할지 모르지만 무에서 유를 창조하는 창의력과 실행력을 갖춘 사람이며, 밑바닥부터 경험한 사람이므로 직원들과 잘 어울리고, 그들을 이해하며 존경받는다.

2세대부터는 혁신이 쉽지 않다. 아버지가 이룬 부와 명예를 지켜야 하지만 급변하는 세상에서 기업 수성은 창업보다 어렵다. 혁신을 하고자 해도 전통 방식을 고집하는 참모들과 직원들을 설득하기에는 경험과 전문성이 부족하다. 형제자매 간에 나누어 갖거나 상속세를 내고 나면, 1세대에 비해 기업에 대한 지분율도 줄어든다.

통제가 어려워진 2세대 경영진은 1세대에 비해 자기 것 챙기기에 바쁘다. 회사의 장기적 발전을 고민하는 관리자보다는 대주주의 단기적 이익을 챙겨주는 아첨형 관리자가 더 끌린다. 결국 기업가는 자본가가 되어가는 것이 일반적 수순이다. 그럼에도 불구하고 오로지 최대주주라는 이유로 경영권을 유지하려고 하는 것은 불화를 넘어 분쟁의 원인이 된다.

지금까지 우리나라에서 기업들은 독립적인 이사회 구성이 어렵고, 최대주주가 관행적으로 이사와 감사를 선임하기보다는 독단적 권력 행사로 허수아비 집단을 구성하는 것에 집중해왔다. 그 결과 주주가 이사회를 선임하고 이사회가 경영자를 선임하며, 감사는 경영자를 감시하고 해고를 건의한다는 최소한의 기능이 작동하지 않게 되었다. 이것은 기업의 장기적인 안정성을 해치는 일이다.

삼성그룹 최초로 전문 경영인 회장에 오른 권오현 회장은 창조와 혁신을 바라는 기업가라면 반드시 자신에게 돌아오는 피드백 경로(feedback loop)를 잘 유지해야 한다고 한다. 쓴소리를 해줄 수 있는 사람이 있어야 한다는 것이다. 그것이 안 되면 고독한 2~3세 경영자는 자신이 얼마나 위험한 곳으로 기업을 몰아넣는지 알 수가 없다. 견제와 균형은 기업가를 위해서 꼭 필요한 자정 기능이다.

기업가로서 개척할 자신이 없다면 자본가로 남는 것도 답이다. 투자를 했다고 생각하면서 능력 있는 전문 경영인을 선임하고 대부분의 중요한 일들은 이들에게 맡기는 것도 나쁘지 않다.

기업 승계와 장수 기업

흔히들 우리나라의 상속세제와 반기업적 정책을 비판하기 위해 장수 기업이 적다는 얘기를 한다. 전 세계적으로 100년 이상 된 장수 기업들을 살펴봤을 때 가족 경영을 하는 기업이 대부분이므로 가족 경영이 정당하다는 논리가 그것이다. 하지만 선진국에서도 전문 경영 체제가 일반화된 것은 50년도 되지 않았으므로 기업이 장수하기 위해 가족 경영이 불가피하다는 논리는 어불성설이다.

동서양을 막론하고 원래 기업의 운명은 짧다. 아무리 뛰어난 기업이라고 해도 지속적인 경쟁력을 확보하지 못하면 기업 생태계에서 도태될 수밖에 없다. 기업의 장기적 번영보다는 장기적 생존이라는 것이 어울리는 표현이다. 경영권과 번영이 어차피 오랫동안 가질 수 없는 것이라면 경영하는 동안 사회에 기여하고 그 대가를 오래 보존할 방법에 대해 연구하는 것이 낫지 않을까?

테슬라의 시가총액은 50년 넘게 자동차를 만든 포드와 GM, 폭스바겐, 도요타의 2.5배에서 20배에 달한다. 얼마 지나지 않아 도요타, GM, 폭스바겐 등 전 세계 나머지 자동차 업체 시가총액을 합친 것보다 커질 것이고 애플의 시가총액도 넘어설 것이라는 전망도 나온다. 글로벌 시장은 지금 상위 기업 순위가 매년 바뀔 만큼 '초경쟁 시대(hyper-competition)'가 되어버렸다.

우리나라도 마찬가지다. 대한상공회의소가 최근 집계한 자료에 따르면 국내 1,000대 기업 평균 나이는 28.9세에 그쳤다. 창업 100년이 넘어 장수하고 있는 기업은 두산, 동화약품 등 다섯 개 정도에 불과하다.

우리나라의 경우 자본주의의 역사가 짧으니 장수 기업이 적은 것도 당연하지만 그런 기업이 많다고 해서 그 자체로 기업하기 좋은 나라이며, 창의성이 넘치는 사회라는 의미는 아니다.

장수 기업이 많은 일본과 독일이 미국과 중국보다 경제력과 경쟁력이 높다고 할 수 없다. 장수 기업들의 면면을 보면 해당 국가의 경제에서 차지하는 비중과 영향력은 미미하기 때문이다. 장수기업의 대부분이 목조주택 건축회사, 칼(knife) 제조회사, 불교제품 판매회사, 식당, 여관, 유리공예, 가죽공예와 같은 명품 생산 소규모의 기업으로 경제 전체에서 차지하는 비중은 크지 않다. 그러나 장수 기업이 많은 일본과 독일의 공통점에서 볼 수 있듯이 그런 기업이 많다는 것은 그만큼 기술을 중시하며, 단기적 이윤보다는 장기적 생존을 위한 기업 풍토를 반영하는 것이다.

장수 기업의 사회적 역할은 존중할 만하다. 기업과 경영의 본질이 무엇인지를 알려주기 때문이다. 또한 이들은 지속가능한 올바른 승계를 해주는 것이 단순히 외형에 집착하고 지분을 물려주는 것이 아니라는 점을 알려준다. 그리고 기업이라는 법인격도 인격이며 누가 물려받든지 그 인격의 본질인 경영 철학과 정신, 문화, 노하우 등 눈에 보이지 않는 자산이 훼손되지 않게 물려주는 것이 올바른 승계라는 것을 알려준다. 또한 기술을 중시하고 남다른 제품과 서비스로 사회적 기여(효용 증대)를 하는 기업은 그만큼 오랜 시간 대접을 받는다는 본보기가 되기도 한다. 이들의 존재는 사회 구성원에게 창업 의지를 심어주고 기술 개발에 대한 동기를 부여한다. 사회적으로도 장수 기업은 모범적 경영을 하는 경우가 많아서 올바른 기업 문화와 자본주의 문화를 전파하며, 그 자체로 살아 있는 역사가 된다.

그러나 단순히 장수 기업이라는 타이틀이 존경받는 기업의 충분조건은 아니다. 존경받기 위해서는 무엇보다 그 기업이 사회 및 경제적으로 여전히 중요한 기여와 영향력을 행사하고 있어야 한다. 또한 후계자가 후손이든 아니든 본보기가 될 만한 경영 철학과 기업 문화가 단단하게 지금까지 이어지고 있어야 한다.

기업인의 입장에서는 오랫동안 생존해온 장수 기업들의 사례들을 눈여겨보아야 한다. 그 사례들에 100년 이상 장수 기업들의 생존 노하우가 녹아 있기 때문이다. 요즘처럼 기업의 수명이 짧아지고 우리나라처럼 자본주의 역사가 짧은 경우엔 더더욱 그렇다.

국가마다 역사적 배경이 다르고, 문화적 풍토가 다르므로 다른 나라에 장수 기업이 많다고 해서 꼭 그들을 좇을 이유는 없다. 또한 장수 기업이 정부나 특정 기업이 노력한다고 만들어지는 것도 아니다.

그러나 가진 것이 인적 자원밖에 없는 우리나라에서 기술을 중시하고 기업이 오래 생존함으로써 노하우가 장기적으로 유지될 수 있는 여건과 풍토를 조성하는 것은 반드시 필요해 보인다. 기업의 경쟁력이 산업의 경쟁력이고 국가의 경쟁력이기 때문이다. 기업의 경쟁력 유지가 곧 일자리 유지이기 때문이다.

기업가 정신을 계승하는 해외 장수 기업

한국은행 자료에 따르면 전 세계 장수 기업의 56.3퍼센트는 일본에 있다. 200년 이상 된 기업의 수만 3,146개 업체로 1,000년이 넘은 기업도 7개 업체나 된다. 독일도 창업한 지 200년이 넘는 기업이 837개 업체나 된다. 일본도 우리처럼 상속세 최고 세율이 50퍼센트나 되는 나라인데도 장수 기업이 많다는 것은 장수 기업의 조건이 낮은 상속 세율은 아니라는 소리다. 오래된 기업들은 대부분 가업공제를 받을 수 있는 수준의 기업이라 부르기 어려울 만큼 작지만 기술과 노하우를 가지고 환경 변화에 잘 적응한 기업들이다. 일본과 독일에 장수 기

[도표 2-27] 국가별 200년 이상 장수 기업 현황

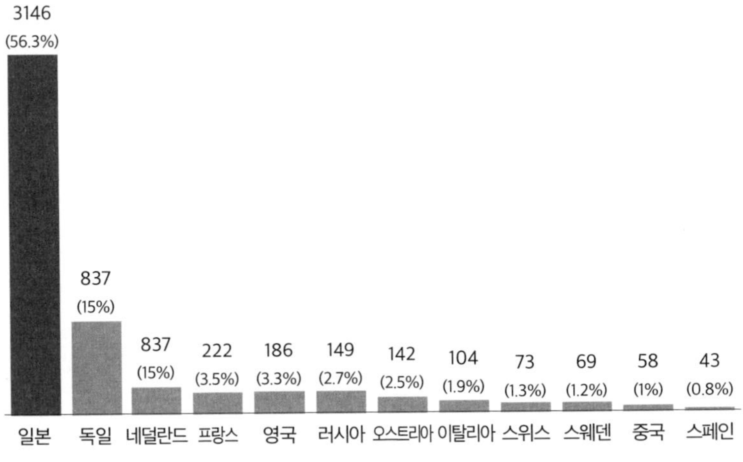

출처: 한국은행.

[도표 2-28] 일본의 10대 장수 기업

기업명	업종	창업연도
곤고 구미	목조건축 공사	578년
이케보노카도카이	생화교수	587년
니시야마온센케이운칸	여관 경영	705년
소만	여관 경영	717년
젠고로우	여관 경영	718년
타나카이가부쿠텐	불교가구 제조	885년
나카무라샤지	건축 공사	970년
슈미야싱부쿠텐	불교가구 소매	1024년
스도우혼케	청주 제조	1141년
쓰우엔	차 제조 판매	1169년

출처: 제국데이터뱅크.

업이 많은 이유는 기술을 중시하는 기업 문화와 장인을 존중하는 사회 분위기 때문이다. 이제 가족 중 후계자를 구하기 어려워지자 이들 나라에서도 기업 생존을 위해 후계자를 가족의 울타리 밖에서 구하는 경우가 많아지고 있다.

세계에서 가장 오래된 기업 곤고 구미와 백제인

일본의 '곤고 구미(金剛組)'는 578년 설립된 목조건축 회사로 세계에서 가장 오래된 기업으로 공인받았다. 2006년 자금난에 빠져 2008년 다카마츠 건설에 인수되었지만 곤고 구미는 한우물만 파서 1,442년을 살아남은 기업이다. 지금도 곤고 구미의 최고기술책임자는 전주 유씨 유중광의 39대 손이요, 곤고 구미의 39대 당주였던 89세의 도시타카 사장이 맡고 있다.

이 기업이 특히 의미가 있는 것은 백제인이 세운 우리 민족의 기업이었기 때문이다. 즉 아스카 시대인 서기 578년 쇼토쿠 태자 초청으로 오사카에 도착한 백제인 유중광이 오늘날 일본 최고의 사찰인 시텐노지(四天王寺)를 지은 후, 성을 곤고 씨로 바꾸면서 일본에 정착해 만든 기업이다. 곤고 구미는 오사카 명물 시텐노지의 보수 관리를 1,400년째 해오고 있으며, 담징의 벽화로 유명한 호류지(法隆寺)를 비롯해 많은 고대 건축물을 도맡아왔다. 1,400년을 오사카의 한자리에 살아온 곤고 씨 집안은 아직도 스스로를 한국인이라고 한다. 39대 당주인 곤고 도시타카는 그를 일본인이라 하면 화를 냈다고 한다. "곤고(金剛)는 백제의 성씨이며, 나는 백제인이고 한국인"이라는 것이다. 그는 또 열심히 일하는 이유를 "아버지 대에 이미 한 번 망했다. 남의 나라에 와서 두 번씩이나 망할 수 없어 뼈가 부서지도록 일한다"고 했다. 그에겐 1,400년을 살아도 일본이 남의 나라였던 것이다. 곤고 구미가 처음 망한 것은 1932년이었다. 중일 전쟁이 발발하자 일본 내 모든 공사가 중지되었다. 당시 당주였던 곤고 오사이치는 종업원들의 월급을 주기 위해 관을 짜는 일까지도 마다하지 않았으나 결국 회사를 정리해야 했다. 회사를 정리한 오사이치는 아내와 아홉 살 난 아들 곤고 도시타카를 데리고 조상들의 위패를 모셔놓은 시텐노지를 찾아간다. 조상들 앞에서 자신의 죄를 빌고 난 오사이치는 그 자리에서 자

오사카 명물 시텐노지(시텐노지): 593년 곤고 구미가 건축

살을 한다. 상을 치른 후, 도시타카의 어머니는 아들의 손을 잡고 시텐노지 주지를 만나 1,400년 동안 시텐노지를 위해 일해온 곤고 집안을 한 번만 도와달라고 간청한다. 이에 마침 태풍으로 무너진 시텐노지 5층탑의 재건을 맡게 되고 어머니는 소복을 입은 채로 공사를 진두지휘했다.

아버지의 죽음을 본 39대 당주 도시타카 사장은 기술과 품질을 제일로 여기며 견실한 경영을 끌어왔다. 1995년 고베 대지진이 났을 때, 철골과 콘크리트 건물들이 모두 쑥대밭이 된 와중에도 곤고 구미가 지은 목조 건물들은 멀쩡해서 화제가 되었다.

손이 많이 가는 전통 방식을 고집했으므로 곤고 구미는 상대적으로 고가였다. 줄어드는 목조건축 일감과 경영난을 피하기 위해 전통 가업 이외에 금융 안정성을 해치면서까지 무리하게 사업 확장 및 변화를 추진했다가 실패해 결국 2008년 타카마쓰 그룹에 인수되었지만, 최근까지 곤고 구미의 최고기술책임자는 곤고 도시타카 사장이었다. 우리 민족에겐 세계 최고 기업을 만든 장인정신이 내재되어 있다는 것을 자랑스러워해야 하겠지만 그것을 가능케 한 일본의 기업 문화도 잊어서는 안 된다.

곤고 구미가 오래 살아남은 이유로 유연한 후계자 선정 기준도 있었다. 곤고 구미는 장자 세습 관행에서 벗어나 자식 중에서 가장 건강하고, 책임감 있고, 능력이 뛰어난 이를 후계자로 선택했다. 아들이 아니라 딸이라도 잘할 경우 가업을 물려줬다. 자기 분야에서 최고의 장인이 되어야 사장 자리를 물려받을 수 있었다.[5, 6]

100년 이상 장수한 기업들

시시각각 변하는 무한 경쟁의 글로벌 경쟁 시장에서도 100년 이상 장수하는 기업들이 적지 않다. 이들은 어떠한 비결이 있기에 급변하는 시장 환경에서 그렇게 장수할 수 있는 것일까?

100년 이상 생존한 기업들이 공통적으로 최고의 가치로 여기는 것은 '가족'이다. 가족 간의 강한 연대를 위해 프랑스의 포도주 제조 기업인 위겔(1639년 설립)은 정기적으로 가족회의를 열고, 오스트리아의 명품 주얼리 브랜드 스와로브스키(1895년 설립)는 철저한 가족 경영을

---

5 김경환, 「'最古기업' 곤고 구미의 파산에서 배울점」, 《머니투데이》, 2007. 5. 5.
6 박세진, 「현존 세계 '最古' 일본기업, 뿌리는 '백제'」, 《연합뉴스》, 2019. 3. 23.

유지한다. 또한 기네스북에 등재된 세계 최장수 숙박 업소인 일본의 호시 료칸(718년 설립)은 가족주의 경영을 원천으로 한다. 이들 기업들은 가족의 전통에 대한 자부심, 책임감, 기업가 정신을 습득하게 함으로써 급변하는 환경에 대응하고 도전하여 그들만의 노하우를 개발·발전하고, 획득하게 한다.

한편 독일의 유리 명가 폰 포쉉거(1568년 설립)나 광학기기 제조사 칼 자이스(1846년 설립) 등은 오랫동안 축적해온 경험과 노하우를 직원과 공유함으로써 고객의 요구에 신속하게 대응하고, 신사업의 새로운 아이디어를 끊임없이 만들어내고 있다.

결과적으로 장수 기업은 창업가의 기업가 정신이 후대에 계승됨으로써 원래의 전통과 가치를 지키면서도 새로운 분야에 도전, 혁신하는 원동력을 잃지 않는 것이다. 즉, 후대 계승자가 이익만을 위한 기업 활동이 아닌, 시대가 요구하는 정신을 지니고 기업 활동을 함으로써 계속해서 고객과 시장으로부터 신뢰와 존경을 받을 수 있었다. 그 회사만의 기업가 정신을 구축하는 것과, 차세대 경영자를 통해 그 기업가 정신을 더욱 충만하게 만드는 시스템이 핵심이라고 할 수 있다.

《매일경제》는 2014년 719년 역사를 가진 이탈리아 명품 유리공예·조명 전문 기업 '바로비에르&토소'의 CEO이자 '바로비에르' 가문의 19대손인 '야코포 바로비에르(Jacopo Barovier)'와의 인터뷰를 통해 장수의 비결에 다음과 같은 해답을 제시한다.[7]

---

7 이호승, 「700년 역사의 비밀, 핵심가치는 지켜라…끊임없이 변하라」, 《매일경제》, 2014. 12. 4.

[도표 2-29] 장수 기업이 해야 할 일과 하지 말아야 할 일

할 일	해서는 안 될 일
• 핵심 역량(가치)을 사수하라. • 환경 변화에 적응하고 혁신하라. • 돈보다 열정과 비전을 물려줘라. • 안정적인 지배구조를 구축하라.	• 핵심 사업의 경쟁력(잠재력)을 저하시키지 말라. • 기존 성공 방정식에 얽매이지 말라. • 도전하되 도박은 하지 말라. • 공과 사를 혼동하지 말라.

장수 기업을 꿈꾼다면 핵심 가치는 지키되 끊임없이 변화해야 한다는 것이다. 제임스 C. 콜린스(James C. Collins)와 같은 수많은 경영학의 구루들이 했던 말과 다르지 않다. 일반적으로 장수 기업의 핵심 경쟁력은 최상의 기술과 장인 정신, 그리고 생산 능력이었다. 기업이 존속하기 위해서는 기술과 장인정신은 지키되 시장의 요구와 시대의 변화에 맞게 혁신하고 변해야 한다. 때에 따라 과감한 사업 확장이나 기술의 적용, 포트폴리오 변화도 필요하다.

'바로비에르&토소'도 가족 기업이 지닌 폐쇄성을 극복하기 위해 1970년대부터 글로벌 기업으로 도약을 시도한다. 경영 시스템도 혁신했고 영업과 판매, 수출, 기술, 행정, 구매, 홍보 전문가들을 영입하고 좁은 내수 시장을 벗어나 수출로 눈을 돌렸다. 5개 대륙에 지사를 설립하고 50여 개국에 에이전트를 두어 촘촘한 네트워크를 구축했다. 때로는 좋은 파트너와 전략적 제휴도 하고 펀드의 자금도 유치했다. 2010년에는 사모펀드에 지분 80퍼센트를 넘겼다. 회사 정체성 문제, 펀드 투자 목적을 놓고 논란이 없진 않았다. 하지만 소유권이 아닌 기업 지속성 측면에서 이해한다면 성장에 도움이 됐다는 평가가

나온다. 바로비에르 가문은 여전히 지분 20퍼센트와 전체 부동산을 소유하고 경영권을 보장받고 있다.

"우리 가문에선 아이들을 공방에 자주 데려갑니다. 우리 제품들이 개발되고 만들어지는 마법 같은 광경, 아버지가 열정적으로 일하고, 직원들을 이끌고 고객을 상대하는 일상을 있는 그대로 보여줍니다. 회사와 선조들 역사와 스토리를 자주 들려줍니다. 아버지들이 일생을 바쳐온 이 일과 회사에 대한 열정을 아이들에게 있는 그대로 보여주는 거지요." 바로비에르 대표가 설명했다.

바로비에르 가문에서 아이들은 어려서부터 회사를 놀이터처럼 여기고 놀면서 과거를 배우고 현재를 이해하면서 미래에 대한 믿음까지 키운다. 전통에 대한 자부심과 일에 대한 열정, 책임감을 자연스럽게 물려주는 경영 수업을 하는 셈이다. 바로비에르 대표도 젊은 시절 가업 승계에 그다지 관심이 없었지만 "회사가 어려우니 돌아오라"는 아버지 부탁 한마디에 군말 없이 회사를 떠맡았다.

전문가들은 기업이 대를 이어 존속하기 위해서는 경제적 자본을 후계자에게 물려주는 것도 중요하지만 그보다 개인의 지식과 기술, 열정, 비전, 직업관과 윤리의식 등 인적 자본과 가족 간 신뢰와 회사 구성원 간 협력적 관계 같은 사회적 자본이 더 중요하다고 지적한다.

오사카시의 사업 승계 부분을 담당하는 공익재단법인 산업창조관의 최고 프로듀서인 '야마노'는 "장수 기업일수록 선대로부터 물려받은 경영 자원을 기초로 시대에 맞춰 업태 변환, 신규 산업, 신규 시장 진입 등의 새로운 시도를 하고 있다"며 "가족에게 가업을 물려주는 것이 일반적인 사업 계승의 스타일이기 때문에 선대가 일구어온 기술과 노하우를 후세에까지 물려주고 싶다, 좋은 경영 상태로 회사를 자식에게 물려주고 싶다는 것이 사업 승계의 원동력이 되고 있다"고 말한다.

다섯 개에 불과한 국내 장수 기업

우리나라의 경우 100년 이상 된 장수 기업은 두산(1896년 설립, 124년), 동화약품(123년), 몽고식품(115년), 성창기업(104년), 경방(101년) 등 다섯 개에 불과하다. 자본주의 역사가 짧은 탓도 있지만 일제 시대와 한국전쟁을 겪은 탓도 크다. 100년을 넘게 유지해온 기업이라 할지라도 이제 한국 경제에서 차지하는 비중은 미미해졌다. 워낙에 기업을 둘러싼 환경이 급변하고 새로운 기업들이 계속해서 탄생하기 때문이다. 그나마 비중 있던 두산그룹마저 최근에 공적자금이 투입되는 것을 보면 100년 기업이 무슨 의미일까 싶다. 어쩌면 우리는 지킬 수 없는 것을 지키려고 애쓰는지도 모르겠다.

참고로 한국에 있는 최장수 기업은 장수 기업의 기준에 따라 몇 회사가 후보로 등장한다. 가족 경영의 지속성을 기준으로 보면 1896년 박승직상점으로 시작한 두산그룹이 2대 박두병 회장을 거쳐 3대로 내려오면서 최장수 기업의 명예를 차지한다. 다만 박승직상점이

1945년 문을 닫은 후 1946년 두산상회로 재창업하는 과정에서 기업의 연속성이 깨진 까닭에 기업의 사업자등록 시점을 기준으로 하면 1897년에 한성은행이라는 이름으로 시작한 조흥은행이 최장수 기업이 된다. 조흥은행은 2004년 신한은행에 매각되면서 경영권의 승계가 무너졌다. 다만 이때 조흥은행을 인수한 신한은행이 역으로 조흥은행으로 편입된 다음 조흥은행의 이름을 신한은행으로 바꿨기 때문에 신한은행을 최장수 기업이라고 할 수 있다.

활명수로 유명한 동화약품은 1897년 동화약방이란 이름으로 시작한 최장수 제조 기업이고, 몽고간장으로 유명한 몽고식품은 1905년 마산에서 시작한 최장수 지방 기업이다. 대기업으로는 1919년 시작한 경성방직, 1924년 시작한 삼양사, 1926년 시작한 유한양행을 들 수 있다.

6장

성공적
기업 승계 방법

성공적 기업 승계를 위해서 고민해야 할 주제들로 승계의 대상, 시기, 방법 세 가지를 들 수 있다. 하나씩 짚어가면서 성공적인 기업 승계 방법에 대해 살펴보도록 하자.

승계 대상 : 누구에게 물려줄 것인가?

일본의 경우 가업 승계라는 말보다는 기업 승계라는 말을 많이 쓴다. 대기업과 중견기업에서는 가업 승계라는 표현이 사라졌다. 특정 가문이 100퍼센트 지분을 가진 기업이 아닌 이상 주식회사의 경영권은 어느 특정 가문의 천부인권이 아니므로 가업이라 부를 수 없다. 따라서 가업 승계라는 말보다는 기업 승계라 부르는 것이 올바른 표현이다.

30년 넘게 수많은 가문의 다양한 세대에게 가문의 금융 자본은 물론 인적 자본과 지적 자본을 오래도록 보존할 수 있는 전략을 가르쳐 온 제임스 휴즈는 자신의 저서 『부의 대물림』에서 부자가 3대를 못 가는 이유를 설명하고 가문의 운영 체제와 재산 보존을 위한 구체적인 방법론을 제시한다. 먼저 부자가 3대를 못 가는 첫 번째 이유로 승계 대상이 되는 부를 금융 자산(현금, 주식, 채권, 신탁, 부동산)으로만 국한한다는 점이다. 그는 유형의 자산보다 지적 자본이나 인적 자본과 같은 무형의 자본이 더 중요하다고 강조한다.

금전적 재산을 물려주는 것에만 집중하다 보면 질적인 면에 소홀하기 쉽고 장기적 성장보다는 당장 눈앞에 보이는 재산에 집중할 가능성이 높다. 또한 단기 성과를 강조해 가족의 부를 지키고 증대하기 위해 긴 시간을 투입하려 하지 않는다.

이러한 문제를 해결하기 위해서는 사명 선언서나 가문의례를 만들거나 자녀들과 식사나 봉사활동 등 오랜 시간을 함께 보내면서 가문의 정신과 부를 키우고 유지하는 법을 가르치는 데 더 많은 시간과 노력을 기울여야 한다고 제임스 휴즈는 주장한다.

지적 재산은 각 구성원이 일생 동안 학습이나 경험을 통해 습득한 지식으로 구성원 간 인화로 이를 공유하고 지키는 시스템도 중요하다. 각 구성원이 가문의 재산(human capital)이라는 것과 그 구성원에게 지적 재산이 없으면 계속되는 잘못된 결정으로 언젠가는 재산이 모두 탕진될 것이라는 사실을 알아야 한다. 가족 구성원 간 관계를 둘러싼 복잡하고도 미묘한 관계를 이해하지 않으면 오해와 불신이 쌓여

[도표 2-30] 부자가 3대를 못 가는 이유와 해결책

부자가 3대를 못 가는 이유	해결책
• Wealth의 정의 - 예나 지금이나 어느 문화권이나 대부분 청지기들이 재산보존 여부를 금융자본으로만 판단하고 있음	• 사명선언서 - 가문의 목적, 비전, 가치를 담은 사명선언서와 운영 체제를 만들고, 역사를 기록하고 공유하라.
• 양보다 질 - 정성적인 부분도 고려해야 한다는 사실 망각	• 가문의례 - 가문 의례로 일체감을 느끼게 하라.
• 성장동력 - 각 세대가 항상 1세대(재산형성세대)의 역할 해야 한다는 사실 인식 못함	• 정기평가 - 정기적으로 가문의 인적-지적 재산을 평가하라.
• 단기보다 장기 - 단기 성과를 강조하면서 장기적 관점에서 투자한다고 주장하는 경우가 대부분	• 위험관리 - 대차대조표상 내·외부 위험 항목을 잘 관리하라.
• 시간 투여 - 재산 보존에 적절히 시간을 투자하지 못함	• 충분한 시간을 투입, 장기적 관점을 가져라. - 가문 자산관리에서 단기는 20년, 중기는 50년, 장기는 100년.

출처: 제임스 휴즈, 『부의 대물림』

가문이 빠른 속도로 무너질 수 있다.

또한 세금이나 금전적 손실이 아닌 눈에 보이지 않는 위험들까지 고려해야 한다. 즉, 자녀들의 건강, 정치·제도적 변화, 사회적 평판 등도 고려해야 한다. 자녀들의 행복과 화합을 강조하고 100년 이상, 7세대 후손까지도 고려해야 한다.

또한 휴즈는 가문이 금융 재산을 관리하는 대리인·수탁자와 심각한 갈등을 겪는 이유에 대해서도 명확한 해답을 내린다. 수익자가 수익자로서의 권리와 의무를 제대로 모르기 때문에 수익자-수탁자 간 분쟁이 일어난다고 말한다. 수익자로서 신탁의 약정 사항을 잘 모르거나 신탁증서의 내용을 모르는 경우가 허다하며, 이런 경우에 수탁자와 올바른 관계를 맺을 리 만무하다는 것이다.

가문의 부를 일군 1세대에게 애정 어린 충고도 잊지 않는다. 1세대의 꿈을 강요하지 말라는 것이다. 가문이 성장하고 재산을 바르게 보존하려면 구성원들이 창조적이고 호기심이 왕성하며 자기 꿈을 좇아 사는 자유롭고 독립적인 사람이 되어야 한다. 가문은 구성원들이 다른 사람의 꿈을 꾸라거나 완벽해지라는 강요를 받아서 겁 많고 의존적이며 학습 과정에서 일어날 수 있는 실수를 억지로 피하는 사람이 되지 않도록 해야 한다.

제임스 휴즈는 가문의 재산에 국한해 처방을 내렸으나 기업의 승계에 있어서도 던지는 메시지는 강렬하다. 인간이 사회적 동물이고 사회 안에서 행복을 느끼는 존재라는 점, 승계와 상속의 최종 목표는 자녀와 후손들의 행복이라는 점에서 사회적 자본에 대한 관리도 소홀해서는 안 된다. 수많은 명문가들이 노블리스 오블리주를 중시하는 이유도 여기에 있다.

승계 시기:
시점이 아니라 준비 여부가 관건이다

"너무 빨리 전부를 주면 굶어 죽고, 한 푼도 안 주면 맞아 죽고, 절반만 주면 시달려서 죽는다"는 말이 있다. 이러든 저러든 죽는다고 하니, 참 어려운 주제가 바로 승계와 상속이다. 승계에서 제일 먼저 고민해야 할 주제는 시기다. 미리미리 준비해야 필요할 때, 적절한 시기에 넘겨줄 수 있다. 대부분의 승계 문제는 후계자가 준비가 되어 있지 않아서 발생한다.

준비가 안 된 승계의 문제점

유산을 너무 빨리 주어 굶어 죽은 사례로 「리어 왕」이 있다. 「리어 왕」은 셰익스피어의 4대 비극 가운데 가장 처절하게 비극적인 작품이라는 평가를 받는다.

80세를 넘긴 리어 왕은 자신의 왕위와 재산을 물려주기 위해서 세 딸과 신하들을 불러놓고 누가 자신을 가장 사랑하는지를 물었다. 그 때 첫째 딸 고너릴은 마치 기다렸다는 듯이 "모든 한계를 다 넘어 전하를 사랑합니다"라고 얘기했고, 둘째 딸 리건은 "전하의 귀중한 사랑 속에서만 행복해집니다"라고 리어 왕의 마음에 들게 답했다. 그러나 평소 리어 왕이 가장 애틋하게 여기던 셋째 딸 코딜리어는 진실에 어긋나는 말을 할 수 없다며 "없습니다. 전하"라고 대답했다. 이에 격노한 리어 왕은 첫째와 둘째에게 왕국의 지분을 나눠주고 셋째 딸 코딜리어는 그녀를 옹호한 신하들과 함께 왕국에서 쫓아냈다. 그러나 시간이 흐르고, 리어는 자신을 사랑한다던 두 딸에게 무참히 버림받고 폭풍이 몰아치는 황야를 헤매게 된다.

이후 프랑스의 왕비가 된 셋째 딸 코딜리어는 리어 왕의 처참한 소식을 전해 듣고, 그를 구하기 위해 프랑스 군을 이끌고 영국으로 진격한다. 코딜리어와 재회한 리어 왕은 회한의 눈물을 흘리며 딸에게 용서를 구하지만 때는 이미 늦었다. 글로스터 백작 가문의 서자 출신 에

드먼드가 이끄는 영국군에게 패한 코딜리어는 죽음을 맞게 된다. 이런 가운데 에드먼드를 사이에 두고 리건과 치정 싸움을 벌이던 언니 고너릴은 질투에 눈이 멀어 동생을 독살하게 되고 본인 또한 자살한다. 그리고 코딜리어의 안타까운 죽음에 상심하던 리어 왕 또한 명을 달리한다.

늙은 왕 리어는 내면의 진실이 아닌 허울만을 믿고 경솔한 판단을 했다가 모든 것을 잃고 끔찍한 파국을 맞았다. 셰익스피어는 리어를 통해 진실의 가치와 인간의 본성에 대해 냉혹하게 성찰했다. 오늘날에도 기업 승계에 관해 반면교사로 삼을 만하다.

빨리 물려주어서 문제가 되는 경우는 드물다. 빠른 승계 자체가 문제라기보다 준비가 안 된 후계자나 부적절한 후계자에게 물려주는 것이 문제다. 체계적인 후계자 수업을 하지 않고, 준비가 안 된 후계자에게 너무 일찍 물려주는 것은 왕(총수)을 위해서도 국가(기업)를 위해서도 불행일 수 있음을 보여주는 사례다.

회장의 예기치 못한 별세로 승계를 준비하지 못한 경우도 심심치 않게 볼 수 있다. 2018년 3월 나이스 그룹 김광수 회장(57세)에 갑작스럽게 사망하자 당시 25세였던 김원우 씨가 이를 이어받았는데 아직 회사의 경영진에 진출하지 못하고 있다. 여섯 곳 상장사의 지분가치만도 9,300억 원에 달해 거액의 상속세를 납부해야 하는 상황이었다. 다행히 김광수 회장이 에스투비네트워크 지분 70.4퍼센트을 통해 지주회사(나이스)를 소유하고 있었고, 계열사 지분을 40퍼센트 이상 다량 보유해 경영권 유지에는 어려움이 없었다.

2017년 10월 OCI의 이수영 회장도 별세했다. 당시 지분이 3형제로 분산되어 있었고 후계자인 이우현 사장의 지분은 0.5퍼센트에 불과했다.(장남 이수영 10.92퍼센트, 차남 이복영 삼광글라스 회장 5.4퍼센트, 삼남 이화영 유니드 회장 5.43퍼센트) 그 결과 이우현 현 부회장의 지분율은 5.46퍼센트로 감소했고 33인이 공동 지배하고 있다.

늦은 승계의 문제점

반면에 승계가 늦는 것도 문제다. 동서양을 불문하고 문제는 대부분 여기서 발생한다. 너무 늦게 승계를 준비하거나 아예 후계자를 정하지 않는 경우가 많다. 한 연구에 따르면 미국 기업의 3분의 2는 공식적인 승계 계획이 없었다. 우리나라의 경우도 대부분 기업에서 회장의 사망 전까지 후계자를 제대로 정하지 않거나 계열 분리를 하지 않아서 문제가 발생한다.[8]

너무 늦은 승계의 사례로는 롯데그룹이 대표적이다. 신동빈 회장이 2015년 6월말 기준 일본 L투자회사 12곳 중 11곳에 대표이사로 등재된 사실이 알려지면서 불거진 신동빈·신동주 형제간 다툼은 지금은 신동빈 회장 쪽으로 기울었지만 한동안 세간에 관심이 되었던 사건이다.

---

8 Ram Charan, Dennis Carey, "Barton for Talent Wins", *Forbes*.com

빨리 시작하라! 그러나 계획을 돌에 새길 필요는 없다

롯데, 효성, 현대, 금호 등의 수많은 형제간 다툼이 남긴 교훈은 늦은 승계의 부작용을 여실히 보여준다. 누구에게 무엇을 줄 것인지 미리미리 정해주지 않으면 형제간 다툼은 불 보듯 뻔하다. 자녀들이 행복하길 바라며 물려주는 유산인데 오히려 그들을 더욱 불행하게 할 수도 있다. 또한 너무 늦게 물려주면 자녀가 책임지고 경영을 경험할 기회가 없어 진정한 경영자 수업을 하기 어렵다.

승계 시기와 관련해 가장 중요한 것은 일찍 시작하라는 것이다. 수십 년 동안 기업을 일구어 산전수전 다 겪어본 성공한 부모의 눈에는 자녀들이 못미더운 건 당연한 일이다. 장점보다는 단점이 먼저 보일 수밖에 없다. 그럼에도 불구하고 장점을 먼저 보려고 노력해야 하고 물려줄 때는 과감하게 내려놓아야 한다.

후계자에게 지분과 권력을 다 물려주지는 않더라도 상당 부분 물려주고 작은 사업이라도 스스로 의사 결정을 하는 습관을 키워야 한다. 후계자 후보를 언제까지 보조석에만 앉게 할 수는 없다. 직접 운전을 해봐야 길도 익히고, 위기 상황에서 판단력도 생긴다.

가장 일반적인 문제 중 하나는 사람들이 충분한 시간에 승계 계획을 세우지 않는 것이다. 지분이나 돈보다 보이지 않는 부분이 더 많기 때문에 승계에는 생각보다 시간이 많이 필요하다. 회장이 강제로 논의하지 않는 한 승계 문제에 대해 대부분 관리자들은 머리를 모래에 파묻는다. 현실이 이렇다 보니 원활한 전환을 미리 계획할 기회를 놓치고 장기적인 기업의 성장과 안정성에 큰 위협이 되곤 한다. 가능한 빨리 준비하는 것이 좋겠지만 일반적으로 예상되는 은퇴 시점에서 최소 10년 전부터 시작해야 한다.

먼저 무엇을 물려줄지 그 범위를 정해야 한다. 물려줄 범위가 지적 자본, 인적 자본, 사회적 자본과 같이 보이지 않는 것까지 포함할 경우 승계는 자녀가 태어나면서부터 시작해야 할 수도 있다.

지분, 지위, 경영 능력 중 가장 물려주기 힘든 것이 경영 능력일 것이다. 만일 형제가 여럿이라면 일찍부터 그에 맞게 회사나 사업을 분할하거나 자녀의 수에 맞는 사업 확장을 해야 한다. 권하지는 않지만 그게 안 되면 하나의 지주회사를 두고 원칙을 정해서 공동 경영을 할 수 있도록 체계를 만들고 합의를 도출해야 한다. 공동 경영을 할 경우에는 전문 경영자에게도 기회를 주어 경쟁 시스템을 도입하는 것이 회사 발전을 위해 더 좋을 수 있다.

물려줄 사업 대상과 후계자가 정해지면 그에게 미리 알려주고 준비하도록 해야 한다. 충분한 대화를 통해 언제, 무엇을, 어떻게 물려줄지에 대해서도 미리미리 합의를 도출하는 것이 좋다.

때로는 세상에서 가장 어려운 일이 가장 가까운 사람에게 가장 하고 싶은 말을 꺼내는 것이다. 그동안 마음에 없는 이야기를 해서 그것을 뒤집는 것이 어려운 경우도 있고, 스스로의 과거 행동과 반대되는 판단을 해야 할 경우도 있다. 그러나 분명한 것은 뒤로 미룰수록 불행은 더 커지고 평생 마음의 평안을 얻지 못할 수도 있다. 지도자와 후계자 모두가 솔직해질 필요가 있다. 여기서 기본적 관점은 개인적 이득보다는 회사에 도움이 되는 현명하고 열린 대화가 핵심이다. 승계 계획을 돌에다가 새길 필요는 없다. 상황이 변하면 계획은 언제든 달라질 수 있다. 물려주는 시기도 변할 수 있고, 적합한 후계자도 바뀔 수 있다. 후계자에게도 이 사실을 주지시킬 필요가 있다.

승계 작업과 함께 '코리아 디스카운트'도 시작?

우리 증시 격언 중에 "승계를 앞둔 기업의 주식은 사지 말라!"는 말이 있다. 자녀에게 줄 지분을 늘리기 위해 주가를 일부러 저평가시키거나 핵심 기업의 자산과 이익을 빼돌리기 위해 애쓸 것이기 때문이다. 한국 주식 시장이 20년간 저평가되고 박스권을 벗어나지 못했던 이유를 승계에서 찾을 수 있다.

다행히 국내 대부분의 그룹이 지주회사 전환이 마무리 단계이고 승계도 끝나간다. 코리아 디스카운트라는 긴 터널의 끝도 보인다. 삼성물산과 제일모직 합병으로 지주회사 역할을 하는 삼성물산이 지배력을 확고히 했다. 또한 20대 그룹의 대부분 기업들이 지주회사 체제로 전환했다. SK, LG, GS, LS, 롯데, 한화, 현대중공업, 한진, CJ, 대림, 효성, 두산이 지주회사 체제로 전환했다. 현대차, 신세계, 현대백화점, 부영 정도가 아직 승계를 위한 지주회사 전환 및 기업 분할 이슈가 남아 있다.

삼성, 현대차, SK, LG, GS, LS, 신세계, 현대백화점, OCI 등 큰 기업들에서는 형제간 분쟁이 없었다. 국내 재계의 2세 경영이 막바지에 다다랐다. 이재용, 최태원, 정의선, 구광모 등 젊은 회장들을 필두로 3세, 4세 경영이 시작되었다. 새로운 대주주 경영인들은 글로벌 저성

[도표 2-31] 50대 재벌 혈족 간 분쟁 현황

그룹명	당사자	분쟁내용	결과(후계자)
삼성	이건희 vs 이맹희	이맹희 회장이 동생 이건희 회장에게 상속 재산 관련 소송 및 감정 싸움	고소취하
현대	정몽구 vs 정몽헌	형제가 경영권 분쟁	정몽구
	현정은 vs 정상영(정몽준)	현대엘리베이터와 상선을 두고 경영권 분쟁	현정은 경영권 유지
롯데	신격호 vs 신춘호	롯데와 농심 간 라면 사업권 두고 분쟁	조정
	신동빈 vs 신동주(+신격호)	경영권 분쟁	신동빈
한진	조양호 vs 조남호, 조정호, 최은영	상속재산 분쟁 및 한진해운 경영권 분쟁	조양호, 화해
	조원태 vs KCGI+반도+조현아	경영권 분쟁	진행 중
한화(빙그레)	김승연 vs 김호연	형제간 재산분쟁, 김호연 소송제기	극적 화해
두산	박용오 vs 박용성 등 5형제	경영권 분쟁	박용성 등
금호	박삼구 vs 박찬구	기업분할 과정에서 소송	각자 계열분리
효성	조현준(+조현상) vs 조현문	조현문, 아버지와 형을 배임 혐의로 고발	조현준
한국타이어	조현식(+조희연 등) vs 조현범(+조양래)	경영권 분쟁	조현범
코오롱	이웅렬	형제간 재산 분쟁	이웅렬 경영권 유지
한라	정몽원 vs 정몽국	정몽국 배달학원 이사장이 정몽원 회장 측의 주식매도 건을 두고 사문서 위조 등으로 고소	정몽원 경영권 유지
태광	이호진 vs 이재훈	둘째 누나 이재훈으로부터 상속 소송	2016년 4월 횡령 등으로 법원에서 실형 선고
대성	김영대 vs 김영훈	지주사 사명을 둘러싼 장남 김영대 대성산업(대성지주) 회장과 김영훈 대성홀딩스 회장 간 법적 분쟁	사명 변경

출처: 언론 자료 정리.

장과 치열해지는 경쟁 환경, 4차 산업혁명으로 인한 급격한 변화 등의 악조건 속에서 자신의 경영 능력을 보여줘야 하는 부담을 안고 있다. 그러나 "새 술은 새 부대에 담으라"라는 말이 있듯이 변화하는 경영 환경에서 새로운 성장을 보여주기도 좋은 상황이다. 그리고 국내 기업의 지주회사 전환이나 지분 승계가 끝났고, 편법 증여 상속에 대한 법제도가 강화되었기 때문에 앞으로 우리나라 기업들은 배당 성향이 크게 높아질 것으로 예상한다. 법제도의 변화, ESG를 강조하는 기업 문화 등 기업을 둘러싼 모든 환경이 코리아 디스카운트 해소의 방향으로 흐르고 있다.

승계의 정석 1:
돈보다 정신을 물려줘라

위대한 가문의 조건에는 SARA라고 불리는 네 가지 조건이 있다. 바로 Soul(정신), Agent(사람), Respect(존경), Ability(능력)이다. 그중 가장 첫 번째가 '혼'을 물려주는 것이다.

창업 이념, 핵심 가치, 기업 문화를 꼭 문서로 먼저 정립

소유 경영이든, 전문 경영이든 경영자가 바뀌어도 기업이 길을 잃지 않고 한 방향으로 나가려면, 확고한 경영 철학과 이념이 먼저 정립돼 있어야 한다. 그러므로 기업을 승계할 때도 기업이 추구해야 할 가치와 정신에 해당되는 기업 철학과 경영 이념을 체계화하고 이를 기업 문화로 내재화하는 것이 제일 먼저 시작되어야 한다. 바쁜 일상에 몰입하다 보면 시간에 쫓기어 정작 중요한 일을 못하는 경우가 많다. 금융 자산보다는 보이지 않는 정신과 혼을 물려주는 것이 훨씬 중요하다.

창업자 혹은 최고경영자가 생각하는 기업의 모습과 직원이나 사회가 바라는 기업의 모습은 다를 수 있다. 보이지 않는 것들을 개발하고 정립하는 과정에서도 기업의 이해관계자와 함께하려는 노력이 필요하다. 아무리 "기업이 천 냥이면 경영자는 구백 냥"이라고 하지만 직원들의 도움이 없으면 아무런 성과도 이룰 수 없다. 아프리카 속담처럼 빨리 가려면 혼자가고 멀리 가려면 함께 가야 한다.

가족 기업으로 불가피하게 공동 경영을 해야 하는 경우에는 의사결정 과정을 규율하는 '가문위원회'나 '가문 헌법'을 문서로 미리 만들어두는 것이 좋다. 경영에 참여하는 원칙과 후계자를 정하는 순서와 원칙도 포함된다. 가문 헌법에는 가문의 가치와 사명, 비전, 고용 관련 가문 구성원의 참여 기준 및 조건, 자선활동 방향과 참여 기준 및 조건, 가문 자산 소유권 및 분배 기준, 배당금 지급 기준, 가문 관련 주요 사안에 대한 투표권, 가문위원회(또는 원로원)에 대한 의무, 정보 공개 및 구성 기준도 미리 정해두는 것이 좋다.

혁신하고 소통하는 변화에 유연한 조직 문화

앞서 언급한 바와 같이 기업을 둘러싼 환경이 급변함에 따라 기업의 수명도 급격히 줄어들고 있다. 그럼에도 불구하고 내가 만나본 수많은 기업의 경영진들은 잘나가는 기업이든 아니든 과거의 성공에 도취되거나 자기만족에 빠져 있었다. 그나마 잘나가는 기업은 변화의 중요성에 좀 더 가치를 두고 있다. 자아도취는 행복감을 주지만 조직의 발전을 저해하는 경우가 많다.

공격이 최선의 방어라고 했다. 급변하는 시대에서 지속가능성(sustainability)을 높이는 가장 좋은 방법은 환경을 스스로 만들어내는 것이다. 최소한 환경 변화를 누구보다 빨리 감지하고 그에 적응해야 한다. 혁신을 위해서는 철저한 자기검열과 자기부정이 뒤따라야 한다. 그러기 위해서는 변화의 필요성과 기존 방식에 대한 문제제기가 가능하도록 열린 조직이 되어야 한다. 젊은 사람들이 문제제기를 했을 때 이를 비판하거나 안 되는 이유가 먼저 나오는 조직은 절대로 앞으로 나아갈 수 없다.

후계자와의 소통 채널 확보 및 후계자 육성

아무리 좋은 기술, 좋은 기업 이념과 가치를 가지고 있어도 후계자에게 전수되지 못하면 오래가지 못한다. 그래서 이를 전파하고 내재화하는 과정이 더 중요하다.

핵심기술 몇 가지를 제외하고 선대 경영자가 가진 기술과 노하우는 사실 후대에서는 큰 의미가 없는 경우가 많다. 관리자나 기술자의 영역과 달리 경영자는 남들이 못 가본 새로운 길을 만드는 사람이다. 따라서 젊은 생각을 심기 위해서 지나치게 과거의 방식을 강요해선 안 된다. 특히 성숙기에 해당하는 산업의 경우 후계자가 전혀 새로운 사업이나 접근 방식으로 새로운 도약을 만들어야 하므로 오히려 과거의 방식을 부정하고 시작하는 것이 나을 수도 있다.

구체적 해답을 제시하기보다는 근본적인 질문들에 대한 생각과 해답을 제시하는 것이 더 도움이 된다. 경영은 왜 하는가? 기업의 사회적 역할은 무엇인가? 좋은 인재를 확보, 유지하기 위해서는 어떻게 해야 하는가? 기업의 이익과 가족의 이익이 충돌할 때는 어찌해야 할까?

기업의 역사와 경영자의 경험, 중요한 의사 결정을 내릴 때 스트레스를 관리하고 실패를 줄이는 방식, 삶을 대하는 자세와 방식, 위기를 극복하는 노하우와 같이 추상적인 것들을 부담감 없이 들려주는 것이 더 좋을 수 있다. 부담 없이 들려주기 위해서는 부담 없는 관계를 먼저 형성해야 한다. 아버지가 일이 바빠서 못한다면 할아버지라도 해야 한다. "콩 심은 데 콩 나고, 팥 심은 데 팥 난다(부전자전: like father, like son!)"고 했지만 아무리 좋은 품종이라도 물을 주지 않으면 자라지 못한다. 아들을 긴장시키는 가장 좋은 방법은 할아버지와 손주의 연대 즉, 조손연대(祖孫連帶)다. 일찍 내려놓으면 일찍부터 가르칠 수 있다.

성숙기에 들어선 기업이 재도약하려면, 후계자의 능력이 무엇보다 중요하다. 후계자가 장기간에 걸쳐 경영 수업을 받으며 리더십과 경영 능력을 배양해야 하는 까닭이다. 가장 좋은 것은 아버지 회사가 아닌 곳에서 밑바닥부터 상사의 눈치를 보며 시작하는 것이다. 회사에

[도표 2-32] 기업의 라이프사이클

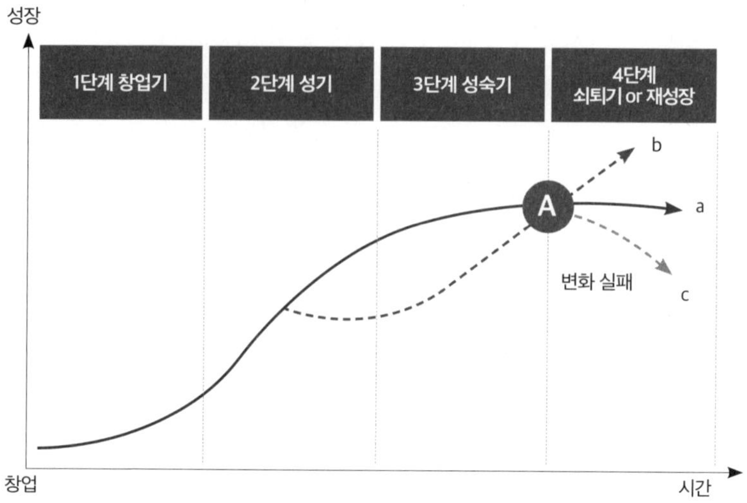

는 나중에 들어와도 된다. 최고 경영진이 밑바닥 모든 스킬을 알 필요는 없다. 오히려 직원들의 입장과 고통에 공감하는 능력과 다른 산업에서 배운 노하우를 접목하는 것이 더 큰 도움이 될 수 있다.

자녀들이 여럿 있는 가족 기업의 경우 일찍부터 자녀 각자의 능력과 적성에 맞는 사업을 하나씩 나누어주어 선의의 경쟁을 하고 각자의 노하우를 공유하도록 하는 것이 낫다. 시간이 지날수록 싸움은 커진다. 당장 나누어줄 수 없다면 각자에게 미리 승계의 범위를 알려주고 마음의 준비와 그에 맞는 소양을 계발할 시간을 주어야 한다.

김선화 가족기업연구소장은 기업의 라이프사이클로 승계와 기업의 성장을 설명한다. 기업이 일정 수준 성장해 성숙기에 이르면 창업자나 선대 경영자는 자녀들이 회사를 맡아서 무리해서 키우려 하기보다는 [도표 2-32]에서 a와 같이 지금 상태라도 잘 유지하기를 바란다. 그래서 변화를 시도하려는 후계자와 갈등을 겪기도 한다. 하지만 기업이 성장하지 않고 현상 유지를 하며 대를 이어 지속적으로 생존한다는 것은 거의 불가능하다. 시간문제일 뿐 어느 기업이든 더 이상의 도전이나 혁신이 없다면 자연스럽게 c와 같이 쇠퇴기를 맞게 된다는 것이다.

지속가능한 기업이 된다는 것은 a와 같이 회사를 지금 상태로 유지하는 것이 아니다. 변화와 혁신을 통해 b와 같이 재성장의 발판을 마련할 때 지속가능한 기업이 될 수 있다.

승계의 정석 2: 사람이 더욱 중요하다

인적 자본에는 가족의 건강과 임직원, 사회적 네트워크 등 다양한 것들이 포함될 수 있다. 현재의 인맥도 중요하지만 더 중요한 것은 현재 존재하는 사람이 아니다. 백년대계를 꿈꾼다면 앞으로 태어날 자손과 인적네트워크까지 고려해야 한다. 후계자에게 어떻게 하면 직원들을 올바로 교육시키고, 구성원 간에 화목하게 지내고, 사회적으로 신용을 잃지 않고, 사람들을 따르게 하고, 원하는 것을 얻어낼 수 있는지에 대한 대답을 찾아주는 것이 더 중요하다.

참치잡이 배의 선장으로부터 출발한 동원그룹의 김재철 회장의 사례는 경영 승계를 잘한 사례로 자주 언급된다.

'참치왕(王)' 김재철 명예회장은 1969년 어선 한 척, 직원 세 명으로 동원산업을 창업했고 국내 최대의 수산회사로 키웠다. 1982년에는 는 한신증권을 인수해 금융업에 도전했다. 큰아들 김남구 부회장은 일찍부터 금융 계열사 경영에 책임을 지고 2005년 한국투자증권을 인수해 안정화시키는 데 크게 기여했다. 지주회사 전환에 성공해 금융투자 업계에서 선도적 지위를 유지하고 있으며 최근에는 카카오뱅크를 통해 온라인뱅킹에서도 커다란 성과를 거두었다. 작은아들 김남정 부회장은 아버지의 사업을 확장해 2008년 세계 최대 통조림 제조 유통 회사인 스타키스트를 인수해 새로운 도약에 성공했다.

처음 함께 사모아에서 원양어업을 시작했던 경쟁사들은 치열한 경쟁과 시장 환경 변화로 문을 닫거나 매각되는 경우가 많았다. 외부 환경이 악화되자 위기감을 느낀 직원들은 후계자가 주도했던 냉동식품 사업에 사활을 걸었다. 다행히 몇 년 전부터 투자를 해놓은 덕분에 회사는 다시 한번 성장의 발판을 마련할 수 있었다.

김재철 회장은 자녀들에 원양어선을 타게 하는 등 밑바닥부터 경험하게 하며 엄격한 경영 수업을 시킨 것으로 유명하다. 또한 두 자녀에게 지분을 일찍 물려주고 기업을 분리해주었으며, 일찍부터 자신의 역할을 명확히 해 경영권 분쟁 소지를 미연에 방지했다.

제일 먼저 중요한 것은 가족이다. 만약 자녀들이 인적 자본에 취약하다면 대를 이어 재산을 지키는 것은 점점 어려워진다. 그래서 자녀들에게 어렸을 때부터 좋은 가치관을 심어주고 인성이나 품행, 도덕성 등을 잘 이끌어주는 것이 중요하다.

이러한 노력이 없이 이제까지 자산관리의 대상이었던 높은 투자 수익률과 절세 전략만으로는 장수 기업이 될 수 없다. 결국 가족의 인적 자본이 커지면 대를 이어 자산이 보존될 확률이 높아지고, 인적 자본이 취약하면 재산을 지킬 가능성이 낮아진다.

형제 경영은 동업보다 어렵다

인화 단결이 잘되는 가족이라면 서로 정보도 공유하고, 도우면서 기업의 부를 지킬 가능성이 높아지지만, 불신과 분쟁으로 서로의 성공을 막으면 서로가 앞으로 가기 어려워진다. 잘되게 하는 것은 어려워도 못되게 하는 것은 쉽다. 차라리 이럴 경우는 더 이상 서로에게 상처를 주기 전에 미리미리 계열을 분리하는 것이 좋을 수도 있다. 가족 경영은 동업보다 어렵다는 사실을 인정해야 한다. 불필요한 평등의식과 서로에게 감정이 섞여 있기 때문이다.

미국의 윌리엄 그룹은 1975년에서 2001년 사이 상속을 통해 유산을 보유한 1,000가구를 관찰했다. 관찰 결과 전체 가구의 70퍼센트인 700가구가 상속에 실패한 것으로 밝혀졌다. 실패한 700가구의 60퍼센트는 가족 내 신뢰와 대화의 단절 때문이었으며 25퍼센트는 상속인들에게 각자의 책임감을 준비시키는 데 실패했다. 세금이나 법적 문제 등 다른 원인으로 실패한 경우는 단지 15퍼센트에 불과했다.

대리인을 잘 활용하라

사람들을 잘 활용할 줄 안다면 굳이 경영 전면에 나서서 위험을 감수하면서 모든 걸 다 할 필요가 없다. 기업 승계는 단순히 회장이 교체되는 문제가 아니다. 옆에서 도와주지 않으면 아무것도 하지 못한다. 수천, 수만, 수십만 명의 생계가 걸린 중요한 문제다.

대리인(agent)은 일가친척, 전문 경영인, 법과 회계 기술 자문역 등 다양할 수 있다. 이들은 때때로 리더의 뒤를 이어 일하는 데 더 익숙할 수 있다. 우리나라에서는 이들 대리인이 소유 경영자처럼 책임 있는 최고의사 결정자로서 역할에 도전할 기회가 충분하지 않았다. 따라서 리더가 은퇴하기 전에 이들에게도 자녀와 함께 학습, 개발 및 리더십 교육을 할 수 있도록 투자하고 필요한 경우 리더가 지도하는 주요 결정을 내릴 수 있는 기회를 제공해야 한다. 그것이 자녀와 가문을 위하고, 기업을 위하는 것일 수 있다. 절대 잊지 말아야 할 것은 지배구조상 그들을 적절하게 경쟁시키고, 감시하고, 견제할 수 있는 장치는 마련해두어야 한다.

자산을 신탁이나 재단에 맡길 때도 이에 대해 명백히 이해하고 통제하는 것이 중요하다. 투자 위탁과 자산 신탁의 경우 발생하는 대부분의 문제는 수익자가 자신이 속한 위탁 또는 신탁의 약정 사항을 제대로 읽지 않고, 이해하지 못하기 때문에 발생한다. 이것이 귀찮아서 은행에만 쌓아두면 지금처럼 투자 대상이 급변하고 자산 가격이 급등락하는 시기에 가문의 재산을 지킬 수 없게 된다. 중요한 것은 이해하고 통제하는 것이다.

주인-대리인(Principle-Agent)의 관계에 대해 제임스 휴즈는 다음과 같이 말하고 있다.

"법률전문가의 입장에서 35년간 수많은 수익자들을 만나보았는데 하나같이 신탁증서의 내용을 모른다고 말한다. 아예 신탁증서를 읽어보지 않았다고 말하는 사람도 많다. 분명히 말하는데, 복잡한 법적 관계에서 한쪽이 자신의 기본 권리와 책임을 바르게 이해하지 못하면 올바른 관계가 맺어지지 않는다. 솔직히 말해서, 신탁 증서의 내용을 모르는 수익자가 바르게 일하고 있는지를 제대로 판단할 수 없다. …… 위탁자는 수탁자를 선택할 때 멘토로서의 능력이 수탁자의 자질 중 가장 중요하다는 사실을 인지해야 한다. 수탁자가 유능한 관리자, 우수하고 신중한 투자자, 현명하고 인도적인 분배자라 하더라도 수익자가 그를 냉정하고 무관심하며 의사소통 능력에 문제가 있는 사람으로 여긴다면, 두 사람의 관계가 어긋날 수밖에 없다. 수탁자가 수익자의 대리인 역할을 받아들이지 않으면, 해당 신탁은 위탁자가 수익자의 행복 추구를 돕기 위해 신탁을 만들면서 품었던 목표를 절대 이루지 못할 것이다."

승계의 정석 3:
존경을 먹고사는 기업

빌 게이츠, 워런 버핏 등 몇몇 기업가들이 재산의 대부분을 자선 단체에 기부하고 자녀에게는 일정 금액만 물려주겠다고 밝혔다. 이들은 가문 재산을 창출한 1세대로서, 물려받은 재산 때문에 자녀가 노동의 신성함을 모르고 재산이 주는 부담 때문에 창조적인 삶을 살지 못해 오히려 타락할 수 있다고 믿는다.

제임스 휴즈는 빌 게이츠나 워런 버핏과 같은 자선활동을 많이 하는 가문들은 모두 본질적으로 재산을 보존할 가문들이라고 말한다. 이들은 다른 사람을 돕는 데서 오는 감동을 공유할 뿐만 아니라 가족 구성원이 서로의 창조력과 열정을 발견하고 인정해, 가족 간의 정이 더욱 끈끈하다고 한다.

내가 만나본 우리나라의 많은 2~3대 후계자들은 그들 선대 경영진의 성취에도 자부심을 느끼지만 기부, 선행, 사회적 공헌을 이야기할 때 더 눈이 반짝거렸다.

여기서 더욱 중요한 점은 이렇게 좋은 기부와 선행을 회사의 돈으로, 혹은 부모 세대에서만 할 것이 아니라 가족 구성원 전부가 참여해야 한다. 선행도 물려주어야 할 유산(인적, 지적, 사회적 자본)이다. 선행은 세상에 참여하고 관여하는 것이며, 노블리스 오블리주를 시혜적 관점에서 해석할 것이 아니라 존경받는 가문이 되기 위해 기꺼이 해야 할 의무라는 점을 가르쳐야 한다.

록펠러 가문이 재산을 장기간 보존하는 데 성공한 비결 가운데 하나는 외아들에게 강요하지 않았다는 점이다. 외아들인 록펠러 주니어가 사업보다는 가문을 지키고 자선활동을 하고 싶다고 했을 때 록펠러 시니어는 반대하지 않았다.

해외의 성공한 기업가들은 은퇴 후 기업을 통해 축적한 부를 자선활동을 통해 나눈다. 그들은 자선활동이 지역사회 공동체의 삶뿐 아니라 자신의 가족의 삶도 증진시킨다는 사실을 알고 있기 때문이다.

『부의 대물림』에서 제임스 휴즈는 다음과 같이 말한다. “자선활동은 개인과 가문의 가치관을 표현하는 가장 기초적이고 중요한 수단이다. 가문 ‘사명선언서’가 이런 가치관을 표현한 것이라면, ‘자선활동’은 가치관을 행동으로 옮기는 가장 효과적인 수단이다.

가문의 원로들은 가문의 모임이나 회의에서 가문의 이야기를 들려주어 그들이 선대에게서 물려받은 핵심 가치를 상기시켜야 한다. 그리고 “오늘 우리가 신중하고 사려 깊게 의사 결정을 하면, 우리의 후손 중 7번째 세대가 이를 기억하고 감사할 것이다”라는 이로쿼이족의 속담을 상기시켜야 한다.

승계의 정석 4:
소유하지 말고 지배하라

“최고의 경영권 유지 전략은 경영을 잘하는 것이다.” 이 말은 내가 존경하는 국내 굴지의 기업 회장이 내게 했던 말이다. 정작 중요한 것은 지분보다 경영 능력을 길러주고, 여건을 만들어주는 것인 데도 불구하고 우리나라 소유 경영인 대부분이 지분에 목을 매고 있다.

현실에서 잘 지켜지기 어려운 말이지만 현대적 기업 경영과 경영권의 본질을 잘 설명한 표현이다. 지분을 늘려서 많이 가지고 있으면 경영의 끝이 아니다. 시간이 지나면 지분은 희석되고, 기업이 망하면 아무리 많은 지분도 그 가치가 '0'이다.

지위, 지분, 경영 능력 중 자녀에게 가장 물려주기 힘든 것이 경영 능력이다. 경영 능력은 노력한다고 길러지는 것이 아닌지도 모른다. 공부하는 재주와 돈 버는 재주는 다른 것 같다. 어려서부터 자녀에게 최선을 다해보지만 재능이 없다고 판단될 때는 전문 경영 체제로 과감하게 전환하는 것이 필요하다.

제임스 휴즈는 "'소유하지 않고 지배하기'는 일종의 사고방식이자 철학이다. 소유하지 않고 지배하는 것은 가문 구성원 각자가 '내가 어떤 사물을 지배할 수 있으면 법적 소유권과 상관없이 내가 그 사물의 소유자다'라는 생각을 받아들이는 것을 뜻한다"라고 표현한다.

단순히 자녀에게 경영권을 물려주는 것보다는 자녀를 포함해 기업을 잘 경영할 수 있는 후계자 풀을 지정하고 육성하는 것이 더 중요하다. 그것이 자녀들의 부를 더 크게, 더 오래 지키는 것일 수 있기 때문이다. 또한 이렇게 하는 것이 창업자의 유지와 명성을 더 넓고 크게 세상에 퍼트리고, 더 오래 물려줄 수 있는 방법이기 때문이다.

자녀에게 물려준다고 마음을 먹었다면 되도록 그들을 믿고, 장점

[도표 2-33] 기업 승계 방안 정리

	실천 방안
금융자본 (Financial Capital)	• 금융 자본은 부차적인 것이며, 인적 자본과 지적 자본을 유지하기 위한 수단에 불과하다. • 단기 20년, 중기 50년, 장기 100년의 관점에서 가치와 성과를 평가하라. • 단기에서는 중요하지 않은 것들이 장기에는 중요해지므로 대차대조표상 내·외부 위험 항목 잘 관리하라. • 복리의 힘으로 엔트로피의 법칙을 극복하라.
지적 자본 (Intellectuall Capital)	• 구성원이 축적한 지식을 수집하고 공유할 장치가 필요하다. • 가문 내 성과에 대한 보상 및 경쟁 시스템을 도입하라. • 하워드 가드너의 다중지능을 계발하라 (7대 지능: 언어, 수학, 공간, 신체, 내인, 대인, 환경). • 구성원이 가문의 역사를 배우고 제 역할을 하도록 하라.
인적 자본 (Humanl Capital)	• 육체적 능력을 최대한 발휘해 최상의 행복을 누릴 수 있도록 하라(최상의 의료 서비스로 구성원의 중독, 질환을 막아라). • 기본적인 의식주 욕구를 충족시키고, 위기를 겪는 구성원은 도와라. • 적합한 일을 통해 자긍심을 느끼고, 행복을 추구하도록 하라. • 인적 재산의 지리적 분포를 다양화하라. • 가문 사명선언서를 통해 가문의 정신적 가치, 운영 체제, 자선 활동을 이행하고 수행하게 하라.
사회 자본 (Sociall Capital)	• 가족, 이웃과 화목하게 지내라. • 사회적 물의를 일으키는 행동을 하지 않도록 교육하고 징벌하라. • 일자리창출, 봉사, 기부 등 사회적 자본을 늘리는 일을 장려하라. • 소유하지 말고 지배하라.

출처: 제임스 휴즈, 『부의 대물림』을 KCGI에서 정리.

위주로 보려고 해야 한다. 직접 가르치는 것이 어려우면 멘토나 코치 그룹을 만들어주는 것도 좋다.

경영 이념과 핵심 가치를 지키면서도 실적을 통해 고객을 만족시키고 직원과 가족들을 행복하게 할 수 있는 경영자를 선택하고 길러내야 한다. 그러기 위해서는 자녀 간에, 전문 경영인 간에 공정한 경쟁을 유도하는 후계자 결정 시스템과 기업지배구조를 갖추어야 한다.

투명하고 독립적인 이사회를 운영해 쓴소리와 신상필벌(信賞必罰)이 가능해야 한다. 자녀 사이의 교통정리와 소유 경영과 전문 경영 중 무엇을 선택할지를 빨리 결정해야 한다. 그 안에서 책임 경영 여건을 조성해야 하며, 이에 따라 공정한 경쟁 위에 창의성과 효율성을 극대화할 수 있어야 한다.

왜곡된 승계 문화 극복으로
코리아 디스카운트를 해소하라

전술한 바와 같이 우리나라는 징벌적 상속·증여세 부담과 왜곡된 자녀 사랑에 기인한 유교적 장자 상속 문화가 충돌하는 독특한 상황에 놓여 있다. 그 과정에서 편법적 승계가 이루어지고 코리아 디스카운트는 절정에 이르렀다. 더 이상 이러한 갈등을 방치하면 안 된다. 불법과 편법에는 엄격한 잣대를 들이대야 하지만 상속과 승계에 대한 최소한의 배려도 필요하다. '가진 자(대주주)'가 아닌 '갖지 못한 자들(직원, 소액주주, 국민연금 등)'을 위해서 말이다.

대주주 경영진도 더 이상 편법을 통해 자녀들을 죄인으로 만들어서는 안 된다. 무엇이 정말 자녀들을 행복하게 하는 것인지 고민하고 기업 승계에 대한 생각을 현명하고 획기적으로 바꿔야 한다.

3부

미래 먹거리를 위한 준비

1장

산업구조 변화와 한국 경제

코로나로 인해 빨라진 언택트 미래 시대

코로나가 전 세계를 강타하면서, 기존 산업에 대한 인식이 급격히 변하고 있다. 콘택트(Contact)에서 언택트(Untact)로 비즈니스의 중심이 급격히 변하면서 4차 산업혁명으로의 변화는 더욱 가속화되고 있다. 생산과 유통, 소비 전 과정에서 오프라인이 아닌 온라인으로 초연결, 무인화되고 있으며, 점점 현실의 바깥 세계보다는 집안에서 이루어지는 가상의 세계가 커지고 있다.

4차 산업혁명은 무엇일까? 여러 가지 정의가 있겠지만, 가장 통상적으로 언급되는 것은 전통 산업에 디지털 혁명, 즉 정보통신기술(ICT)을 기존 우리 생활과 산업에 접목시키는 혁신 과정이라고 할 수 있다. 로봇(Robot), 사물인터넷(IoT), 인공지능(AI), 무인자동차(AD), 무인드론(UAM), 웨어러블 인터넷(WI), 가상현실(VR), 증강현실(AR),

[도표 3-1] 4차 산업혁명의 시대

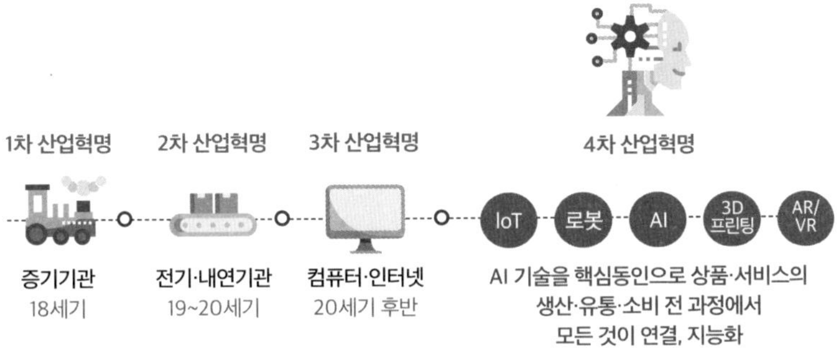

출처: 산업통상자원부.

생명공학(BT), 나노공학(NT), 스마트 헬스케어, 블록체인, 핀테크 등은 전통적 산업 분류를 넘어서는 개념이다. 사람의 직접적인 역할은 줄어들고, 사람과 사람의 대면은 점차 사람과 디지털의 대면으로 바뀌게 된다. 코로나 이전의 세상, 4차 산업혁명 이전의 인간 중심의 세상에 대한 향수는 당연하다. 그러나 과거는 쉽게 잊히고, 미래는 부지불식간에 우리 곁에 와 있다. 부가가치를 결정하는 것들은 과거가 아니라 대부분 미래에 있듯 부의 이동도 미래에 있다. 위기의 상황을 기회로 만들기 위한 혜안이 필요한 시점이다.

최근 5년 동안 대한민국 기업들은 철강, 화학, 선박, 건설, 기계, 가전, 화섬, 타이어 등 자본집약 2차 산업에서 반도체, 디스플레이, 통신장비, 자동차, 화장품·패션, 배터리(2차전지), 바이오 등 기술 집약 2차 산업으로 비교적 잘 변신해왔다. 그럼에도 불구하고 중국의 추격으로부터 자유롭지 못한 반도체와 핸드셋, 디스플레이, 배터리와 같은 일부 산업을 제외하고 1등이라고 할 수 있는 산업이 부족한 것이 현실이다. AI를 핵심 동인으로 하는 4차 산업혁명에도 잘 대응하고 있다고 보기 어렵다.

기업의 경영 및 사업 포트폴리오 전략 수립의 기본적 분석 도구로 보스턴컨설팅그룹(BCG)의 BCG 매트릭스가 있다. BCG 매트릭스는 포트폴리오를 시장 점유율과 성장률로 나누고 있으나 산업 및 사업구조 개편을 판단할 때는 시장 점유율과 함께 수익성도 고려해야 효과적이다. 우리나라의 조선업처럼 시장 점유율이 높다고 모두 높은 수익을 가져다주는 것은 아니기 때문이다. 한국 산업을 수익성-성장성-시장 점유율의 매트릭스로 분석했을 경우 수익성, 성장성, 시장 점유율 모두가 높은 'Star'([도표 3-3] 참조)에 해당하는 산업은 반도체, 통신장비, 인터넷, 엔터테인먼트, 디스플레이 정도에 불과하다(최근 3년간 재무지표를 기초로 산출). 이들 산업조차도 디스플레이는 과거의 명성을 잃고 OLED 분야에서의 강점만 남아 있는 형국이고 인터넷은 내수 위주의 사업을 영위하고 있다. 통신장비 투자는 지연되고 있으며 반도체 산업의 경쟁은 심화되고 있다. 이러한 위기에서 기업의 후계자는 소유 경영이든 전문 경영이든 변화와 혁신을 성공으로 이끄는 리더십과 경영 능력을 보여주어야 한다.

정부는 물론 대기업, 중견기업, 중소기업 가릴 것 없이 신성장동력 발굴에 주력해야 할 때다. 특히 2~3세 기업인들은 소유 경영 체제의 강점인 장기적 안목의 과감한 투자와 신성장동력 발굴을 통해 글로벌 경쟁의 대표선수로 거듭나야 한다. 경영권을 지키는 가장 좋은 방

[도표 3-2] 산업구조 개편을 위한 BCG 매트릭스(2017)

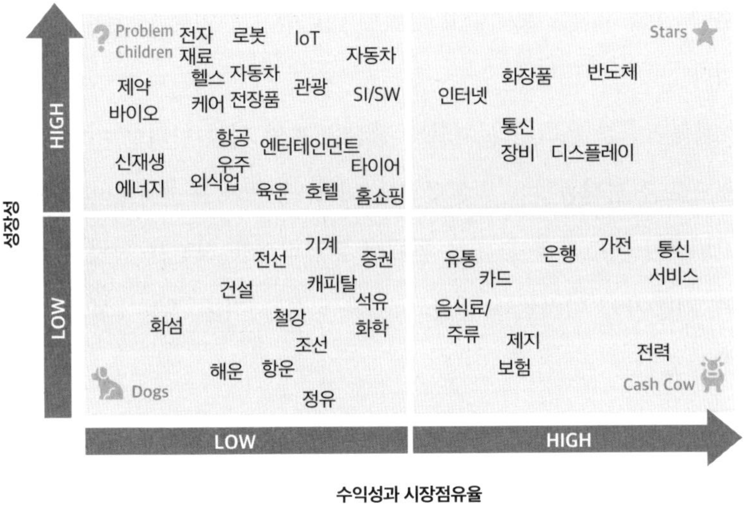

[도표 3-3] 산업구조 개편을 위한 BCG 매트릭스 (2020)

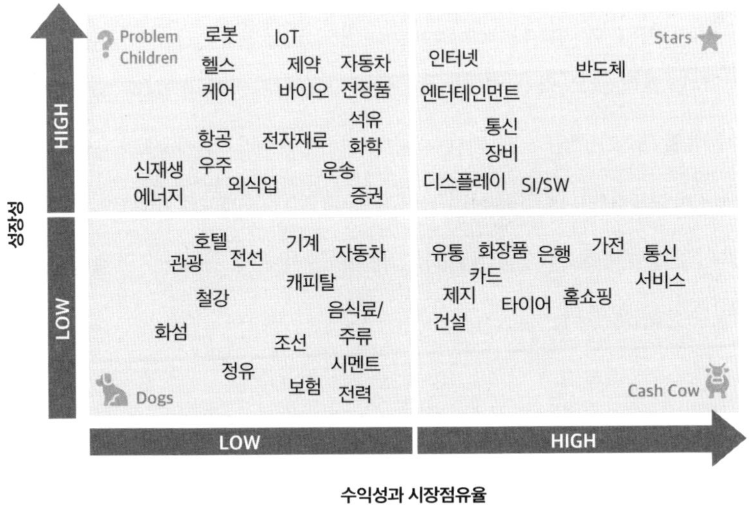

법은 경영을 잘하는 것이다. 또한 경영 능력을 보여주는 가장 좋은 방법은 성장 비전을 보여주고 강력한 리더십으로 이를 일구어내는 것이다.

최근 5년간 우리나라 기업의 변신을 보면 다른 나라에 비해 성공적으로 신성장동력을 발굴한 모습이다. 중국의 도전에도 불구하고 반도체와 디스플레이, 조선 등에서 굳건히 1등 자리를 지키고 있으며, 자동차는 디자인과 첨단기술 및 친환경 기술 적용에서 호평을 받고 있다.

'Problem children'으로 언급되던 핸드셋, 바이오, 2차전지 등이 'Star'로 자리를 굳히기 직전이며 인터넷, 엔터테인먼트 등 한국이 새로운 미래 먹거리 산업을 발견했다는 점에서 큰 의미가 있다. 대기업집단에서는 특히 삼성그룹, SK그룹, LG그룹의 비즈니스 포트폴리오가 가장 이러한 변화에 잘 적응했다.

최근 시가총액 상위 5개 기업(삼성전자, SK하이닉스, NAVER, LG화학, 삼성바이오로직스)은 물론 중견 그룹들도 'Star'로 발돋움할 수 있는 업종이 다양해지고 있다. 인터넷(네이버, 카카오), 게임(엔씨소프트, 넷마블, 넥슨, 스마일게이트), 엔터테인먼트(빅히트, JYP, YG, SM), 5G(KMW, RFHIC), 바이오(삼성바이오로직스, 셀트리온, 씨젠) 분야에서 유니콘 기업들이 속속 등장하고 있다.

[도표 3-4] 시가총액 상위 5개 기업 매출액 성장률

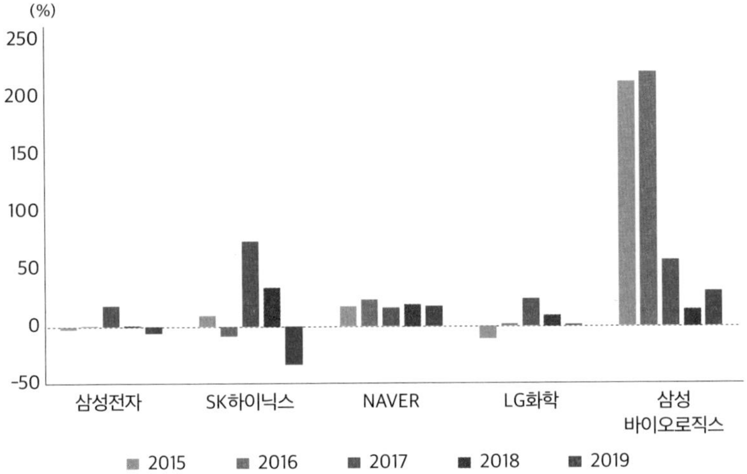

출처: Quantiwise.

[도표 3-5] 시가총액 상위 5개 기업 영업이익률

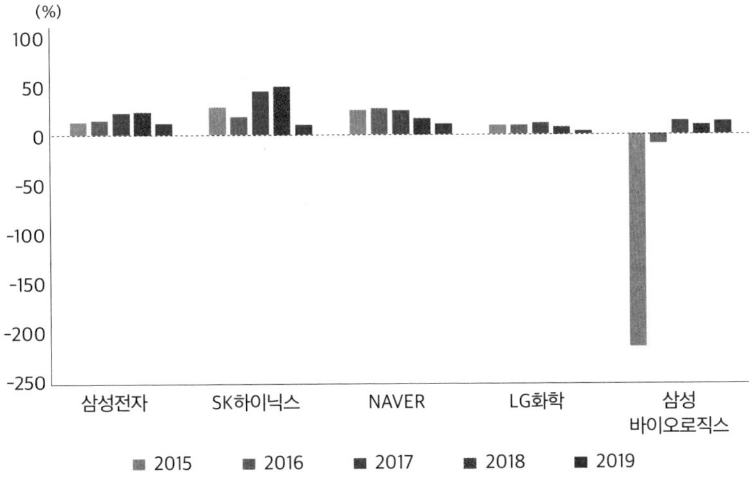

출처: Quantiwise.

[도표 3-6] 한국 시가총액 상위 5개 기업 변화

(단위: 조 원)

순위	2000.12	2005.12	2010.12	2015.12	2019.12	2020.08.29
1위	삼성전자	삼성전자	삼성전자	삼성전자	삼성전자	삼성전자
시총	23.9	97.1	139.8	185.6	333.1	330.7
2위	SK텔레콤	국민은행	POSCO	현대차	SK하이닉스	SK하이닉스
시총	22.6	25.7	42.5	32.8	68.5	56.6
3위	한국통신	한국전력	현대차	한국전력	NAVER	NAVER
시총	20.9	24.2	38.2	32.1	30.7	54.7
4위	한국전력	현대차	현대중공업	삼성물산	삼성 바이오로직스	LG화학
시총	15.1	21.3	33.7	26.6	28.6	53.6
5위	포항제철	POSCO	현대모비스	아모레퍼시픽	현대차	삼성 바이오로직스
시총	7.4	17.6	27.7	24.2	25.7	52.9

출처: 한국거래소.
주: 우선주 제외.

국내 주요 그룹의 사업구조 변화와 미래 비전

한국의 시가총액 상위 5개 기업들만 보더라도 산업구조에 변화가 보인다. 2000년 전자, 통신, 전력, 제철 등 기간산업이 주를 이루던 것에서 2005년 자동차, 2010년 중공업 같은 자본집약적 2차 산업이 포함됐고, 2015년에는 경공업 소비재(화장품)가 재등장했다.

이후 2019~2020년에는 반도체, 인터넷, 바이오, 자동차, 2차전지 등으로 압축되며 지식집약적 2차 산업이 등장한다. 산업 특성 역시 IT, 전기차, 바이오 등 4차 산업 기반의 신성장 산업이 등장한다.[1]

특히 삼성, SK, LG 그룹은 이러한 변화에 가장 잘 적응했다. 환경 변화에 가장 빠르게 적응한 곳은 삼성이었다. 한화와의 빅딜을 시작으로 사업 포트폴리오를 전면 개편했다. 5년 전만 해도 전자와 생명, SDS, 물산 등 삼성그룹의 주요 계열사들은 높은 기업 가치를 보유하기는 했으나, 유망 사업이라고 하기에는 성숙기 산업이 주를 이루었다. 그러나 지금은 삼성그룹 내 시가총액 상위 7개사를 보면 반도체뿐 아니라 바이오, 배터리 등 성장 산업이 추가되면서 그룹의 성장 가능성을 높이고 있다. 이에 더해서 주주 중심의 경영과 기업지배구조 정립에 대한 의지를 보이고 있어 추후 주주 환원과 투명 경영을 잘 실천한다면 기업 가치가 폭발할 가능성이 높다.

추가로 물론 삼성이 AI 소프트웨어를 중심으로 사업구조를 재편하는 것을 기대해보지만, 급성장하는 기술집약 2차 산업으로의 변화만으로도 충분히 의미가 있다. 애플이 되면 좋겠지만, 애플의 생산기지인 팍스콘의 역할도 반드시 필요하며, 성장하는 여러 산업에서 이러한 역할을 한다면 이 또한 삼성의 밝은 미래를 보장해줄 것이다.

SK는 하이닉스 인수부터 그룹의 사업 포트폴리오가 자본집약 2차 산업에서 반도체, 2차전지, 바이오 등 기술집약 2차 산업으로 완벽한

1 자본집약적 2차 산업과 지식집약적 2차 산업은 저자의 분류 체계다.(『지배구조로 본 글로벌 기업전쟁』)

[도표 3-7] 삼성그룹 사업 포트폴리오 재편의 전략적 로드맵

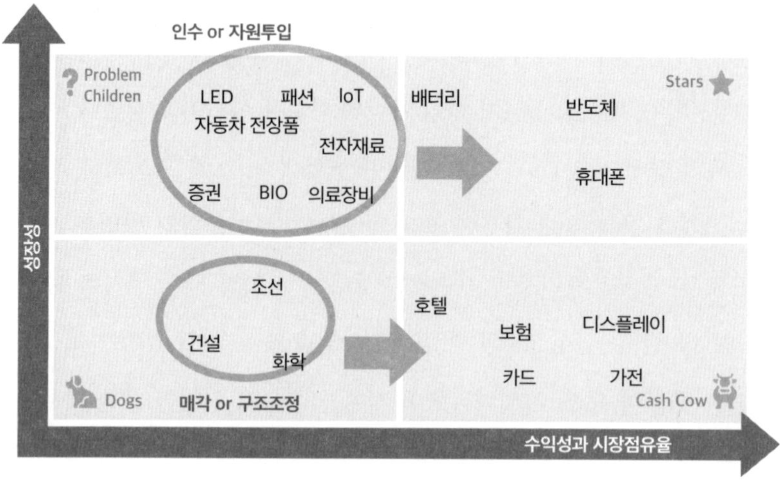

[도표 3-8] 삼성그룹 시가총액 상위 7개 기업 변화(단위: 조 원)

2014년			2020년		
기업명	업종	시총	기업명	업종	시총
삼성전자	반도체 및 핸드폰 제조	195.5	삼성전자	반도체 및 핸드폰 제조	347.4
삼성생명	생명 보험	23.3	삼성 바이오로직스	생물학적 제제 제조업	45.7
삼성 SDS	컴퓨터 시스템 통합 자문 및 구축 서비스	22.7	삼성 SDI	2차전지 제조	29.8
삼성물산	건설 및 의류 제조 판매 등	21.3	삼성물산	건설 및 의류 제조 판매 등	19.6
삼성화재	손해보험	13.4	삼성SDS	SI 자문 및 구축 서비스	13.1
삼성SDI	2차전지 제조	8.0	삼성생명	생명 보험	12.2
삼성카드	신용카드 및 할부 금융	5.1	삼성전기	반도체 기판 및 카메라 모듈 등	10.4
합계		289.3	합계		478.2

출처: Quantiwise.

도표 3-9] SK 그룹 시가총액 상위 7개 기업 변화(단위: 조 원)

2014년			2020년		
기업명	업종	시총	기업명	업종	시총
SK하이닉스	반도체 제조	34.8	SK 하이닉스	반도체 제조	61.2
SK텔레콤	무선 및 위성 통신	21.6	SK 텔레콤	무선 및 위성 통신	19.2
SK	지주회사	10.7	SK	지주회사	14.0
SK 이노베이션	석유 정제품 및 2차전지 제조 등	7.9	SK 이노베이션	석유 정제품 및 2차전지 제조 등	12.9
SK 네트웍스	기타 전문 도매	2.2	SK 바이오팜	바이오 약품 개발	12.3
SK 디스커버리	지주회사	1.3	SK 케미칼	친환경 화학 및 의약품 제조	3.5
SK 브로드밴드	유선 통신	1.3	SKC	기타 화학제품 제조	3.1
합계		79.8	합계		126.0

출처: Quantiwise.

전환이 이루어졌다. 더 이상 내수용이라는 소리는 듣지 않게 되었으며, 이들 산업은 수출의 큰 축을 담당하게 되었다. 자칫 통신, 정유 등의 성숙기 산업에 갇힐 수 있었지만 성장 산업으로의 구조 재편을 통해 추후 높은 성장 가능성을 보유하고 있다.

LG그룹도 하이닉스를 놓쳤던 것이 뼈아팠지만 화학에서 뚝심 있는 배터리 투자와 세계 최고의 기술 개발로 OLED와 함께 글로벌 리더십을 유지해나가는 데 큰 어려움이 없어 보인다. 더해서 K-뷰티로

[도표 3-10] LG 그룹 시가총액 상위 7개 기업 변화(단위: 조 원)

2014년			2020년		
기업명	업종	시총	기업명	업종	시총
LG 디스플레이	디스플레이 패널 제조	12.0	LG화학	기초 화학물질 및 2차전지 제조 등	46.2
LG화학	기초 화학물질 및 2차전지 제조 등	12.0	LG생활건강	화장품 및 생활용품 제조 및 판매	22.6
LG	지주회사	10.6	LG전자	생활가전 등	15.0
LG생활건강	화장품 및 생활용품 제조 및 판매	9.7	LG	지주회사	12.8
LG전자	생활가전 등	9.7	LG 디스플레이	디스플레이 패널 제조	5.5
LG유플러스	무선 및 위성 통신	5.0	LG유플러스	무선 및 위성 통신	5.0
LG이노텍	카메라 모듈 등	2.7	LG이노텍	카메라 모듈 등	3.7
합계		61.7	합계		110.8

출처: Quantiwise.

통하는 화장품 사업에서의 성장으로 고부가가치로의 사업 재편에 성과를 보이고 있다.

우리나라 주요 그룹들의 변신에 박수를 보낸다. 다만, 다소 아쉬운 것은 AI, 자율주행, IoT와 같은 디지털 트랜스포메이션이라는 관점에서 아직 글로벌 선도 기술을 확보한 기업이 없다는 점이다. 위에서 언급한 한국 주요 그룹들도 성공적인 산업 구조의 변화를 이끌어냈지만, 무형의 고부가가치 산업에서는 성과가 미진하다.

네이버와 카카오가 약진하고 있지만 아직 글로벌 플랫폼이라기보다는 내수용에 가깝다. 이들 기업들이 전 세계로 뻗어나갈 수 있도록 해당 산업에 대한 규제 완화와 국가적 지원이 필요한 시점이다.

전기차, UAM(Urban Air Mobility), 자율주행의 시대가 오고 있다. 향후 대한민국뿐 아니라 전 세계의 새로운 먹거리는 미래형 자동차에서 나올 가능성이 높다. 현대차의 변화와 도약을 기대한다.

한국의 미래 산업구조와 디지털 뉴딜

코로나 위기에서 우리나라는 다른 OECD 국가들과 비교가 안 될 정도로 적은 피해를 보았다. 그 결과 2020년에는 비록 마이너스 성장

[도표 3-11] 2020년 성장률 전망(전년 대비)

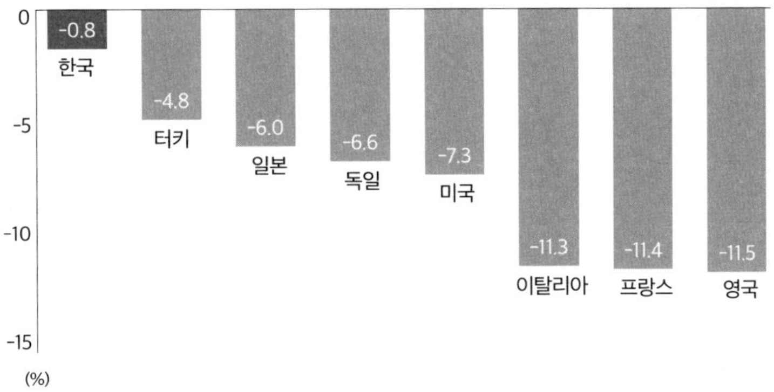

[도표 3-12] 2020년 6월 고용 변화(전년 대비)

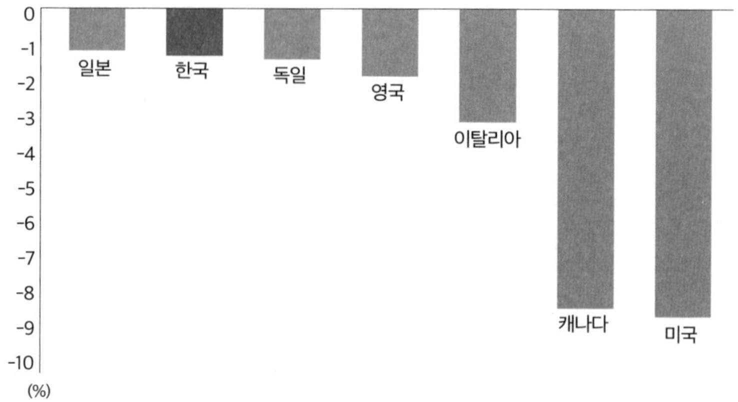

이지만 OECD 국가 중 가장 높은 경제성장률을 기록할 예정이다. 코로나 대응에서 보았다시피 우리나라는 엄청난 저력을 가진 국가다. 높은 교육열과 IT 지능으로 무장했으면서도 근면하고 위기에 하나가 되는 정의로운 국민성과 무한한 잠재력을 가지고 있다. 인공지능(AI)과 디지털 컨버전스로 대표되는 4차 산업혁명의 시대에 잘 대응한다면 17세기 네덜란드 그 이상의 국가가 될 수 있다.

나는 대한민국 4차 산업혁명 시대에 혁신의 아이콘이 되기 위해 '디지털 뉴딜'의 핵심 사업으로 다음의 아홉 가지를 제시하고 싶다([도표 3-13] 참조).

우리가 꼭 해야 하거나 잘할 수 있는 사업들을 선별한 것이다. 딥러닝과 AI(인공지능)는 모든 산업에서 하지 않으면 안 되는 필수불가결한 기초공학이 되어버렸다. 바야흐로 소프트웨어가 지배하는 세상이다. 프로그래머 백만양병설이라도 설파해야 하는 상황이다. 이러

[도표 3-13] KCGI Ideas 2020: 대한민국 '디지털 뉴딜'의 9대 핵심 사업

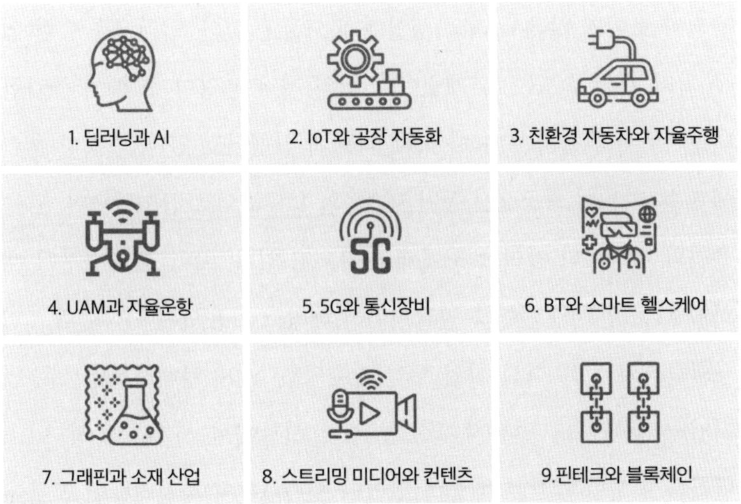

한 소프트웨어 프로그래밍을 바탕으로 IoT와 공장 자동화도 가능하고 자율주행, 자율비행, 스마트 헬스케어, 게임, 핀테크도 가능하다. 우리가 세계 1등의 기술로 1등의 점유율을 기록하는 제품 및 플랫폼과 서비스를 개발한다는 보장은 없다. 하지만 적어도 소외되어서는 안 된다. 그것은 투자에서도 마찬가지다. 2020년 한국형 뉴딜로 BBIG(바이오, 배터리, 인터넷, 게임)의 개념을 제시했는데 정말 아쉬운 것은 여기에 두뇌가 빠졌다는 것이다. 소프트뱅크 손정의 회장이 청와대에 가서 그렇게 첫째도 AI, 둘째도 AI, 셋째도 AI라고 강조했음에도 AI라는 본질에 대한 정면승부가 아닌 패스트팔로어(Fast Follower) 전략에 가까워 보인다.

AI를 위해 기본이 되는 딥러닝(또는 머신러닝) 기술은 이미 대화형

컴퓨터와 자율주행차, 유튜브와 틱톡은 물론 아마존의 쇼핑까지 적용되어 보이지 않게 우리의 생활에 파고들고 있다. 딥러닝을 통한 업무 처리 개선 속도는 '24개월마다 칩의 저장 용량이 두 배씩 증가한다'는 '무어의 법칙'보다 다섯 배 빠르게 진행되고 있다. 신경망 훈련에 드는 비용이 최근 2년 동안 100분의 1 수준으로 감소했으며, AI는 우리의 예상보다 빨리 우리에게 다가오고 있다. 이미 2019년부터 대화형 AI는 인간의 언어를 인간처럼 이해하고 사용하기 시작했다.

테슬라와 같은 혁신 기업 투자로 유명한 ARK 인베스트먼트는 딥러닝 시장이 2037년까지 글로벌 주식 시장에서 시가총액 약 30조 달러를 형성할 것으로 예상하고 있다. 1997년 이후 인터넷이 만들어낸 기업 가치가 10조 달러 수준이라는 점을 감안하면 엄청난 부가가치다.

다행히 앞에서 언급한 아홉 가지 산업으로 정의를 확장하면 무수히 많은 일자리와 다양한 산업으로 적용 가능성과 확장성이 생긴다. '산업의 쌀'이라고 부르던 반도체와 배터리에 비해 수십, 수백 배의 일자리가 발생하며 우리의 일상에 무관해 보이던 모든 것에 이러한 기술을 접목할 수 있기 때문이다. 바이오 항암제와 백신을 다량 생산(CMO)하는 것에만 집중하지 말고 딥러닝과 IoT를 적용해 스마트병원을 만들고 원격진료를 하는 시스템으로 바꾸는 데 집중해야 한다. 5G를 세계 최초로 상용화했듯이 이미 있는 기술을 적절히 적용해 세계 최초이자 우리만의 모델을 보여주면 2017년에 서울대병원의 시스템이 사우디 스마트시티의 스마트병원 사업에 선정되었듯이 세계의 표준이 될 수 있다(전 세계 바이오 헬스케어 시장은 2조 달러로 추정된다. 이 가운데 바이오테크 시장이 7,000억 달러이고 나머지 1조 3,000억 달러는 주로 우리가 병원에 지불하는 바이오의약품 시장이다).

금융도 변해야 한다. 카카오 같은 인터넷 기업의 도전과 IT, 데이터 딥러닝으로 무장한 기업들(ex. 토스, 로빈후드)이 은행, 보험, 증권, 자산 운용의 경계를 허물고 있다. 우리나라도 마이데이터 사업이 이러한 변화를 촉발시킬 것이다. 인맥이나 점포에 의존하는 오프라인 비즈니스로는 고용을 유지하는 것도 어려워졌다. 전통적인 대출, 보험, 금융 상품과 고객의 자산관리를 빌미로 높은 판매 및 관리 보수를 요구하기에는 고객들의 금융 접근성이 높아졌다. 이제는 전 세계를 대상으로 새로운 혁신 기업과 투자 대상을 발굴해야 한다. IT 기술과 접목해 글로벌 확장성을 가진, 더 편리한, 더 안전한, 더 저렴한 시스템을 제공해야 한다. 고객 정보를 활용한 절세와 투자, 자산 배분의 최적화를 도출해주고 사용 가치를 제공하는 새로운 시스템을 제안해야 한다.

삼성의
변화

오랜 시간 삼성은 우리나라 기업지배구조의 최대 화두였다. 외형과 수익성에서 1등 기업이었고, 법의 허점도 잘 이용해 사회적으로 이슈도 많았다. 삼성에버랜드의 제일모직 패션사업부 양수 후 상장, 삼성

SDS 상장, 삼성SDI와 제일모직 합병, 삼성SDS와 삼성SNS 합병, 제일모직과 삼성물산의 합병까지 2013~2015년까지 3년 동안 삼성이 보여준 지배구조의 변화는 가히 '마하경영'이라 부를 만했다. 그러나 최근 5년 삼성물산과 제일모직의 무리한 합병 추진으로 총수가 구속되는 등 삼성을 둘러싼 경영 환경은 어느 때보다 위태로웠다.

사업구조 개편

먼저 사업구조 개편은 이건희 회장의 부재와 경영 승계가 마무리되지 않아 이재용 부회장이 전면에 나서 혁신적 변화를 요구하기 어려운 상황이었다. 또한 삼성전자가 글로벌 IT 업체와 소프트웨어에서 시장 지배력 격차를 좁히지 못하고 있으나 중국 IT 기업은 턱밑까지 쫓아왔다. 알리바바, 텐센트, 바이두와 같은 인터넷 서비스 기업은 물론이고, 화웨이, 레노버, 샤오미, 하이얼, BOE와 같은 하드웨어 기업까지 삼성을 추격했다. '중국제조 2025'의 희생양이 될 수도 있었다. 2015년 5중전회에서 '반도체 굴기'를 앞세우며 칭화유니, XMC, 푸젠전자 3개사에서만 46조 원의 투자를 계획했다. 우리로서는 매년 2,000억 달러씩 수입하는 반도체 최대 수입국을 잃을 가능성이 있었다. 다행히 미중 무역 갈등의 어부지리도 있었겠지만 스스로 변신에 성공함으로써 중국의 도전이라는 1차 위기는 비교적 잘 막아냈다.

나는 『지배구조로 본 글로벌 기업전쟁』(2017) '2.2장 미래를 준비하는 기업 집단들'에서 삼성의 변화에서 사업구조 개편과 관련해 다음 두 가지를 기대했다.

1. 가장 잘 만드는 회사를 넘어, 세상에 없는 제품을 만들어야 한다.
2. 'Dog'에 낭비되는 자원을 줄이고, 에너지를 'Problem Child'에 집중해야 한다([도표 3-7] 참조).

삼성은 삼성종합화학, 삼성토탈, 삼성테크윈, 삼성탈레스 4개사를 한화그룹으로 매각해 당장은 캐시카우를 판다는 아쉬움도 있었지만 결과적으로 성장성 있는 사업군(Business Mix)으로 변신하기 위한 선택과 집중을 잘한 게 아닌가 싶다. 미중 무역갈등의 수혜를 본 것도 부정할 수는 없지만 반도체는 물론 스마트폰에서도 기술 우위를 지킨 것이 사실이다. 또한 바이오시밀러와 자동차용 2차전지에서 신성장동력을 발굴했다. 다만 아직 '세상에 없는 새로운 무엇(Make Something New)'을 만들고 있는지는 의문이다. 여전히 패스트팔로어로서만 초격차를 유지하고 있는 게 아닌지 모르겠다.

이건희 회장은 지난 1987년 12월 취임 당시 9억 달러에 불과하던 삼성그룹의 시가총액을 2015년 2월 4일 기준 2,990억 달러로 무려 333배나 불렸다. 2013년 기준 매출액은 92억 달러에서 3,605억 달러로 39배, 순이익은 15억 달러에서 332억 달러로 22배 늘렸다. 같은 기간 삼성그룹 종업원 수는 10만 명에서 42만 명으로 네 배 이상 늘었다. 이건희 회장은 영원히 2류가 될 뻔했던 삼성전자를 초일류 기업으로 바꾸어놓았다.

이건희 회장은 취임 초창기 얼마나 사내외에 반대가 많았던지 "나보다 더 삼성을 많이 알고 삼성의 미래를 많이 고민해본 사람이 있으면 내일 당장 회장실로 찾아와라!"라는 말까지 했다고 한다. 그만큼 큰 각오로 자신감 있게 밀어붙였다는 의미다. 그는 회장 취임 5개월 만인 1988년 5월 21일 삼성전자와 영원한 적자 사업부가 될 뻔했던 삼성반도체의 합병을 발표한다.

가전에서 얻은 수익을 반도체에 투자해 세계 1등으로 올려놓은 것이다. 반도체에서 이룬 혁신이 디스플레이와 휴대폰 1등으로 이어져 세계 최고의 IT 기업으로 발돋움할 수 있었다. 이는 선친인 이병철 회장이 이룬 성공에 안주하지 않고, 위기의식과 끊임없는 혁신을 강하게 실천한 이건희 회장의 공이 크다고 볼 수 있다. 명확한 비전을 가지고 취임 이듬해 제2의 창업을 선언하고 '신경영', '초일류 삼성'을 외치면서 "처자식을 빼고 다 바꾸라"고 독려한 덕분이다.

이제 삼성은 제3의 창업을 선언해야 한다. 이재용 부회장도 제3의 삼성을 창업한다는 생각으로 투명한 기업지배구조 및 사업구조 재편의 비전을 선포해야 한다. 인색한 모습보다는 비용을 지불하고서라도 상속, 지배구조 등 내부적인 이슈에 더 이상 발목이 잡혀서는 안 된다. 이제 글로벌 톱10의 기업으로 성장한 만큼 패스트팔로어가 아닌 퍼스트무버로, 하드웨어가 아닌 소프트웨어에서 강점을 지닌 기업으로 거듭나야 한다. 하드웨어의 강점을 살리고 싶다면 단순히 배터리만 만드는 회사가 아닌 애플의 팍스콘처럼 테슬라의 삼성이 되는 것도 새로운 성장의 길이 될 수 있다. 아니면 반테슬라 진영을 공동 구축하는 것도 생각해볼 수 있다. 예를 들면 구글 웨이모가 자율주행 소프트웨어를, 루시드가 디자인과 배터리 관리 시스템(BMS)을, 삼성이 하드웨어를 만드는 것이다.

삼성의 지배구조 무엇이 문제인가?

바람직한 지배구조 변화를 위해서는 투명성 확보와 사회적 합의가 필요하다. 무엇보다 변화의 방향을 공유해야 한다. 삼성그룹의 지배구조 개편 방향을 알기 위해서는 지금 고민하고 있는 것이 무엇인지 파악할 필요가 있다. 삼성그룹의 현 지배구조상 문제점은 네 가지로 요약할 수 있다.

첫째, 대주주 일가의 삼성전자에 대한 지분율이 보통주를 기준으로 5.79퍼센트로 적은 것이다. 금융 계열사가 보유한 10.0퍼센트(생명 8.51퍼센트, 화재 1.49퍼센트)를 제외하면 대주주와 특수관계인 지분은 11.2퍼센트에 불과하다. 거기에 이건희 회장의 사망으로 상속세를 50퍼센트 납부하게 되면 자녀들의 지분은 4퍼센트 이내로 줄어든

[도표 3-14] 지배구조와 사업구조 개편이 필요한 삼성

현 체제의 문제점과 고민 (지배구조 개편의 필요성)	개선 방안 (사업 재편과 지배구조 개편)
• 전자에 대한 낮은 지배력 - 삼성물산+제일모직 합병으로 삼성물산과 삼성전자 지배력 강화 • 투명성 낮은 지배 구조 - 중층적 지배 구조, 횡행식 출자, 교차 보유 • 금산 분리 - 삼성생명이 보유한 전자 지분 중 5% 초과분 의결권 제한 중(금산법) • 경영 능력 입증과 사회적 자본 재충전 - 아직 뚜렷한 성과 부재, 사회적 자본 고갈	• 지배력 강화 - 삼성생명 보유 전자 지분 중 5%초과분 삼성물산이 매입 • 지주 회사 및 금융지주사 전환 • 투명성 개선과 성장 비전 제시 - 패스트팔로어 → 퍼스트무버 • 사회적 기업으로 다시 태어나야 한다. - ESG와 지속가능 경영 노력

다. '금융산업구조개선에 관한 법률(금산법)'에 따라 삼성생명이 보유한 삼성전자 지분 중 5퍼센트 넘는 부분은 이미 의결권 제한을 받고 있다. 그나마 이것도 통제력이 두 배 가까이 늘어난 것이다. 삼성물산에 대해 2015년 초에는 계열사 포함 13.9퍼센트밖에 통제하지 못했으나 삼성물산과 제일모직의 합병으로 이제는 합병 삼성물산에 대해 대주주 일가와 특수관계인 지분은 계속 늘어나 2020년 6월말 현재 33.44퍼센트다. 엘리엇과 소송을 불사하고 치열한 일전을 벌였던 이유가 바로 삼성물산이 보유한 삼성전자 지분 4.1퍼센트를 대주주 일가의 통제하에 두기 위함이었다.

둘째, 삼성그룹은 출자구조상 지배구조의 투명성이 낮은 편에 속한다. 최근 연기금, 외국인 투자가, 시민단체 등에서 투명성 개선에 대한 요구가 거세지고 있다. 사회적 기대와 영원히 반목할 수는 없다. 이제 기대에 부응할 때가 되었다.

셋째, 지배구조상 금융과 산업이 혼재하고 있다. 금산법에 따른 삼성전자 보통주의 5퍼센트 제한뿐 아니라 보험업법의 삼성생명 총자산의 3퍼센트 제한도 문제가 된다. 보험사의 비금융 계열사 지분 취득 원가가 총자산의 3퍼센트나 자기자본의 60퍼센트 가운데 작은 금액을 넘으면 안 된다. 만일 통과되면 삼성생명은 보유하고 있는 삼성전자 지분의 4분의 3을 매각해야 한다.

넷째, 이재용 부회장의 경영 능력 입증이다. 현 상황에서는 삼성전자가 아무리 실적을 많이 내도 여론은 이건희 회장의 공으로 돌릴 가능성이 크다. 반도체와 휴대폰 등 삼성전자의 오늘을 만든 장본인이

[도표 3-15] 삼성그룹 상속 및 지배구조 변화의 타임라인

경과

1996.12

에버랜드 전환사채
자녀들에게 저가 양도

1999.02

SDS 신주인수권부 사채
저가 발행,자녀들 인수

2008.04

이건희 회장 차명 지분
공개.
삼성생명 지분 20.8%,
전자 지분 3.4%로 증가

2010.12

이재용 부회장
삼성전자 사장 승진

2012.05

디스플레이 3사 통합
(삼성디스플레이, SMD,
SLCD)

2013(하반기)

- 삼성SDS와 삼성SNS 합병(2013.9)
- 제일모직 패션사업부 에버랜드로 양도 후 제일모직으로 사명 변경 결정(2013.12)

2014(상반기)

- 에버랜드의 MRO 사업부 에스원으로 양도
- 삼성SDI와 제일모직 합병 결정
- 종합화학과 석유화학 합병 결정

2014(하반기)

- 삼성SDS(2014.11), 제일모직(2014.12) IPO
- 4개사(테크윈, 탈레스, 토탈, 종학화학) 한화그룹에 매각

2015

- 삼성물산과 제일모직 합병
- 삼성SDI 케미칼 부문, 정밀화학, 석유화학 롯데그룹에 매각

과제

시나리오 1

- 삼성물산 인적 분할 및 금융 지주회사 설립
- 삼성전자 분할을 통한 지주회사 전환
- 삼성물산의 성장동력 발굴과 주가 부양, 삼성물산과 지주회사의 자사주 매입 증가, 삼성물산과 지주회사 합병(물산 주가↗, 지주↘)
- 삼성물산 분사로 남매간 계열 분리도 가능
- 이건희 회장 지분(전자 4.2%, 생명 20.8%) 상속, 삼성SDS 지분 상속세 재원으로 활용
- 삼성물산: 삼성생명이 보유한 삼성전자 지분 중 5% 초과분(3.51%) 매입

시나리오 2

- 현재 상태 유지 및 공동 경영
- 경영권 상속 포기
- 삼성생명 보유 삼성전자 지분 시장 매각 + 삼성물산이 매입

[도표 3-16] 삼성물산-제일모직 합병(2015~2016년)

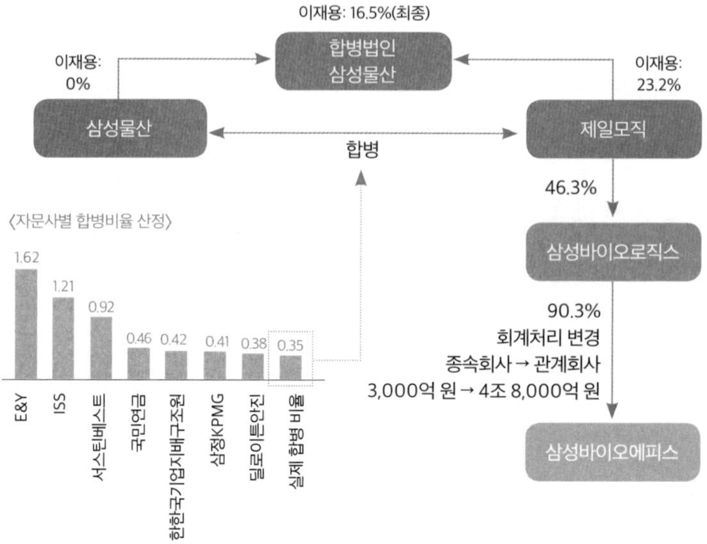

[도표 3-17] CB/BW 저가 발행을 통한 지분 확보(1996~1998년)

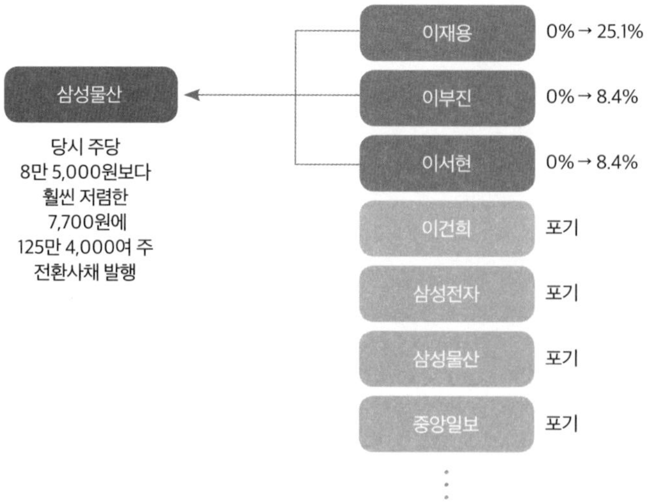

이건희 회장이기 때문이다. 어찌 보면 이재용 부회장이 가장 넘기 힘든 벽은 아버지인지도 모르겠다.

포스트 이건희 시대의 삼성그룹 지배구조 개편

삼성물산과 제일모직의 합병으로 지배구조 개편 7부 능선은 넘어섰다. 지난 정권의 국정농단 사태 이후 국민적 반감이 고조되자 나머지 3부 능선은 미완의 과제로 남겨둘 가능성이 높다. 2020년 5월 이재용 부회장의 대국민 사과문에서 4세 경영을 포기하겠다고 선언한 이상 추가적인 지배구조 개편의 필요성이 줄어들었다.

또한 삼성전자는 2017, 2018년 두 차례에 걸쳐 자사주 13.49퍼센트(18.7조 원) 전체를 소각해버렸다. 이는 기존에 삼성전자를 둘로 찢어 지주회사와 사업회사로 분할한 후 지주회사를 삼성물산과 합병시킨다는 시나리오를 포기하는 것으로 해석할 수 있다. SK케미칼처럼 지주회사 전환 시 자사주를 전혀 활용하지 않는 경우도 있지만 핵심기업인 삼성전자에 대한 지배력이 약해 지주회사와 자회사의 연결고리가 빈약해질 수 있는 삼성의 입장에서는 아까운 지분이다.

앞으로 가장 유력한 시나리오는 현 상태를 유지하면서 삼성전자에 대한 의결권을 부활시키고 지분율을 서서히 높여가는 것이다. 어차피 삼성물산에 대한 지배력은 유지하면서 삼성물산이 보유한 삼성전자 지분 4.1퍼센트를 확보했기 때문에 이건희 회장의 사후에 상속세를 내도 경영권이 흔들릴 가능성은 거의 없어졌다. 이제 대주주 일가의 삼성전자와 삼성SDS 지분을 삼성물산에 현물출자하면 삼성물산

→ 삼성전자 → 기타 계열사로 이어지는 지배구조가 공고하게 된다.

과거 삼성전자를 분할해 지주회사 밑에 전자, SDS, SDI, 전기, 디스플레이 등을 거느리는 구조에 비해 삼성전자가 중요한 계열사다. 지금까지처럼 삼성전자와 '삼성후자'의 서열 체계는 유지될 가능성이 높다. 이왕이면 핵심 기능은 그대로 전자에 두는 구조가 좋다. 오히려 신성장동력은 삼성바이오로직스처럼 삼성물산의 자회사로 거느리는 것이 유리하다. 삼성물산에 성장동력과 현금을 많이 몰아주고, 배당 수입 증가, 지배력 강화를 위해 삼성전자는 지속적으로 배당과 자사주 매입을 늘릴 가능성이 높다.

이러한 시나리오에서 가장 큰 수혜주는 삼성물산과 삼성전자다. 남은 과제는 삼성물산이 금융지주회사로 가지 않게 하거나 아예 분할해 금융지주회사를 따로 두는 것이다. 이것은 보험업법이 어떻게 바뀌느냐에 따라 불가피한 선택이 될 수 있다. 2020년 6월 더불어민주당 소속 박용진 의원과 이용우 의원이 각각 발의한 보험업법 개정안이 통과될 경우 삼성물산이 보유하고 있는 삼성바이오로직스 주식을 삼성전자에 팔고, 삼성생명이 보유한 삼성전자 지분을 매입해야 하는 상황이 생길 수도 있다.

보험업법 개정안은 이전에도 19, 20대 국회에서 발의되었으나 특정 기업을 겨냥한 법이라는 현 야당의 반발로 통과되지 못했다. 이번에도 통과 가능성이 높지 않아 보이지만 만일 통과되면 삼성물산은 지주회사 전환을 피하기 어렵게 된다. 보유한 지분 8.51퍼센트의 3분의 2 이상을 팔게 되면 20조 원 이상의 지분을 삼성물산이 가져와야 하는 상황이 생긴다. 기존 지분 5.01퍼센트(약 18조 원)까지 합하면 삼성전자 지분만으로도 자회사 지분이 삼성물산 총자산(약 45조 원)의 50퍼센트를 훌쩍 넘게 된다.

지주회사 전환이 되면 금산분리를 해야 하는 지주회사의 행위 제한에 걸려 삼성물산은 일반지주회사와 금융지주회사로 분할해야 한다. 이 경우 이건희 회장이 보유한 삼성생명 지분 20.8퍼센트도 상속받은 후 삼성물산 또는 지주회사에 현물 출자해야 할 것이다. 어차피 19.3퍼센트를 보유한 삼성물산이 삼성생명의 최대주주가 아니어서 금융지주사에서 제외되던 혜택이 없어지기 때문이다.

이론상 지분율 감소를 최소화하면서 경영권을 유지하는 방법은 공익법인에 증여하는 것이다. 현행 상증세법에서는 공익법인에 증여하는 주식에 대해 증여세 면제 대상을 동일회사 보통주의 5퍼센트 또는 공익법인 총자산의 30퍼센트 이내로 제한해 공익법인이 지나치게 계열회사 주식을 보유하지 못하도록 하고 있다. 그러나 성실 공익법인에 대해서는 일반 공익법인의 두 배인 10퍼센트까지 상속세를 내지 않고 증여할 수 있으며, 총자산 기준에 따른 주식 보유 비율 제한은 전혀 받지 않는다(상속 증여세법 제48조 9항).

삼성의 경우 전자와 생명 지분 가치가 너무 커서 공익법인 총자산의 30퍼센트를 쉽게 넘어버린다. 따라서 공익법인 활용에도 한계가 있다.

[도표 3-18] 삼성물산과 제일모직의 합병으로 공고해진 지배력

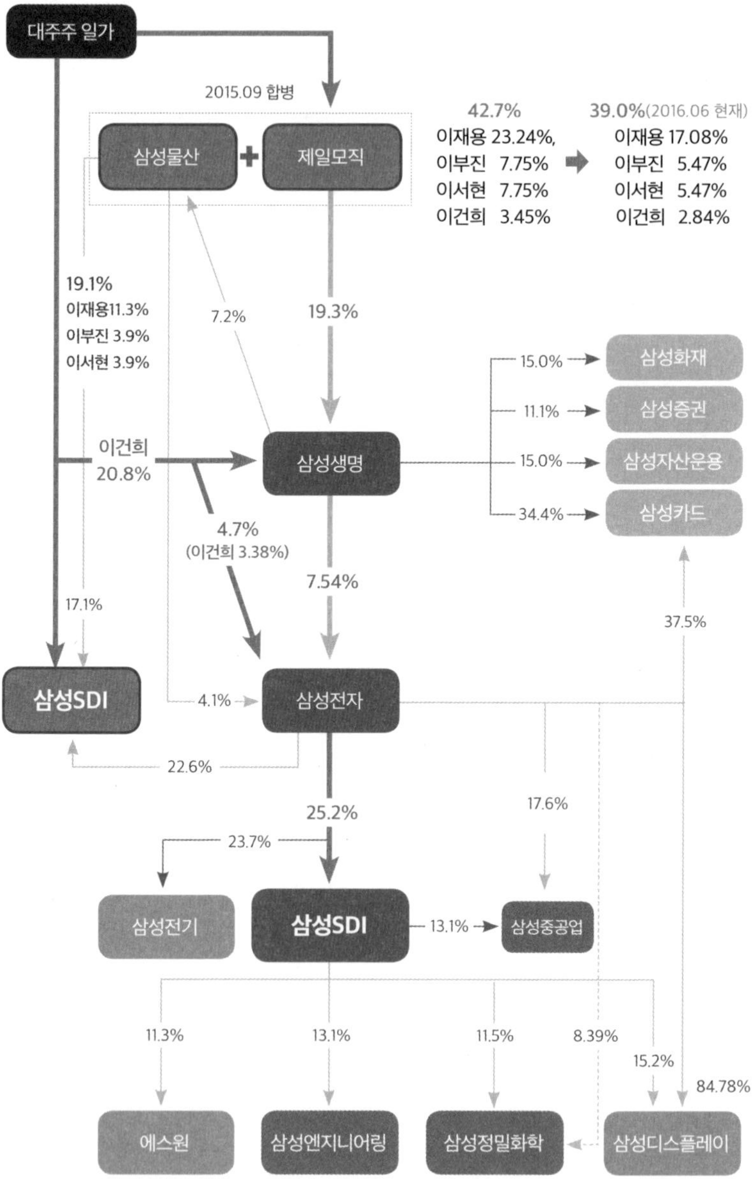

상속 비율과 계열 분리

촛불혁명 이전까지 나는 삼성그룹도 [도표 3-19]와 같이 SK식 옥상옥 구조의 과도기적 지주회사 단계를 거쳐 두 개의 지주회사로 나누어지는 그림을 생각했다. 그러나 이제 SK그룹처럼 대주주 지분율과 지주회사의 핵심 자회사 지분율을 극대화시키는 모델은 불가능해졌다. 이에 따라 지주회사(삼성홀딩스)의 삼성전자에 대한 목표 지분율을 과거 30퍼센트 이상에서 20퍼센트 이상으로 낮추어야 할 것이다. 다만 완성기의 모습은 별로 다르지 않다. 일반과 금융 두 개의 지주회사가 나누어 통제하고 남매간 계열 분리보다는 지주회사를 통한 공동 경영의 형태가 유력하다. 지주회사로 전환하는 과정에서 삼성물산과 삼성전자는 지속적인 자사주 매입 소각으로 대주주 일가가 보유한 삼성물산 지분과 삼성물산이 보유한 삼성전자 지분을 늘려갈 것이다. 사업에서 성장 잠재력만 확인시켜준다면 이만큼 안전한 주식이 또 있을까?

상속은 유언장이 우선하므로 이건희 회장의 의지가 중요한 부분이다. 유언장이 우선하겠지만 그 효력이 인정되더라도 배우자와 직계비속은 법정 상속분의 2분의 1까지는 유류분이어서 청구권이 발생한다. 아들에게 삼성전자와 삼성생명 지분의 절반을 물려주고 나머지는 두 딸들에게 반씩 나누어주는 것을 가정했다. 이렇게 되면 과거 삼성그룹의 1세대에서 2세대로 상속하던 때처럼 계열 분리는 쉽지 않다. 이제는 대주주 일가의 지분율이 감소해 이재용 부회장 혼자는 지배력이 약할 수밖에 없기 때문이다. 따라서 상속 후에도 꽤 오랫동안 자녀들이 공동 경영을 할 수밖에 없다. 삼성물산에 대한 공동 경영도 이러한 맥락에서 이해할 수 있다.

옛 제일모직의 패션사업부를 현 삼성물산으로 넘기고 제일모직을

[도표 3-19] SK그룹 사례를 적용한 지주회사 전환(안)

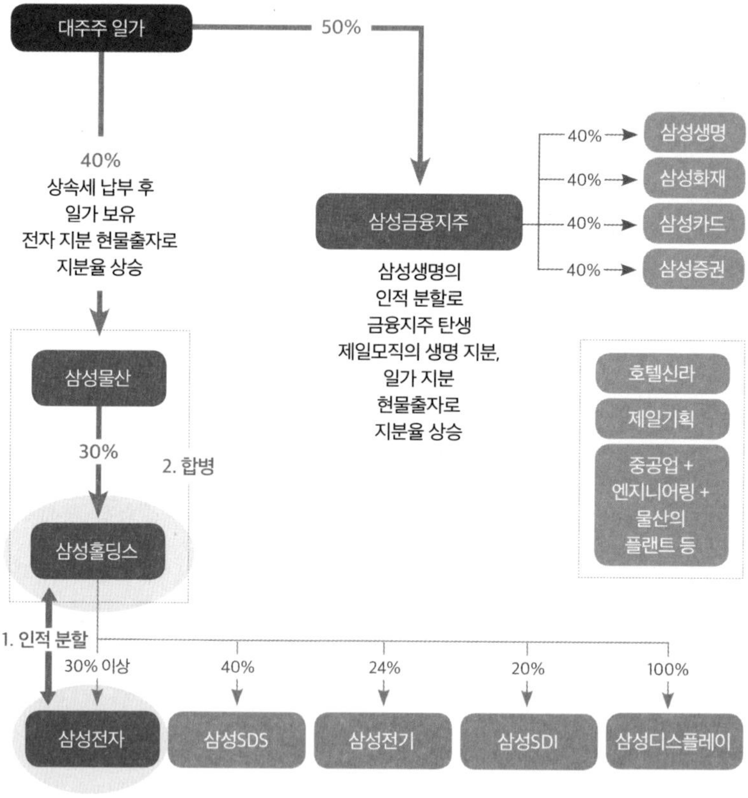

1. 삼성전자를 홀딩스와 사업회사로 분할, 2년 내 지주회사 요건 충족을 위한 지분 정리(교차 보유, 횡행식, 상향식 출자 해소).
2. 삼성물산 주가는 띄우고, 삼성홀딩스 주가는 낮추어 합병시킬 경우 대주주 일가 지분 극대화 가능(SK 사례).

[도표 3-20] 지배구조 개편의 완료 이후 삼성그룹(안)

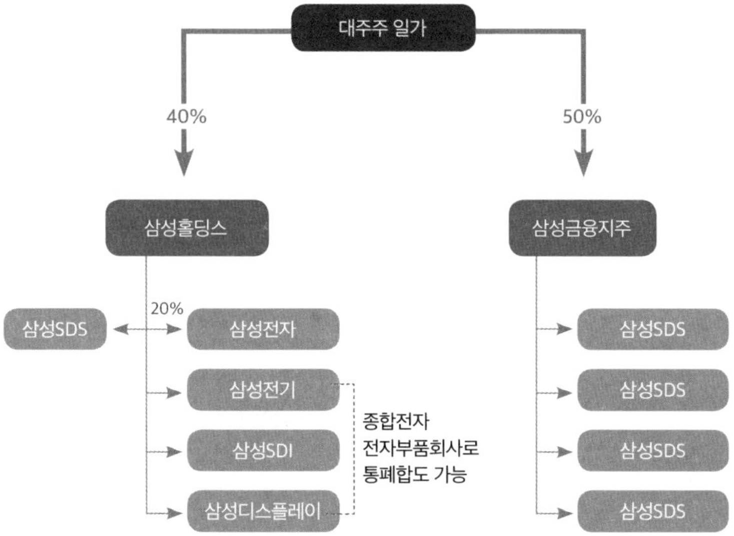

1. 제일모직과 삼성홀딩스는 삼성전자 분할 이후 자사주 각각20% 이상 매집 후 합병.
2. 자사주 매입 대금: 삼성홀딩스는 삼성전자를 통한 배당, 제일모직은 영업상 창출 현금흐름을 이용 가능.
3. 삼성전기는 분할해 전자와 SDI로 합병, 삼성디스플레이까지 합칠 수도 있다.
→ 이 경우 삼성전자만 한 종합부품회사도 가능: 이재용 시대의 신성장동력 육성.

공동대표 체제로 경영하고 있는데 이는 계열 분리보다는 당분간 공동 경영으로 간다는 의미로 해석할 수 있다. 당분간 공동 경영을 하면서 이건희 회장 사후 5년 정도 지난 후 시간을 두고 소유권을 강화한 뒤 계열 분리를 할 수도 있다. 계열 분리 후에도 신세계와 CJ가 그랬듯이 금융에 대한 지분은 딸들이 계속 들고 갈 가능성이 높아 보인다. 결국 대주주 일가의 선택과 결단의 문제다.

절실한 선도 기술 확보,
규제 완화와 국가적 지원이 필요하다

핵심은 선도 기술 확보다. 한국이 산업화 이후 많은 발전을 이루기는 했으나, 퍼스트무버 전략보다는 패스트팔로어 전략이 발전의 큰 축이었다. 패스트팔로어 전략은 세계 경제의 산업화를 유럽 및 미국이 주도하는 상황 속에서 신흥공업국으로서 한국이 선진국의 반열에 오를 수 있는 적합한 전략이었다고 평가된다. 하지만 국내총생산이 전 세계 10위까지 성장한 한국은 추가 발전을 위해서 퍼스트무버로의 전략 수정이 반드시 필요하다. 이는 선도 기술의 확보를 뜻하며, 유형의 저부가가치 제품에서 무형의 고부가가치 제품으로의 구조 재편을 의미한다.

이를 위한 규제 완화와 국가적 지원은 필수다. 기사가 포함된 11인승 승합 렌터카로 서비스 품질을 높이고 승차 거부를 없앤 택시 서비스를 제공하던 타다 베이직이 2020년 4월 10일부로 운행을 멈췄다. 2020년 3월 6일 '타다금지법'이라 불리는 여객자동차법 개정안이 국회 본회의를 통과하면서 기존 렌터카 방식의 운행이 불법이 된 것이다. 일각에서는 타다가 혁신이 아닌 기존 법망의 빈틈을 노려 사업을 시작한 것으로 폄하하기도 하나, 기존 택시 서비스에 불만이 많았던 소비자의 입장에서는 운송 서비스의 새로운 변화가 순식간에 좌초된 것으로 여길 수도 있다.

신성장 산업에 대한 지속적인 투자를 진행함과 동시에 관련 규제에 대한 완화가 필요하다. 한국은 다른 선진국에 비해 인구가 적고 중국 과 일본 사이에서 내수에 기반한 경제 및 기술 발전이 쉽지 않은 상황이다. 결국 국가 간 경쟁 속에서 우위를 확보하고 이를 바탕으로 경제 발전을 이뤄내야 한다. 1960년부터 유무형 고부가가치 제품의 경쟁 우위를 보유하기까지 수많은 도약들의 기반에는 국가적 지원이 숨어 있었다.

더 이상 신발, 섬유, 고무, 의류 산업이 그랬던 것처럼 자본집약 2차 산업에 매여서는 안 된다. 과거 부산·울산·경남 지역을 먹여 살리던 철강, 조선, 화학, 기계 산업이 우리의 희망이 될 수는 없다. 그런 전통 산업을 버리자는 것이 아니라 거기에 더해 AI와 IoT를 심어 세상에 없는 제품과 서비스를 만들어야 한다. 그것이 안 된다면 중국에 시장 지위를 내주게 될 것이다.

이와 함께 판교와 같이 도심 지역에 디지털 클러스터를 만들어 4차 산업에 어울리는 인력이 모여들 수 있는 환경을 만들고 신성장 산업을 키워야 한다. 이미 한국에는 인재가 넘쳐 흐른다. 우수한 IT, BT 인력이 모여들 수 있도록 해야 한다.

2장

미래 기술의 현재

미래 자동차, 전기차인가 수소차인가?

최근 전기차 기업인 테슬라의 주가가 천정부지로 치솟으면서 테슬라 주식은 한국 개인들이 제일 많이 보유한 미국 주식으로 등극했다. 또한 수소 트럭 동영상으로 인해 사기 논란에 휘말린 수소차 기업 니콜라가 화제가 되고 있다. 과연 전기차와 수소차 중 승자는 누가 될까?

현재까지 전문가들의 의견은 승용차는 전기차, 화물차와 버스는 수소차로 모이고 있다. 승용 전기차는 가격이 저렴하며 충전소 설치가 편리하다. 국내 수소차 넥쏘와 전기차 아이오닉을 비교해볼 때, 100킬로미터 당 수소차는 약 9,148원, 전기차는 약 2,759원의 충전 요금이 나온다. 약 3.3배의 비용 차이가 나는 것이다. 또한 2020년 9월 기준 국내 수소 충전소는 37개인 데 비해 전기차 충전소는 2만 3,722개(민간 제외)로 확연한 차이를 보인다. 당장 수소차를 사더라도 충전하기가 만만치 않은 상황이다.

승용차에 대해서는 전기차가 우세할 것이라고 보는 반면 화물차는 승용차와 다르게 수소차가 유리할 수 있다고 보는 입장이 많다. 전기 화물차는 수소화물차에 비해 무거운 배터리를 대량으로 장착해야 하기 때문에 전비 효율이 좋지 않을 가능성이 높다. 사람이 탈 수 있는 드론은 전기 배터리로는 15분을 날 수 있지만 수소로는 2시간 이상 비행이 가능하다. 전기차냐 수소차냐의 논쟁은 앞으로도 지속될 예정이지만 결국은 기술 발전과 인프라 구축의 속도에 따라 많은 변화가 생길 듯하다.

수소차와 달리 전기차 시장은 빠르게 전개되며 상용화되고 있다.

[도표 3-21] 2010~2020년 테슬라 주가 추이

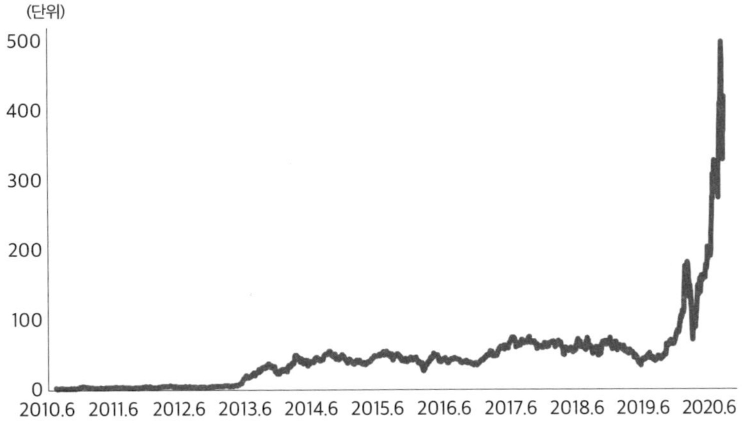

출처: Yahoo Finance.

[도표 3-22] 전기차 점유율(2020년 1~5월)

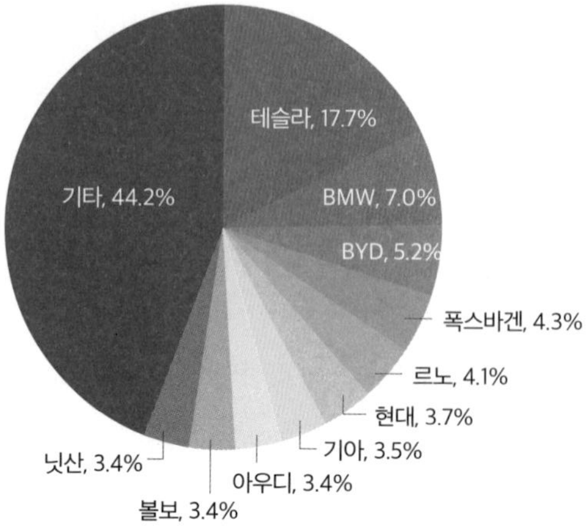

출처: Global EVs and Battery Shipment Tracker SNE리서치(2020년 7월).

이에 누가 전기차 시장의 패권을 잡을지에 대해서 다양한 의견이 있다. 이 중 대세는 테슬라로 좁혀지고 있으며, 최근 1년 동안 864퍼센트의 주가 상승률을 보여줄 만큼 큰 기대를 모으고 있다.

실제 테슬라는 전기차 시장의 약 32퍼센트를 점유하며 선두 지위를 공고히 하고 있다. 기존 자동차 업체들은 지속적으로 전기차 R&D를 통해 전기차를 출시하고자 했으나 테슬라에 필적할 만한 수준의 모델을 보여주지 못하고 있다. 폭스바겐이 신규 전기차의 하드웨어는 모두 만들어놓았으나, 소프트웨어 문제로 출시하지 못하고 있다는 소문을 고려하면, 기존 자동차 기업들의 기술력으로 전기차 시장을 장악하는 것이 어려울 수도 있다.

전기차 기술 이외에 소프트웨어 기반의 최첨단 운영 체제 역시 전기차 시장에서 테슬라의 시장 장악 가능성을 높이고 있다. 업데이트 방식의 운영 체제 도입을 통해 자동차 자체를 바꾸지 않아도 기능을 개선할 수 있게 만들었다. 여기에 더해 자율주행 기술을 접목하면서 다른 자동차 업체로부터의 진입 장벽을 굳건히 하고 있다. 앞으로 많은 지각변동이 있을 전기차 시장에서 테슬라와 전통 자동차 업체 진영의 대결을 유심히 지켜보아야 한다.

전기차 시장의 주도권을 좌우할 2차전지

전기차 시장에 있어서 가장 중요한 요소는 전기를 보관하는 기술, 즉 배터리다. 2020년 9월 23일 테슬라의 배터리 관련 혁신 내용을 기대하던 많은 투자자들은 아무런 내용 없는 배터리데이에 실망했다. 현재 사용 중인 리튬이온 배터리를 대체할 차세대 배터리인 전고체 배터리에 대한 소식이라든지 주행 수명 100만 마일에 대한 언급은 전혀 없었다. 배터리데이가 네 번이나 연기된 것치고는 알맹이가 없었다는 것이 시장의 평가다. 그러나 3년 내 배터리 원가를 56퍼센트 절감하겠다는 테슬라의 비전은 어쩌면 가격과 생산 능력이라는 전기차와 내연기관차 경쟁의 본질을 제대로 이해한 것으로 볼 수 있다. 무리하게 새로운 기술로 전면 개편해 생산 능력 향상을 늦추는 것보다는 오히려 최대 약점인 차량 원가를 절감하는 것과 2030년까지 3테라(TWh)의 생산 능력을 갖추는 데 집중하는 것으로 해석할 수 있다.

전기차 산업이 발전하면서 전기차 원가 중 40퍼센트를 차지하는 2차전지에 대한 관심 또한 고조되고 있다. 내연기관 자동차와의 경쟁에서 우위를 점하기 위해서는 2차전지 기술력이 뒷받침되어야 한다. 낮은 가격으로 얼마나 높은 효율을 낼 수 있는지 배터리 기술에 따라 전기차의 경쟁력이 결정될 것이며, 어떤 배터리를 사용하느냐에 따라서 전기차 내의 시장 순위가 바뀔 수도 있다.

전기차 배터리를 완성차 업체에 공급하기 위해서는 제품 개발에 2~3년, 양산 검증에 2년, 안정성 검증에 2년으로 총 6~7년가량의 시간이 필요하다. 이에 따라 신규 업체가 진입하기에는 높은 진입장벽이 존재한다. 따라서 완성차 기업과 전기차 배터리 공급 기업은 품질 및 안정성에 문제가 있지 않는 한 쉽게 바뀌지 않는다. LG화학은 테슬라, 르노, 현대 등에 납품하고 있고, SK이노베이션은 현대와 VW, 삼성SDI는 VW, BMW, CATL은 중국 로컬 업체, 파나소닉은 테슬라에 납품하고 있다.

전기차 산업의 성장을 위해 2차전지의 기술력이 필수인 만큼, 각 2차전지 기업들은 기술경쟁에 열을 올리고 있다. 로크인(Lock-in) 효과가 있음에도 기술력에 따라 시장의 판도가 순식간에 변화할 수 있는 만큼 조금 더 효율적이고, 저렴하며, 빠르게 충전될 수 있는 배터리 기술 개발을 위해 혼신의 힘을 다하고 있다.

양극재, 음극재, 분리막, 전해질로 구성되는 2차전지의 기술 발전

[도표 3-23] 완성차 업체의 2차전지 납품 기업

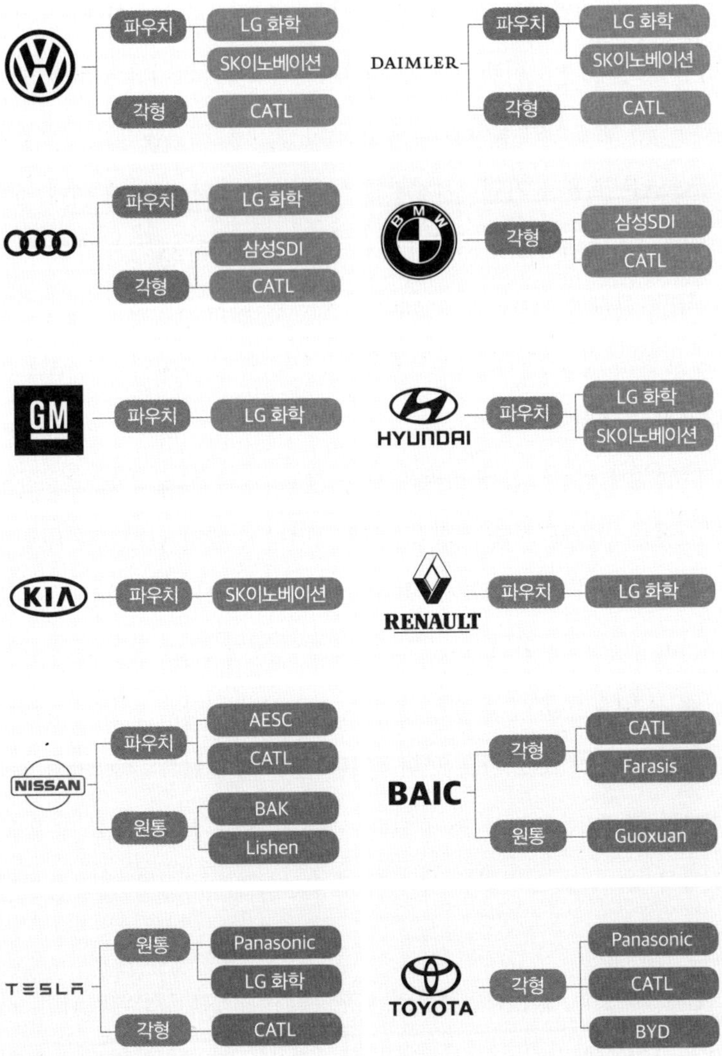

출처: 메리츠증권 리서치센터.

을 위해서는 에너지 밀도가 증가하고, 가격 경쟁력이 필요하며, 충전 속도를 단축해야 한다. 먼저 에너지 밀도를 증가시키기 위해서는 2차전지 양극재 내의 니켈 비중을 증가시켜야 한다. 하지만 니켈 비중이 높아지면 안정성이 낮아지기 때문에 이 문제를 해결해야만 안전하면서도 높은 효율을 가진 2차전지를 생산할 수 있다. 음극재 내에 에너지 밀도를 극대화하기 위해서 실리콘 등을 첨가하는 기술 개발이 필요하다. 실리콘은 기존 탄소 대비 열 배의 에너지 밀도를 가지고 있지만, 팽창 문제(Swelling), 낮은 효율 및 수명 문제가 있어 이를 보완할 연구가 선행되어야 한다.

안정성과 직결되는 분리막은 보다 얇고, 길고, 넓게 만들어야 하며 전해질은 첨가제 기술 개발을 통해 배터리 전체의 안정성과 내구성을 발전시켜야 한다. 가격을 낮추기 위해서는 생산 속도 향상 및 수율 개선이 필요하다. 공격적인 투자를 통해 소품종 대량 생산 체제를 확립해야 한다. 또한 부품 수를 줄임으로써 원가 절감과 효율성 증대가 필요하다. 충전 속도 단축을 위해서는 고전압, 고전류 구동이 가능한 배터리 설계가 뒷받침되어야 한다. 예를 들어 음극재 구조를 수평 구조에서 3D 구조로 변경할 시 리튬 흡수량이 늘 수 있어 고속 충전이 가능하다.

현재 차세대 배터리로 가장 유력한 배터리는 전고체 배터리다. 기존 리튬이온 배터리에서 전해액과 분리막을 고체화하는 것으로, 안정성과 에너지 밀도, 충전 속도 등에서 기존 배터리 대비 개선이 가능하다. 에너지 밀도가 두 배 이상 증가해 배터리 부피를 줄일 수 있으며,

그와 동시에 주행거리도 증가한다.

배터리 기술은 최근 전기차 태동 이전까지 더디게 발전해왔다. 하지만 전기차의 상용화로 배터리 기술의 약진이 필수적인 상황이 되었고 많은 전기차 및 부품 업체들의 사활이 걸린 문제가 되었다. 국내 업체들이 선두주자로서 시장을 점유하고 있는 만큼 추후 2차전지 산업의 선도 기술 확보를 기대해본다.

자율주행 기술,
어디까지 왔는가?

미국자동차공학회(SAE)가 2016년 9월부터 6단계로 구분한 자율주행 기술의 단계별 분류에 따르면 레벨 0~5까지의 자율주행 기술 발전 단계가 있다. 이 중 일반적으로 크루즈 모드와 비슷한 형태가 레벨 1에 해당하고, 현재 기술 단계인 고속도로에서 손을 놓아도 저절로 운전이 되는 수준이 레벨 2다. 이후 레벨 3, 4, 5가 되면서 점차 완전 자동 자율주행이 가능해지는 단계에 이른다.

기업별로 자율주행에 대한 연구 성과는 다르다. 자율주행에 필요한 데이터를 얻는 방법도 차이가 있으며, 그에 따른 발전 단계에도 차이가 있다. 현재 자율주행 순위에서 1위는 구글의 웨이모(Waymo)로 평가받는다. 기술력으로는 현재도 충분히 레벨 4 수준의 구현이 가능하다. 구글의 웨이모는 자동차 위에 라이다(LiDAR: Light Detection And

[도표 3-24] 미국 자동차공학회가 구분한 자율주행의 6단계

시스템이 일부 주행을 수행(주행 책임: 운전자)		
레벨 0 비자동화	Hands on	• 운전자 항시 운행 • 긴급상황 시스템 보조
레벨 1 운전자보조	Hands on	• 시스템이 조향 또는 감/가속 보조
레벨 2 부분 자동화	Hands on	• 시스템이 조향 또는 감/가속 보조

시스템이 전체 주행을 수행(주행 책임: 시스템)		
레벨 3 조건부자동화	Eyes off	• 위험 시 운전자 개입
레벨 4 고등자동화	Mind on	• 운전자 개입 불필요
레벨 5 완전자동화	Driver off	• 운전자 불필요

출처: 현대자동차.

Ranging-빛 감지 및 범위 측정 장비)를 장착해 물체를 식별한다. 정확성이 높은 만큼 보다 높은 수준의 자율주행이 가능하다. 그러나 인간의 눈이나 카메라에 비해 먼 거리를 식별할 수 없고, 가격이 비싼 것이 단점이다.

자율주행은 카메라 기술을 사용하는 테슬라 진영과 라이다를 사용하는 구글 웨이모 진영으로 나눌 수 있다. 라이다는 기본적으로 펄스 레이저 파동을 사용해 주변 물체에 대한 거리를 매핑하는 음파탐지기다. 쉽게 말해 레이더(radar)에서 전파가 레이저(빛)로 바뀐 것으로, '레이저 레이더'라고도 부르기도 한다. 대다수의 자율주행 차량이 실

시간으로 환경을 탐색하는 데 사용하고 있다.

예상과 달리 전통적이고 기능적 측면에서 분류한 테슬라의 자율주행 수준은 매우 낮은 편에 속한다. 테슬라는 라이다 센서가 아니라 카메라를 통해 자율주행 센서를 작동시킨다. 초반에는 식별 능력이 떨어지겠지만, 인간의 눈보다 네 배 많은 여덟 개의 눈(카메라 렌즈)으로 수많은 데이터를 모으고 분석하는 딥러닝 과정을 하다 보면 누구보다 빨리 자율주행에 도달할 것으로 보고 있다. 2020년 10월 20일 공급한 테슬라의 완전자율주행(FSD: Full Self Driving) 베타 버전은 운전자가 눈을 뗄 수 있는 상황이 아니므로 사실은 아직 3단계에도 미치지 못하지만 무서운 점은 베타 버전임에도 불구하고 원가가 100만 원도 안 되는 FSD 모듈을 900만 원에 팔고 있다는 점이다. 비즈니스 모델이 규모의 경제, 경험곡선, 원가구조에서 앞서갈 수밖에 없는 구조라는 점이다.

카메라는 라이다보다 훨씬 작고 저렴하며(더 많은 것이 필요하지만), 해상도와 색상이 뛰어나 신호등과 표지판을 읽을 수 있다는 장점이 있다. 카메라 지지자들은 카메라를 간단한 레이더와 결합하면 불리한 조건에서의 약점을 해결할 수 있다고 주장한다. 최상의 선택은 주변 환경에 대한 명확한 이미지를 얻기 위해 라이다의 우수한 시력과 카메라의 색상, 물체 및 테스트 인식을 모두 가능하게 하는 하이브리드 기능이다. 이번 테슬라 FSD 베타 버전 공개 후 일론 머스크(Elon Musk)는 "라이다는 공짜로 줘도 쓰지 않겠다"고 언급했다. 인간은 주변 가시광선을 기반으로만 운전하므로 로봇도 똑같이 할 수 있어야

테슬라 모델3

웨이모 자율주행차

한다는 주장이다.

자율주행의 제도적 기준으로 인해 자율주행이 상용화되는 것에는 시간이 걸릴 것으로 보인다. 자율주행이 상용화되면, 문제가 발생할 경우 제조사에서 책임을 져야 하기 때문에 자율주행 자동차를 쉽게 출시하지 못하고 있는 상황이다. 테슬라는 레벨 2단계로 제조사에서 책임을 지지 않아도 되는 수준이지만 소비자들은 쉽게 테슬라의 자율주행을 믿고, 한번 믿는 순간 점차 맹신하는 상황 역시 발생한다. 결국 자율주행은 어떤 센서를 바탕으로 어떻게 사물을 인식해서 자율주행을 시킬 것인가에 대한 표준을 가져가는 회사가 주도할 것으로 예상된다. 당장 상용화될 것으로 기대하기는 어렵지만 빠른 시일 내에 판가름이 날 것으로 보인다.

라이다는 모든 기능에서 우수하지만 비용을 10분의 1 수준으로 낮추었다고 해도 여전히 7,500달러 수준으로 고가인 것이 문제다. 웨이모는 그 출발이 군사용이어서 정확성에서는 강점이 있지만 제한된 범위에서 데이터를 수집하고 있다. 따라서 도로에서 벌어지는 무수히 다양하고 복잡한 상황과 사건에 대한 충분한 데이터를 확보하는 것에 어려움이 있다.

반면 테슬라의 카메라는 저렴한 비용으로 실제 민간에서 자유롭게 사용되고 있어서 이렇게 모인 다양한 데이터를 활용한 딥러닝이 용이하다는 강점이 있다.

'데이터냐 기능이냐'의 싸움이며, '상황 판단력과 비용'이 중요하냐 아니면 '정확성'이 중요하냐의 싸움이다. 어쨌든 시간이 지나면 각자의 약점이 서로 보완될 수밖에 없지만 누가 시장에서 기선을 먼저 잡느냐의 싸움이다. 그 점에서는 FSD를 먼저 공개한 테슬라가 우위를 점한 듯 보인다.

스타링크와 5G,
초연결 사회를 이끌다

자동차 안, 비행기 안, 북극과 남극, 적도 바다, 사막 등 지구 위 어디에서도 인터넷(통화, 검색, SNS, 게임, 쇼핑, 유튜브, 넷플릭스……)을 끊이지 않고 사용할 수 있는 세상이 머지않았다. 바로 일론 머스크가 실행하고 있는 스타링크 프로젝트 때문이다.

극지방과 바다 위, 사막 한가운데야 자주 갈 일이 없겠지만 자동차와 비행기에서는 매우 유용한 기능들이다. 특히 항공사에 이러한 기능은 엄청난 수익의 기회를 제공할 수 있다. 매번 답답한 인터페이스와 뻔한 엔터테인먼트 기능이 아니라 탑승 시간에 즐거움을 줄 수

스페이스 X의 스타링크 프로젝트

있다면 그 대가로 항공사는 다양한 부가 수익을 거둘 수 있다. 매년 5,000억 원씩 적자가 나던 일본항공을 2010년 이후 2조 원씩 흑자가 나는 회사로 돌려놓은 이나모리 가즈오(稲盛和夫) 회장은 2010년 2월 1일 일본항공의 명예회장으로 임명된 후 다음과 같이 말했다. “비행기 안에 손님들을 10시간 이상 가두고도 아무것도 팔지 못하는 것은 죄악이다. 손님이 서비스에 만족하지 못했거나 팔 수 있는 상품이나 시스템이 없는 것이다.” 고객에게 즐거움을 주면 그 대가로 항공사는 고마진의 광고, 기내면세, 투어리즘(여행일정 전 과정의 숙박, 액티비티, 식당 예약 등) 다양한 수익의 기회를 갖게 된다.

한국은 2018년 평창 동계올림픽에 5G 시범운영을 하는 등 ‘5G 세계 최초’라는 타이틀을 위해 국가적 지원을 바탕으로 선두주자로 나아가는 듯 보였다. 하지만 인프라 투자 규모 대비 소비자들이 느낄 수

[도표 3-25] 주요국의 5G 정책 및 상용화 로드맵

출처: 대한민국 정부.

있는 차이가 분명하지 않고 코로나가 발생하면서 인프라 투자 속도가 급격히 늦어지고 있다. 현재 5G 스마트폰의 보급으로 5G 요금제를 사용할 수 있지만 NSA(Non Standalone) 기술로 기존 5G와 4G를 융합한 4.5G에 해당하는 수준이다.

전 세계적으로 진정한 5G인 SA(Standalone) 기술로의 변화를 추구하고 있지만 막대한 인프라 투자 규모로 인해 시장 형성 시기를 단정 지을 수 없는 상황이다. 그럼에도 5G 기술은 앞으로 IoT 등 초연결 사회를 위한 필수 기술이며, 계속해서 꾸준히 성장할 것으로 전망된다.

도심 항공 모빌리티,
하늘을 지배하라

도심 항공 모빌리티(UAM: Urban Air Mobility)는 저고도의 공중을 활용한 도시의 항공 운송 생태계를 의미하며, 광의의 개념으로 도심과 그 주변 광역권을 모두 연결하는 새로운 공중 이동 수단으로 볼 수 있다. UAM 시장을 구성하는 요소로는 하드웨어인 개인용 비행체(PAV: Personal Aerial Vehicle)와 소프트웨어인 시스템과 플랫폼 사업자, 서비스를 제공하는 사업자(Service Provider)로 구성된다.

대부분 전문가들은 도로 위에서 다양한 사고 위험에 노출된 자율주행(AD: Autonomous Driving)보다 자율비행(AF: Autonomous Flight)의

[도표 3-26] UAM을 통한 항공 운송 서비스의 활용 범위

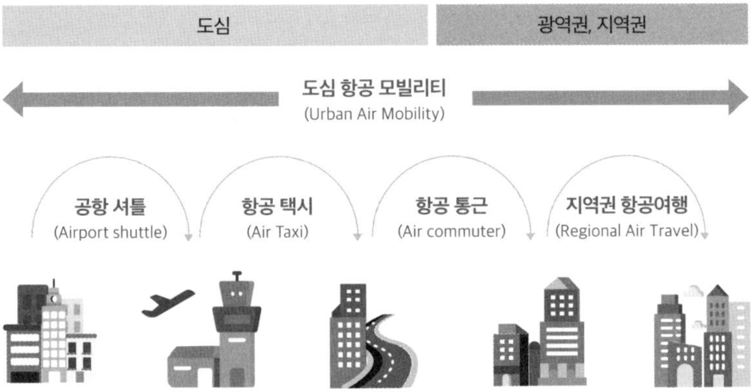

출처: KPMG.

시대가 먼저 올 것으로 보고 있다. 하늘을 나는 일은 잘못하면 대형 사고로 이어질 수 있어 매우 복잡한 안전 수칙과 보안 수칙을 필요로 한다. 특히 우리나라는 남북이 군사적 대치 중이어서 드론을 통한 촬영 및 배달 등 하늘을 나는 모든 것에 수많은 규제와 제약이 불가피하다. 따라서 실제 서비스를 제공하는 사업자는 이미 하늘을 나는 사업을 하고 있는 검증된 항공사에 유리하다고 볼 수 있다. 미래형 항공사라면 레드오션이 되어버린 기존의 여객운송의 항공권 티켓 판매에만 집착할 것이 아니라 이러한 새로운 영역에서 새로운 부가가치를 창출할 수 있어야 한다.

개인용 비행체 시장은 한 가지 유형으로 통합되지 않았다. 기존의 내연기관을 이용한 장치도 있고, 비행기와 같이 활주로 이착륙 수준에 머물러 있는 장치도 있다. 하지만 현재 점차 전기로 움직이며 수

에어버스 eVTOL

직이착륙이 가능한 eVTOL(Electric-powered Vertical Take-Off and Landing) 기기 개발로 귀결하고 있으며, 전 세계 114개 업체가 133개의 eVTOL 모델을 개발 중에 있다. 우리나라도 한국항공우주연구원과 현대자동차에서 eVTOL 모델을 개발 중이다.

개인용 비행체 업계는 주로 스타트업이 주도하고 있다. IT 업계와 자동차 업계의 벤처캐피탈들이 개인용 비행체 개발 스타트업에 활발히 투자 중이며, 시험 비행 단계의 주요 기업은 대부분 이들 스타트업이다. 이들의 뒤를 이어 뒤늦게 자동차 업계와 항공 업계가 기초 설계와 시제품 제작에 들어갔다.

현대자동차는 2020년 CES에서 2028년 우버와 협력해 개인용 비행체 상용화 계획을 발표했다. 조종사 포함 최대 다섯 명이 탈 수 있고, 충전 시간 5~7분, 최고 속도 시속 290킬로미터, 최대 100킬로미

[도표 3-27] 지상과 공중의 온디맨드 모빌리티 서비스의 연계

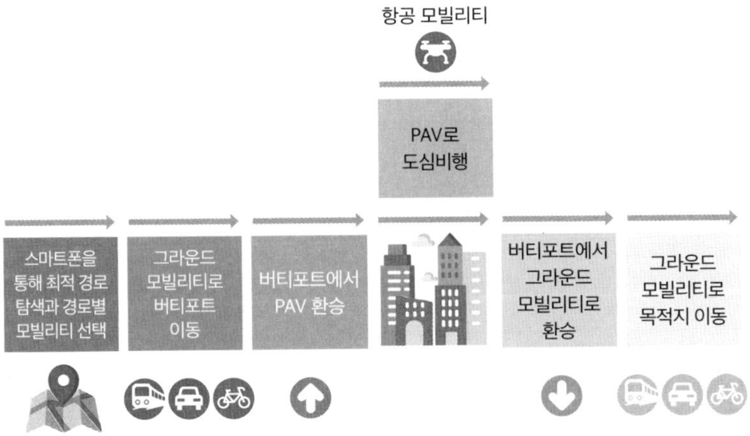

출처: 포르쉐 컨설팅(2018), KPMG.

터 비행이 가능할 예정이다.

가장 적극적으로 UAM 시장 생태계를 주도하는 것은 우버다. 우버는 2016년 지상 모빌리티를 공중으로 확장하기 위해 우버 엘리베이트를 설립했고, 2023년 호주 멜버른, 미국 댈러스, LA에서 상용화를 목적으로 '우버에어'라는 항공 택시 서비스를 개발하고 있다. UAM 노선 관리 시스템과 소비자 플랫폼을 기초로 지상에서 항공까지 통합된 모빌리티 플랫폼으로 거듭날 수 있다는 판단이다. 실제로 뉴욕 도심에서 케네디 공항까지 이동하려면 1시간 이상 소요되지만 우버에어를 활용하면 8분 만에 이동할 수 있다. 현재 우버는 개인용 비행체를 직접 생산하지 않고 여덟 개 파트너사의 개발을 돕고 있다.

UAM의 방향성에 대해서는 이견이 없으나, 상용화 시기는 전문가

들의 의견이 갈린다. 기술력과 관련 법제도, 소비자 인식 등으로 인해 상용화되기까지는 시간이 걸릴 것이라는 의견이 대부분이다. 하지만 그럼에도 불구하고 각 국가와 기업들에서 적극적으로 시장을 선점하기 위해 노력 중이며, 추후 기존 자동차 위주의 지상 모빌리티 패러다임을 전환할 수 있을 것으로 예상된다.

꿈의 소재 그래핀의 시대 도래할까?

그래핀은 벌집 모양으로 배열되어 있는 2차원 평면 구조 탄소다. 2004년 영국 맨체스터 대학교 물리학과 '안드레 가임(Andre Geim)' 교수가 스카치테이프를 통해 연필의 흑연으로부터 그래핀을 박리시켜 최초로 발견했다. 이후 단단하며 열전도성이 높고, 투명하며, 신축성도 좋은 특징이 연구되며 미래의 신소재로 급부상했다. 발견한 지 6년 만인 2010년 안드레 가임은 노벨 물리학상을 수상한다. 일반적으로 노벨 과학상은 20년 이상 지나서 받는 것을 감안하면 그래핀의 발견이 그만큼 인류에 대단한 기여를 할 수 있다는 증거다.

대표적인 도체인 구리보다 전기가 100배 잘 통하고, 강철보다 100배 이상 단단하며 300만 장을 겹쳐도 1밀리미터에 불과하다. 또한 10퍼센트 이상 면적을 늘리거나 접어도 전기전도성을 잃지 않는다. 따라서 초고속 반도체, 플렉시블 디스플레이, 태양전지, 웨어러블

[도표 3-28] 그래핀 활용 분야

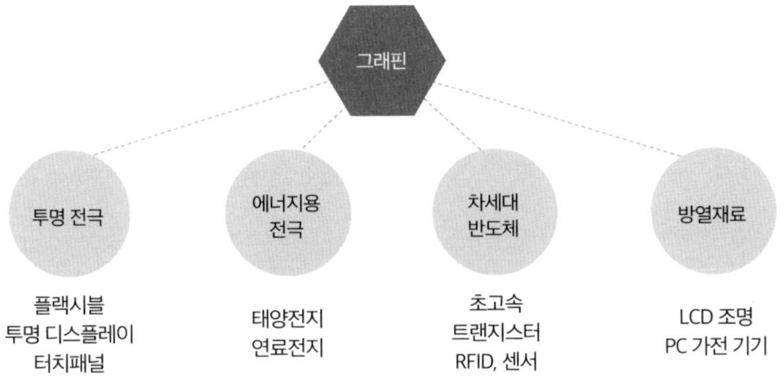

출처: LG디스플레이 블로그.

컴퓨터, 전자종이 등 디스플레이 및 IT 분야에서 다양한 방식으로 활용될 것으로 예상된다.

다행히 우리나라는 그래핀을 활용한 다양한 연구와 기술 적용에서 선두에 있다. 우리 연구진은 세계 최초로 대면적 그래핀을 합성하는 기술을 개발해 상용화에 물꼬를 텄고, 2014년에는 삼성전자의 갤럭시 스마트폰의 터치스크린에 그래핀을 적용한 논문이 발표되기도 했다. 최근에는 그래핀을 적용한 헤드폰, 테니스 라켓, 골프공 등이 등장했다.

그래핀은 그 특성으로 인해 무궁한 발전가능성을 지니고 있지만, 대량 생산 기술이 부재해 상용화되는 데 어려움이 있다. 아직은 갈 길이 멀지만 소재 산업에서도 한국의 중소, 벤처기업들이 할 수 있는 역할이 많다는 점을 상기시킨다. 추후 기술 발전을 통해 그래핀이 상용화되는 미래를 그려본다.

일론 머스크가 그리는 미래

마지막으로 모빌리티 산업에서 큰 변화를 이끌고 있는 테슬라가 그리는 미래를 정리해보고자 한다. 내가 『지배구조로 본 글로벌 기업 전쟁』(2017)에서 소개한 바와 같이 바야흐로 '일론 머스크'의 시대가 왔다.

'일론 머스크'는 1995년 물리학 박사 학위를 위해 스탠퍼드 대학에 들어갔지만, 이틀 만에 자퇴했다. 그는 인터넷, 재생에너지 및 우주에 관한 열망이 있었고 이를 2008년 6월 인터뷰를 통해 밝혔다. 인터넷에 대한 열망을 ZIP2와 페이팔을 매각하며 실현했고, 그 이후 우주에 대한 열망을 실현하기 위해 2002년 스페이스X에 베팅한다. 그리고 2003년 창업한 테슬라모터스에 2004년부터 투자하면서 재생에너지에 대한 관심을 실천한다. 그에게 차를 파는 것은 화성에 식민지를 만들어 다행성 종족을 만든다는 이상을 실현하기 위한 자금줄이다.

테슬라는 기존 자동차 산업이 제조업에만 국한되었던 것에서 벗어나 데이터 기반의 플랫폼 업체로서의 자동차 회사를 꿈꾸고 있다. 현재는 모빌리티의 가장 기본인 자동차를 근간으로 하고 있지만 데이터의 집적화 및 응용 과정을 통해 미래에는 IT, AI, 항공우주, 에너지, 통신, 인터넷, 유틸리티, 기계, 인프라 산업 등까지 융합한 데이터 플랫폼 회사로 발돋움할 수 있다.

[도표 3-29] 일론 머스크의 도전과 경쟁 우위

구분	내용
BEV(전기차)	데이터 비즈니스 모델의 시작점. 자율주행 구현을 위한 대규모 데이터 처리를 위해서는 시스템, 프로세서가 요구하는 높은 소비전력 공급 필요. 내연기관 (13%) 대비 압도적 에너지 효율성 지닌 BEV(73%)의 적합성 비교우위 보유.
배터리	데이터 플랫폼 설계 위한 연구 개발의 중심이자, 모든 기술의 근간. BEV뿐만 아니라 스페이스X, 보어링 컴퍼니, 솔라시티에서도 사용될 배터리는, 고효율 에너지 기술에 기반해 더 많이 더 싸게 확보해야 할 대상. 현재 보유 특허의 70%가 배터리 관련이며, 다양한 배터리 기술·장비 업체 인수. 높은 성능의 자체 개발 배터리 양산 시작 전망.
AI 프로세서	딥러닝 트레이닝을 위한 데이터 확보 및 자율주행 위한 센서 정보의 연산 처리 역할을 수행. 자체 개발 프로세서 FSD1은 현재 상용 제품 중 가장 뛰어난 TOPS/W 구현. 성능 세 배 개선된 프로세서 FSD2, 2021년 출시 예정.
딥러닝 훈련	수집 데이터 바탕으로 GPU cluster에서 자율주행의 뇌 고도화 지속. 에지 케이스(Edge Case)에 대한 훈련 누적은 경쟁 업체와의 격차 확대 요인. 더 정확한 데이터 확보(HydraNet) 더 빠른 훈련(Dojo) 20년 내 도입 예정.
아키텍처	OTA 다운로드 통한 센서 프로세서 부품들의 최적 제어와 확보 데이터 업로드의 전제조건, 집중형 아키텍처 구현. 테슬라, 존 컨트롤 아키텍처 구현을 통해 차별화된 OTA 기능 상용화, 비즈니스 모델 전개.
스페이스X	30년 전후까지 4만 2,000개의 레이저 통신 구현 인공위성 발사 예정(2019년 말 전 세계 위성 수 2,666개). 위성 통한 전 세계 초고속 인터넷 실현은 OTA 비즈니스 가능 지역을 확대하고, 클라우드 컨트롤 아키텍처 실현을 견인.
에너지	파워월, 메가팩 등 에너지저장장치(ESS) 보급과 Vehicle-to-Grid 구현을 통해 VPP 규모 확대하고, 에너지 거래를 위한 AI 플랫폼 오토비더 도입으로 에너지 사용 가격을 크게 낮출 전망. 차량의 충전 비용 하락으로 상품성 개선 가능.
보어링 컴퍼니	루프(Loop)의 상용화를 통해 테슬라 이용 편의성 및 상품성 증대. 향후 원자재 채굴 위한 굴착기 공급.

출처: 메리츠증권(Tesla vs. Non-Tesla, 김준성 애널리스트).

전기자동차

전기자동차는 다른 친환경차에 비해 높은 에너지 효율성을 보이며 재생에너지 사용에 한걸음 다가갈 수 있는 전환점을 만들었다. 기존의 내연기관 자동차를 전기자동차로 대체하면서 미래에 친환경 전력 생산 및 사용으로의 가능성을 높였다.

4년 전 미국 EIA(에너지산업청) 등은 2020년 초 전기자동차 판매량이 수십만 대 정도일 것으로 예측했다. 그러나 실제 판매량은 2018년 145만 대, 2019년 200만 대에 이어 2024년에는 650만 대로 예측하고 있다. 2019년 내연기관 판매량 8,000만 대에 비해서는 적지만 그 성장률은 놀라운 수준이다.

테슬라 투자로 유명한 ARK인베스트먼트는 2024년에 컨센서스보다 6배 높은 3,700만 대 판매를 예측하고 있다. 그 논거는 라이트의 법칙(Wright's Law)이다. 라이트의 법칙은 생산량이 두 배 늘어날 때마다 생산 원가가 18퍼센트씩 감소한다는 법칙으로 지난 100년간 내연기관의 비용 예측에서 높은 정확도를 보였다. 이제 내연기관은 생산량이 늘 게 없으므로 생산 단가 하락이 미미하고, 초창기인 전기차는 생산량이 급증하고 있으므로 배터리 단가와 차량 가격이 급격히 하락하는 국면에 있다. 실제로 일론 머스크는 2020년 9월 22일 배터리 데이에서 3년 내에 배터리 가격을 킬로와트시(kwh)당 130달러에서 60달러 대로 56퍼센트 인하하겠다고 발표했다.

유럽의 환경 규제로 인해, 장기적으로 자율주행의 시대가 가까워짐에 따라 전기차가 내연기관을 앞지르게 될 전망이다. 테슬라의 전망대로라면 3년 이내에 보조금을 제외하고도 전기차의 가격이 내연기관과 같아지는 가격 등가(Price Parity)에 도달할 전망이다(ARK는 가격 등가 도달 시점을 2022년으로 보고 있다).

[도표 3-30] 내연기관 감소로 인해 증가하는 전기차 판매량

글로벌 EV 판매량

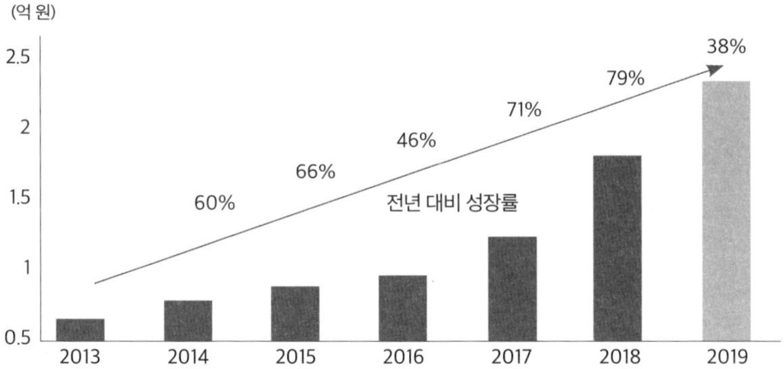

· 전기차 판매량은 내연기관으로 움직이는 차가 줄어듦에 따라 증가.

· 전 세계적으로 총 자동차 판매량은 310만 대 감소했음에도 불구하고, 전기차 판매량은 향후 5년간 크게 성장할 것으로 예상.

· 공장 증설로 인해 전기차 판매 증가율은 등락이 가능하나, 시간이 지남에 따라 빠르게 증가 예상.

[도표 3-31] 전기차와 내연기관 자동차의 가격 변화

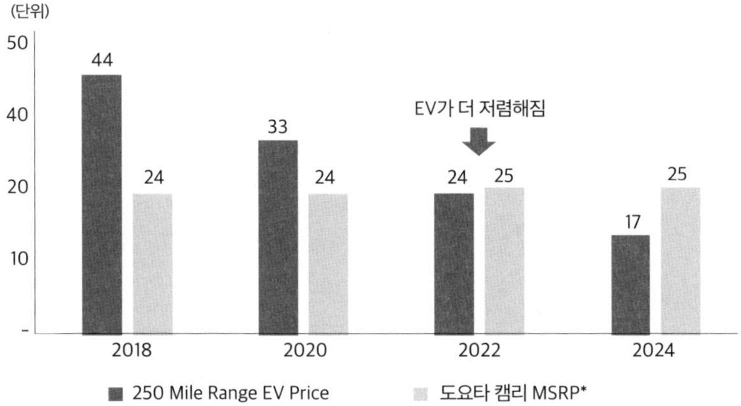

* MSRP: 권장소비자가격.

출처: ARK Investment Management.

[도표 2-32] 내연기관 자동차의 생산 단가 절감을 보여주는 라이트의 법칙

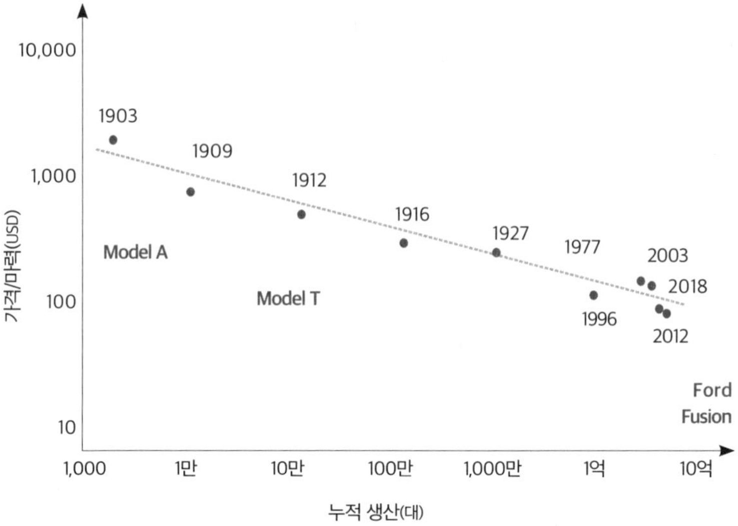

출처: ARK Investment Management.

2020년 1~8월까지 전기차 판매량은 코로나로 인해 전년과 비슷한 수준이었으나 테슬라의 시장 점유율은 24.7퍼센트로 전년 동기 대비 5.3퍼센트포인트로 올라갔다. 당장은 A/S, 충전소 부족, 단차, 리콜 등 수많은 문제들이 존재하지만 한 번 전기차의 시대가 도래하면 테슬라의 독점적 지위는 애플에 버금갈 전망이다.

배터리

재생 에너지로의 접근을 위해 테슬라는 전기자동차의 핵심 부품인 배터리에 대규모 기술 투자를 진행한다. 전체 특허 617건 중 437건의 특허가 배터리와 관련이 있고, 추진 중인 솔라시티, 스페이스X, 보

어링 컴퍼니와의 시너지를 위해서도 효율적인 배터리 기술이 필요하다. 현재는 배터리를 외주로 공급받고 있지만 추후 직접 생산할 가능성도 점쳐지고 있다.

테슬라는 자체 BMS 기술을 확보해 높은 배터리 에너지 효율성을 보이고 있다. BMS는 전기자동차의 동력원인 배터리를 최적 제어해 배터리 팩의 성능, 수명, 신뢰성 및 안정성을 향상하기 위한 목적으로 개발된 배터리 관리 장치다. BMS는 배터리의 상태를 실시간으로 검지하고, 이 데이터를 바탕으로 배터리의 충전 상태와 가용출력을 계산해 차량 제어기에 전송하고 차량이 배터리를 사용함에 있어 배터리의 사용 조건에 적합한, 충방전을 수행할 수 있게 한다.

자율주행

테슬라 자율주행의 강점은 실전 경험과 데이터에 있다. 가장 많은 전기자동차를 판매해 도로주행 정보들을 모으고 있으며, 베타 버전이지만 FSD(완전자율주행)를 먼저 선보인 것도 테슬라였다. 주행 경험을 통해 지속적으로 자동차 OS를 업그레이드해서 차를 팔고 끝내는 것이 아니라 배터리 성능을 개선하고, 자율주행 패키지를 업그레이드할 수 있는 것이 장점이다.

기술뿐 아니라 법과 제도의 변화도 필요하지만 만일 테슬라의 자율주행 차량이 도로를 달릴 수 있는 시대가 도래한다면 차주가 사용하지 않는 시간에는 택시처럼 돈을 벌게 할 수도 있다. 이는 높은 차 값을 지불하더라도 테슬라를 사야 하는 이유가 될 수 있다. 소비재가 산

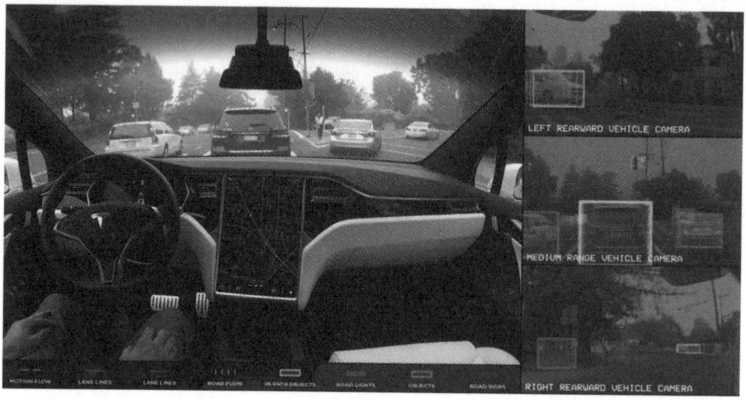

테슬라의 자율주행 FSD 베타

업재가 되는 순간이다. 이 경우 테슬라는 애플의 시장 점유율과 영업 마진을 넘어서게 될 것이다.

스페이스X

전 세계 통신사들이 유선 광통신을 위해 해저 케이블회사에 지불하는 돈이 1년에 1경 3,000조 원이다. 이 시장을 독식할 회사가 바로 '스페이스X'다. 비행기 안에서도 기존 5G보다 1.5배 빠른 인터넷이 가능하고 유튜브, 넷플릭스와 같은 스트리밍 서비스까지 끊이지 않고 이용할 수 있는 세상이 머지않았다. 자동차와 자동차뿐 아니라 자동차와 신호등까지 초연결이 되고, 안전한 자율주행이 가능한 사회를 만들 수 있는 세상이 그들이 꿈꾸는 스타링크다.

일론 머스크가 테슬라(2003년)보다 앞서 2002년 설립한 회사가 스페이스X였다. 나사(NASA)의 구조조정으로 퇴직한 직원들을 모아서

테슬라의 스타링크 프로젝트

최대 100번까지 재활용이 가능한 팰컨 9(Falcon 9)을 통해 스타링크 인공위성을 발사 중이다.

스페이스X는 회수용 로켓인 팰컨 9과 팰컨 해비를 이용해 위성 발사에 드는 비용을 20분의 1 수준으로 낮춤으로써 나사와 전 세계 위성 사업자들에게 경쟁력 있는 가격으로 위성 발사 서비스를 제공 중이다. 최근 3년 동안 80억 달러 내외의 매출과 20억 달러 내외의 영업이익을 기록하고 있다.

이미 미국 정부로부터 1만 2,000개의 스타링크 위성 허가를 획득했다. 팰컨 9 로켓 발사 한 번에 60개 가량의 위성을 쏘아 올려 2019년 5월 이후 약 4개월 동안 653개의 위성이 지구 궤도에서 작동 중이다. 팰컨 해비를 이용하면 순식간에 지구를 덮을 수 있게 된다. 스페이스X는 최종적으로 4만 2,000개의 위성을 발사할 예정이며, 전 세계 모든 지역에서 무선 인터넷 접속이 가능해질 계획이다. 총 소요

자금은 200억 달러로 추정된다. 이를 통해 테슬라 차량의 OTA 네트워크 연결과 클라우드 컨트롤 아키텍처 구조를 실현할 전망이다.

일론 머스크는 스페이스 X를 통해 스타링크 프로젝트를 진행하고 있다. 5G가 지상 기지국을 사용하는 것과 반대로 위성을 통한 이동통신망을 구성해, 지연 속도를 줄임과 동시에 전세계적으로 빈 공간 없이 이동통신을 제공하겠다는 생각이다.

딥러닝

테슬라는 소비자들의 차량 구매 단계에서 데이터 수집 및 전송에 대한 합의를 진행해 차량 내에 데이터를 수집 및 저장한 후 중앙 클

[도표 3-33] 테슬라의 딥러닝 프로세스

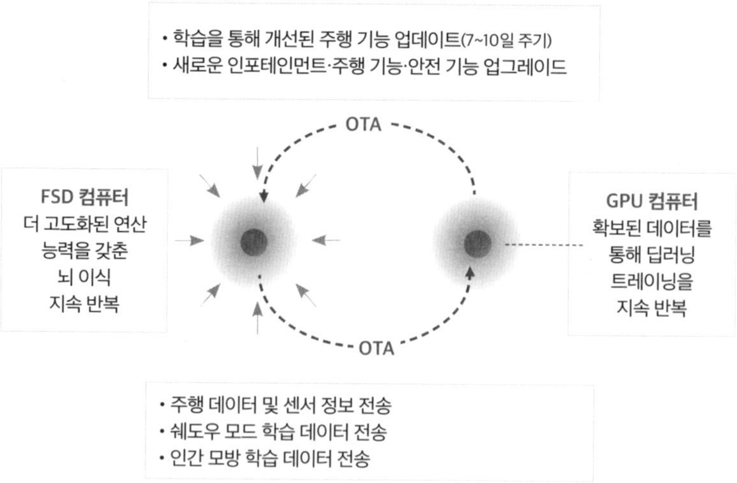

출처: 메리츠증권.

라우드로 전송한다. 중앙 클라우드에서는 수집된 데이터를 바탕으로 지속적으로 딥러닝을 통해 성능을 개선해나간다. 개선된 내용은 다시 차량으로 전송되어 향상된 자율주행 기능으로 업데이트 된다.

아키텍처

네트워크 속도의 고도화를 위해 필수적인 장비인 아키텍처는 클라우드가 딥러닝을 통해서 분석한 방대한 내용을 다시 차량 내의 컴퓨터로 전달할 때 중요한 역할을 한다. 아키텍처는 방대한 데이터의 압축 및 보완을 풀어냄과 동시에 이를 통해 각 부품을 제어할 수 있어야 한다.

기존 자동차 회사들은 100개 내외의 개별 ECU가 각각의 전장 부품을 제어하는 구조였다면, 테슬라는 집중형 아키텍처를 통해 산발적 기능과 세분화된 하드웨어 기반의 네트워크 시스템을 간결화하고 배선 길이 및 무게를 축소해 경량화 및 설계 효율화를 도모한다.

다른 자동차 생산 기업들이 분산형 아키텍처에 머물러 있는 것에 비해 테슬라는 발전된 존 컨트롤의 집중형 아키텍처 기술로 고도화된 자율주행 기술을 보유하고 있다.

에너지 중계 비즈니스

테슬라는 태양광을 통해 생산된 전력을 ESS(에너지저장장치)에 저장하고 이를 높은 전력 요금 발생 시간대에 주거용 또는 차량 충전용으로 사용하는 비즈니스를 진행하고자 한다.

태평양의 섬나라 사모아는 테슬라의 태양광 발전 파워팩에 기반한 오토비더(Autobidder) 거래 플랫폼을 통해 필요한 전력의 100퍼센트를 조달하는 데 성공했다. 또한 호주 남부 풍력 단지의 전력 공급 안정화를 위해 세계 최대 규모의 ESS 단지를 건설해 4,000만 호주달러의 비용을 절감해 1년 만에 투자 비용을 회수했다.

보어링 컴퍼니(초고속 지하터널 굴착, 건설 업체)

2016년 12월 일론 머스크가 설립한 보어링 컴퍼니는 교통 체증이 빈번한 도심 내에 초고속 자율주행 지하 이동 수단인 루프 시스템(Loop System)을 만들기 위해 낮은 굴착 비용으로 지하터널을 굴착 및 건설하는 업체다. 기존 터널 건설 비용 대비 100분의 1에 불과하며, 현재 네 개의 프로젝트를 진행하고 있다.

테슬라의 미래: 모바일 데이터 플랫폼

애플은 2,000조 원이 넘는 시가총액을 기록하며 전 세계에서 가장 큰 기업으로 성장했다. 1976년 스티브 잡스와 스티브 워즈니악, 론 웨인이 애플을 창업하고 애플 1 컴퓨터를 출시한 이후 2020년 현재의 iOS, 아이폰, 아이패드, 애플워치, MAC 등을 판매하기까지 많은 일들이 있었지만, 결국 애플은 전 세계인들의 생활 반경에 자신들의 제품을 필수화시키는 것에 성공했다.

애플의 성공 요인은 무엇이었을까? iOS에 기반한 운영 체제를 통해 기기를 아우를 수 있는 생태계를 형성한 것이 주된 성공 요인이다. 2001년 아이팟을 내놓으면서 휴대용 음악시장의 혁신을 일으켰고 2007년 1세대 아이폰을 출시하면서 스마트폰 시대의 시작을 알렸지만 결국 소비자들이 애플을 사게 만들 수 있었던 것은 소프트웨어 iOS를 바탕으로 모든 하드웨어들을 연결시켜 소비자들을 로크인시켰기 때문이다. 소비자들은 애플을 사용하면서 애플 소프트웨어에 녹아들었고 이를 바꾸기에는 이미 너무 많은 습관들이 만들어지게 되었다. 벗어날 수 없는 애플 왕국을 만드는 것에 성공한 것이다. 삼성이 스마트폰 기기를 만드는 것에서만 그쳤던 것과 달리 애플은 모바일 플랫폼을 만들었다.

테슬라는 애플이 애플 왕국을 만든 것과 같이 자동차용 운영 체제를 통해 모든 것을 연결시키는 방향으로 나아갈 것이다. 현재 데이터

[도표 3-34] 애플 주가의 변화

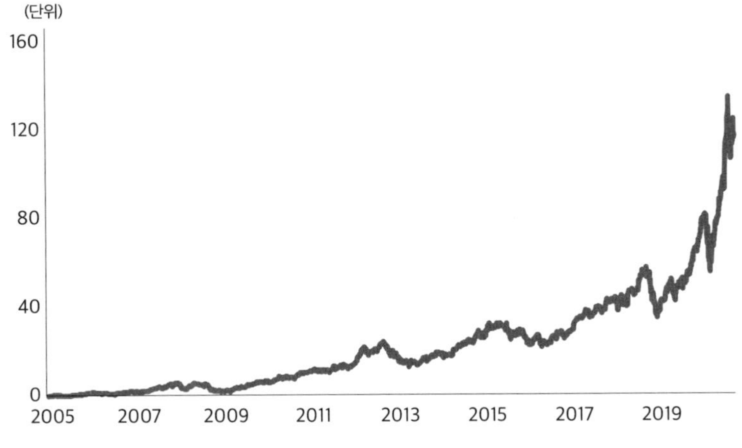

출처: Yahoo Finance.

를 수집하며 자율주행으로 역할을 수행하고 있는 클라우드 컴퓨터와 개별 하드웨어들은 모두 연결될 것이며, 이를 통해 모빌리티 전반을 연결하는 하나의 생태계를 형성할 것이다. 에너지 문제로부터 해방되어 스페이스X를 통해 위성인터넷을 연결하고, 개별 전기차들 간에 통신이 가능하며 로보택시, 인포테인먼트 등의 기능이 추가되면서 테슬라 왕국을 형성해나갈 것이다. 즉, 단순히 전기차 생산 회사가 아닌 플랫폼 회사로 발돋움하는 것이다.

전기차는 스마트폰과 같이 하나의 하드웨어에 불과하다. 테슬라는 애플이 삼성과의 차이를 만든 것과 같이 소프트웨어를 선점할 것이고 이 외 전기차 회사들은 하드웨어만 생산하는 회사들로 전락할 수 있다. 테슬라는 선점한 소프트웨어를 가지고 애플이 스마트폰에 에어팟, 애플워치 등의 제품을 추가한 것처럼 현재 진행하고 있는 사업 외에 다양한 신사업을 추가할 수 있다. 결국 일론 머스크는 자신이 관심이 많았던 인터넷, 에너지, 우주를 모두 엮어 하나의 플랫폼을 만드는 방향으로 나아갈 것이다. 플랫폼이 만들어진 뒤에는 경쟁자들이 이를 뒤집기 어려워진다. 강력한 진입 장벽이 형성되는 것이다. 우리는 자신도 모르는 사이에 성벽을 차곡차곡 굳건히 쌓아가고 있는 테슬라 왕국의 국경 안에서 살아가고 있다.